D1720504

Grundlagen der Kommunikation und Kognition
Foundations of Communication and Cognition

Herausgeber / Editors
Roland Posner, Georg Meggle

Horst M. Müller

Sprache und Evolution

Grundlagen der Evolution
und Ansätze einer
evolutionstheoretischen
Sprachwissenschaft

Walter de Gruyter · Berlin · New York
1990

Gedruckt auf säurefreiem Papier
(alterungsbeständig — pH 7, neutral)

CIP-Titelaufnahme der Deutschen Bibliothek

Müller, Horst M.:
Sprache und Evolution : Grundlagen der Evolution und Ansätze
einer evolutionstheoretischen Sprachwissenschaft / Horst M.
Müller. — Berlin ; New York : de Gruyter, 1990
  (Grundlagen der Kommunikation und Kognition)
  Zugl.: Bielefeld, Univ., Diss., 1988
  ISBN 3-11-011041-5

Printed in Germany
Satz und Druck: Arthur Collignon GmbH, Berlin
Buchbinderische Verarbeitung: Lüderitz & Bauer GmbH, Berlin
Lithos: O. R. T., Berlin

Inhaltsverzeichnis

Vorwort

Mit der menschlichen Sprache beschäftigen sich verschiedene wissenschaftliche Disziplinen, vor allem die Linguistik, die Philosophie, die Psychologie und die Medizin. Lediglich die Biologie hat sich bislang nur sehr zurückhaltend mit der Sprache des Menschen beschäftigt, und zwar mehr aus Gründen der Skepsis infolge der Komplexität des Phänomens Sprache denn aus mangelndem Interesse. Dennoch ist es unwiderlegbar, daß die Phänomene Bewußtsein und Sprachfähigkeit zentrale Fragen der Biologie darstellen und die Biologie ebenfalls ihren Beitrag zur Bearbeitung dieser Probleme leisten muß. Die Untersuchung und Erklärung des Phänomens Sprache ist eine Aufgabe, die nur durch ein Zusammenwirken aller Humanwissenschaften erreicht werden kann. Die dafür notwendige Verständigung zwischen den einzelnen geistes- und naturwissenschaftlichen Disziplinen über den Untersuchungsgegenstand Sprache ist aber durch viele Umstände erschwert.

Die direkt an das Bewußtsein gekoppelte Sprache ist eines der wenigen biologischen Phänomene, die ausschließlich beim Menschen vorhanden sind. Es ist aus linguistischer Sicht nicht sinnvoll, von einer Tiersprache zu reden, da es sich beispielsweise im Fall der sogenannten „Bienensprache" lediglich um Kommunikationsprozesse handelt. »Sprache« und »menschliche Sprache« sind daher gleichbedeutende Begriffe. Ihre Entstehung in der Stammesgeschichte des Menschen, ihr entwicklungsgeschichtlicher Verlauf und ihr historischer Wandel sind noch weitgehend ungeklärt. Dennoch ist in den jeweiligen Disziplinen eine Fülle von Erkenntnissen und Theorien zu jedem der drei Problembereiche erarbeitet worden. Sowohl die Evolutionsbiologie einerseits als auch die Vergleichende Sprachwissenschaft andererseits verfügen heute über fundierte Paradigmen, gesicherte Erkenntnisse und wissenschaftliche Instrumentarien zur Beantwortung zumindest einiger Fragen.

Mit dieser Arbeit soll ein Beitrag geleistet werden, Erkenntnisse aus biologischen und sprachwissenschaftlichen Disziplinen zu einem weiterreichenden Erklärungsansatz für die Entstehung und den Wandel der Sprache zu vereinen und biologische Erkenntnisse für die sprachwissenschaftliche Theorie nutzbar zu machen. Der Aufbau dieses Buches ist dadurch gekennzeichnet, daß es drei, auch unabhängig voneinander nutzbare Teile aufweist: I) Die Darlegung der biologischen Evolutionstheorie, exemplarisch an der Entstehung des Menschen aufgezeigt, sowie eine Beschreibung des allgemeinen Evolutionsprinzips. II) Die Darlegung der Entwicklung der Indoeuropäischen Sprachen mit einem Schwerpunkt bei den germanischen Sprachen bzw. beim Deutschen. III) Eine Theorie zur evolutiven Entwicklung der Kommunikation und der Sprache aus einfacheren Interaktionsprozessen sowie eine Darlegung der bisherigen Erkenntnisse über den evolutiven Wandel kultureller Phänomene. Eine Verbindung erfahren die drei Teile durch die wechselseitige Beeinflussung und durch das Zusammenfügen von bislang isoliert vorhandenen Erkenntnissen zur Beantwortung von sprachwissenschaftlichen Fragen. Wo immer möglich, wurde versucht, Ergebnisse der einen Disziplin zur Beantwortung von Fragen der anderen hinzuzuziehen. Ein weiteres Anliegen dieser Arbeit besteht darin, biologische Methoden der Phylogenetischen Systematik im Hinblick auf ihre Verwendung in der Vergleichenden Sprachwissenschaft zu diskutieren.

Für die Möglichkeit zu dieser Arbeit und die vielen Hilfestellungen möchte ich meinen Lehrern und Freunden Prof. Dr. Peter Finke und Prof. Dr. Gert Rickheit danken. Für eine Vielzahl von kritischen und hilfreichen Kommentaren und Verbesserungen bin ich Dr. Josef K. Müller, Prof. Dr. Peter Görner, Dipl.-Psych. Klaudia Bräuning, Prof. Dr. Karl Ernst Lauterbach, Prof. Dr. Roland Posner und Dr. Klaus Robering in besonderer Weise zu Dank verpflichtet.

Das vorliegende Buch ist die überarbeitete Fassung meiner Dissertation, die 1988 von der Fakultät für Linguistik und Literaturwissenschaft der Universität Bielefeld angenommen wurde.

Bielefeld, im Sommer 1989   H.M.M.

Einleitung

Um die organismische Vielfalt der belebten Natur zu verstehen und erklären zu können, haben Menschen zu allen Zeiten Vorstellungen, Modelle der Welt und Theorien entwickelt, die in ihrer Erklärungsadäquatheit den jeweiligen Ansprüchen der entsprechenden Kulturen und Gesellschaftsformen genügen mußten. Die wahrgenommene Umwelt mit einer Vielzahl von Pflanzen und Tieren, die in einer komplizierten Wechselwirkung miteinander und voneinander leben, hat Menschen zu allen Zeiten veranlaßt, von einer Ordnung der Natur im Sinne eines Systems auszugehen. Aufgrund eines stetig wachsenden Fortschritts der Erkenntnis ist es in bezug auf die Erklärung der Natur zu einer immer stärker werdenden Annäherung der Erklärungsmodelle an die realen Gegebenheiten der Natur gekommen. Somit ist zu keinem Zeitpunkt der Menschheitsgeschichte die Erkenntnis des Menschen dem realen Entwicklungsgeschehen der Natur so nah gekommen wie in der Gegenwart. Dennoch ist davon auszugehen, daß die Entfernung zwischen dem heutigen Erkenntnisstand und der real existierenden Ordnung der Natur noch immer sehr groß ist.

Die moderne Evolutionstheorie blickt auf eine mehr als hundertjährige Geschichte innerhalb der Biologie zurück. Zu Beginn ihrer Erstformulierung im Jahre 1859, die vor allem mit den Namen von C. R. DARWIN (1809 – 1882) und A. R. WALLACE (1823 – 1913) verbunden ist, zielte sie lediglich darauf ab, die Entstehung und Veränderung von Arten (Pflanzen und Tiere) zu erklären. Es war also im engeren Sinne eine biologische Theorie, die von DARWIN aus politischen Gründen ganz bewußt noch nicht auf den Menschen ausgeweitet wurde, obwohl er bereits erste Überlegungen zur Evolution des Menschen veröffentlicht hatte. Im Jahr 1863 sprach E. HAECKEL (1834 – 1919) öffentlich von der phylogenetischen Verwandtschaftsbeziehung zwischen Affen und Mensch, und 1871 bezog DARWIN den Menschen in seine Entwicklungstheorie mit ein. Zu Beginn des 20. Jahrhunderts war die Evolu-

tionstheorie in der Biologie bereits allgemein anerkannt und auch
der Mensch in das Entwicklungsmodell integriert. Dies war umso
beachtenswerter, als das erste menschliche Fossil erst 1856 gefunden
wurde. Dabei wurde der in der Feldhofer Grotte bei Neandertal
gefundene Schädel eines „Neandertalers" allerdings zunächst nicht als
Fossil eines altsteinzeitlichen Menschen verstanden. Einer der bekanntesten Anatomen der damaligen Zeit (R. VIRCHOW, 1821 – 1902) kam
vielmehr zu dem Schluß, daß es sich bei dem eigentümlich gestalteten
Schädel um einen durch Rachitis oder Gicht deformierten Menschen
handeln müsse. Da die ersten fossilen Menschenfunde relativ jung
waren, war ein wirklicher Beweis für die, von den Anhängern der
Evolutionslehre angenommene Entwicklung des Menschen damals
noch nicht vorhanden.

Heute ist die Evolutionstheorie in der Biologie fest verankert und
zu ihrer zentralen Grundlage geworden. Gleichzeitig ist es zu einer
Ausweitung des Evolutionsgedankens gekommen, in dem die biologische Evolutionstheorie nur einen Ausschnitt einer allgemeinen Evolution darstellt. Es ist erkannt worden, daß sich alle Entwicklungsvorgänge in der belebten und unbelebten Natur in gewisser Weise durch
das evolutionstheoretische Paradigma in ihrer Entstehung und ihrem
Wandel beschreiben lassen. Ohne eine mechanistische Weltsicht propagieren zu wollen ist es möglich, alle Vorgänge der Welt bzw. des
Kosmos in einem evolutiven Zusammenhang zu sehen. Auch der
Gültigkeitsbereich der biologischen Evolutionstheorie muß fortwährend erweitert werden. Seit einigen Jahrzehnten werden nun auch die
elementarsten psychischen Prozesse der tierischen und menschlichen
Kognition in die evolutive Betrachtung mit einbezogen. Es gibt nicht
nur eine Stammesgeschichte der Organismen im Hinblick auf die
körperliche Entwicklung, sondern es existiert in gleicher Weise auch
eine Stammesgeschichte der psychischen Entwicklung. Die Psyche des
Menschen ist auf geistige Prozesse (Kognition) zurückzuführen, die
eine ca. 4 Mrd Jahre alte Geschichte haben. Diese kognitiven Prozesse
des Menschen sind somit das Ergebnis eines sich seit 4 Mrd Jahren
vollziehenden Anpassungsprozesses von Organismen an die Realität
der Welt, indem Eigenschaften der Umwelt im Organismus abgebildet
werden. Da die Entwicklung psychischer Prozesse nach ähnlichen
Rahmenbedingungen ablaufen muß wie die körperliche Entwicklung
von Lebewesen, ist es nahezu zwangsläufig, auch die weiteren Folge-

entwicklungen der Psyche mit einzubeziehen und diese **kulturellen** Entwicklungsvorgänge als Teil des Evolutionsgeschehens zu erkennen. Die Entwicklung und der Wandel von Gesellschaftsformen und Sprachen verläuft auf einer sehr abstrakten Ebene nach evolutiven Bedingungen. Diese Erkenntnis bedeutet keine implizite Wertung von einzelnen Gesellschaftsformen oder etwa eine biologische Rechtfertigung der vielen inhumanen Auswirkungen von gesellschaftlichen Mißständen. Es handelt sich vielmehr um die Beschreibung einer prinzipiell ähnlichen Entwicklungsdynamik, bei der es auf die jeweiligen Zielsetzungen überhaupt nicht ankommt.

Für die menschliche Sprache ergeben sich aufgrund dieser Feststellungen einige Konsequenzen. Die ersten evolutionstheoretischen Ansätze zum Sprachwandel sind vor allem deshalb abgelehnt worden, weil außerhalb der Biologie bis heute fälschlicherweise angenommen wird, Evolution und Veränderungen mit willentlichen Entscheidungen stünden in Opposition zueinander. Das ist jedoch nicht der Fall. Innerhalb der synthetischen neodarwinistischen Evolutionstheorie ist es durchaus sinnvoll, die Sprachentstehung und den Sprachwandel in der gleichen Weise zu behandeln wie andere psychische Prozesse von Organismen, jedoch auf einer anderen hierarchischen Ebene. In dieser Arbeit soll versucht werden, jeweils relevante Teile der Evolutionsbiologie und der historisch-vergleichenden Sprachforschung miteinander in Beziehung zu setzen. Darüber hinaus ist aus diesem Zusammenschluß eine Erklärung der allgemeinen Entwicklung der kommunikativen Prozesse möglich. Zu diesem Zweck werden in dieser Arbeit zunächst die allgemeinen Prinzipien der Evolutionstheorie dargelegt und die Methoden der konsequent Phylogenetischen Systematik vorgestellt, die eine Rekonstruktion der real existierenden Ordnung der organismischen Natur ermöglichen. Weiterhin wird dann der konkrete Verlauf einer evolutionären Entwicklung am Beispiel der Menschwerdung (Hominisation) dargestellt. Gleichzeitig werden in diesem Teil die notwendigen Grundlagen der Hominisation für die Entstehung von Bewußtsein und Sprachfähigkeit formuliert. Im zweiten Teil wird die bislang bekannte Entwicklung eines Sprachstammes – hier am Beispiel der indoeuropäischen Sprachen – rekapituliert. Ähnlich wie die Kapitel über die Grundlagen der Evolution bzw. über die Grundlagen der Hominisation soll auch dieser Teil zwei Funktionen erfüllen. Zum einen dient er als Korpus für die später vorzustellenden evolutionstheoretischen Ansätze, zum anderen soll auch er unabhängig davon als eigenständiger Teil nutzbar sein. Insofern wurde auf eine gewisse Vollständigkeit in allen Teilen geachtet, die von der konkreten Fragestellung her nicht unbedingt an jeder Stelle gefordert gewesen wäre. Mehreren Teilen kommt somit auch der Charakter eines Exkurses zu.

Nach einer Darstellung der indoeuropäischen Sprachfamilie wird im weiteren Verlauf die Entwicklung der germanischen Sprachen und die Entstehung der deutschen Sprache beschrieben. Zusammen mit den direkt beweisbaren Fakten zur Hominidenevolution referiert dieser Teil der Arbeit die einzigen zur Verfügung stehenden »harten Fakten«, die ansatzweise zur Absicherung einer evolutionstheoretischen Sprachwissenschaft genutzt werden können. Um eine Verbindung von organismischer Evolution und der Entwicklung von Interaktionsprozessen zu erreichen, wird im weiteren Verlauf der Arbeit die evolutive Entwicklung der Interaktionsprozesse dargelegt, die mit der Entstehung der Materie begonnen und mit der Sprachfähigkeit ihre gegenwärtig höchste Stufe erreicht haben. Nach einer exemplarischen Reihung kontinuierlich verlaufender Interaktionsstufen folgt eine Anwendung der evolutionären Theorie auf kulturelle Entwicklungen, der sich eine einfache Darstellung der evolutionären Entwicklung von Sprache anschließt. Zuletzt werden einige erste Vergleiche zwischen der evolutionstheoretischen Betrachtung organismischer Entwicklung mit hypothetischen Konstruktionen der sprachlichen Evolution gezogen und weitere Konsequenzen angesprochen.

Das Ziel dieser Arbeit ist daher, aufbauend auf den bisherigen einzelwissenschaftlichen Ansätzen zur materiellen, organismischen und kulturellen Evolution, die Grundlagen der relevanten biologischen und sprachwissenschaftlichen Bereiche darzulegen und gleichzeitig das Ausgangsmaterial sowie das Konzept für eine evolutionstheoretisch fundierte Betrachtung des Sprachwandels zu liefern. Nachdem in den Naturwissenschaften die Anfänge des Lebens durch die Biogenese innerhalb der Evolutionstheorie erklärt werden konnten, müssen in ihrem weiteren Ausbau jetzt auch Anfänge und Entwicklung der Psyche, der Kultur und der Sprache in den Erklärungsprozeß mit einbezogen werden.

I. Die Grundlagen der Evolution

1. Der Beginn der Aufdeckung der systematischen Ordnung der Natur

Der Mensch ist das einzige Lebewesen, das sich mit Fragen nach der eigenen Herkunft und nach »dem Sinn des Lebens« beschäftigt. Hinsichtlich dieser Fragen haben im Bewußtsein der Menschen Erklärungshilfen wie »Schicksal«, »Vorbestimmtheit« und »göttliche Fügung« seit jeher eine große Bedeutung gehabt, um kognitive Dissonanzen zu vermeiden. Als spezielle Form eines stabilen und geschlossenen Erklärungsmechanismus des Weltgeschehens erweist sich die Annahme eines zyklisch geschlossenen Kontinuums von Lebensphasen der meisten Religionen als die emotional angenehmste Art und Weise, sich von den quälenden Fragen nach Sinn und Funktion des Lebens zu befreien. Die Stärke des dranghaften Wunsches nach einer Beantwortung dieser Fragen bewirkt einerseits die enormen Anstrengungen zu neuer Erkenntnis zu gelangen und ist andererseits für die quasi kurzschlußhafte Befriedigung des Erkenntniswunsches in Form von quasi-wissenschaftlichen, politischen oder religiösen Scheinerklärungen verantwortlich.

Da Menschen aus vielerlei Gründen nicht in der Lage wären, die Welt als ein dauerhaftes Chaos zu akzeptieren – und die Welt ist in der Tat alles andere als ein Chaos –, sind Vorstellungen zur Ordnung der Welt ebenso alt wie die Menschen selbst. Es ist auch mit einfachen Mitteln der Wahrnehmung und des Begründens möglich, Ordnungssysteme zu konstruieren. Es ist für Menschen naheliegend, beispielsweise Pflanzen von Tieren zu unterscheiden, Wassertiere von Landtieren abzugrenzen, die Existenz männlicher und weiblicher Individuen vorauszusetzen, von ontogenetischem Wachstum auszugehen oder Jahreszeiten zu erkennen. Des weiteren ist es auch zumeist sehr einfach, verschiedene Tierarten auseinanderzuhalten, da sich alle Vertreter

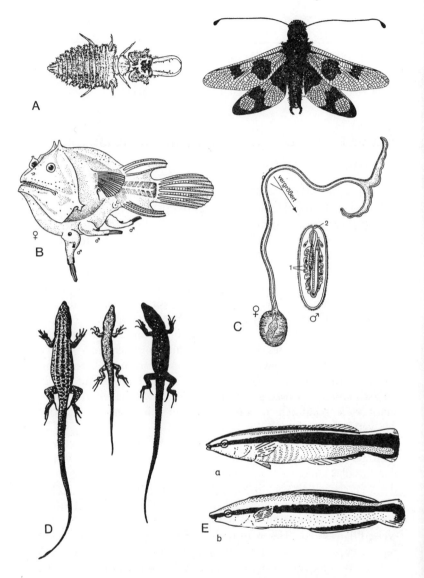

Abb. 1: Aufstellung verschiedener Phänomene, die die Identität bzw. die nahe Verwandtschaft von Individuen bzw. Arten verdecken:

einer Art in der Regel ähneln. Bis zu diesem Punkt ist die Ordnung der Natur einfach nachzuvollziehen und mit Alltagswissen zu begründen. Diese Form der Systematisierung kann auch bei Naturvölkern eine starke Realitätsnähe erreichen. Beispiele hierfür sind etwa die Guaraní-Indianer, die binomische oder trinomische Artbezeichnungen für Pflanzen und Tiere nach einem festen Regelwerk verwenden, oder die philippinischen Hanunóo, die ca. 1.600 Pflanzen unterscheiden und benennen (WILLMANN 1985, 22f). Aufgrund einer Konvergenz zeigen die überlieferten antiken und historischen Systematisierungen des Organismenreiches daher auch eine gewisse Parallelität zum gegenwärtigen Stand der systematischen Biologie. Dennoch waren die älteren Systematiken sehr viel weiter von der real existierenden Ordnung der Natur entfernt als es die heute gültige Systematik ist. Einige Ursachen für die Schwierigkeiten, das natürliche Verwandtschaftsverhältnis der Organismen aufzudecken, sind in Phänomenen wie etwa dem Geschlechtsdimorphismus, der Rassenbildung, mehrstufigen Lebenszyklen, der Entwicklungskonvergenz oder extremen Anpassungen begründet (vgl. Abbildung 1).

A. Metamorphose bei Insekten am Beispiel zweier ontogenetischer Entwicklungsstadien eines Schmetterlinghaftes (*Libelloides macaronius*): 3. Larvenstadium (links) und die Imago (rechts) (aus WILLMANN 1985, 13).
B. Ausbildung von Zwergmännchen (Geschlechtsdimorphismus) bei einem Fisch (*Endriolychnus schmidti*). In der Abbildung sind drei Zwergmännchen auf der Unterseite des Weibchens zu erkennen, die dort festgewachsen sind und auf diese Weise vom Weibchen miternährt werden (aus CZIHAK, LANGER & ZIEGLER 1984, 233).
C. Extremer Geschlechtsdimorphismus beim Igelwurm (*Bonellia viridis*). Das Weibchen wird bis zu einem Meter lang, während das larvenähnliche Zwergmännchen lediglich 2 mm groß ist und parasitisch im Körper des Weibchens lebt (aus CZIHAK, LANGER & ZIEGLER 1984, 286).
D. Geographische Variabilität bei der Eidechsenart *Lacerta pityusenis*, die auf den Balearen vorkommt. Es handelt sich hierbei um drei Unterarten mit relativ großen Unterschieden in Färbung bzw. Habitus (aus WILLMANN 1985, 14).
E. Mimikry bei einem Raubfisch. Während der Putzerfisch (*Labroides*, a) größeren Fischen Ektoparasiten und kranke Hautteile abfrißt, so daß das „Opfer" einen Nutzen hat, imitiert *Aspidonotus* (b) den Putzerfisch, kann sich daher mit diesem an zu putzende Fische heranbewegen und den Opfern intakte Flossenstücke herausbeißen (aus REMANE, STORCH & WELSCH 1973, 84).

Die größten Schwierigkeiten für die historische Naturforschung, die real existierende Entwicklungsdynamik der Natur zu verstehen, verursachten allerdings die fehlenden Kenntnisse von Lebenszyklen, die irrigen Vorstellungen des spontanen Artenwandels sowie die generelle Annahme der spontanen Urzeugung von Lebewesen. Erst seit 1864, als L. PASTEUR (1822–1895) die Möglichkeit einer Urzeugung mit Sterilisationsexperimenten widerlegte, konnte der jahrhundertealte Streit um die Urzeugung (generatio spontanea) beendet werden. Bis zu diesem Zeitpunkt herrschte die Überzeugung vor, daß sich beispielsweise Fliegen aus anorganischem Unrat bilden könnten. Auch die beobachtete Artenvielfalt der Natur stellte infolge der fehlenden Kenntnis der tatsächlichen Möglichkeiten der Artveränderung kein Problem dar: aus einer Raupe kann sich ein Schmetterling entwickeln, warum sollte sich aus einer Entenmuschel also nicht auch eine Weißwangengans entwickeln können, wie in früheren Zeiten angenommen wurde. „Neben einer fundierten Kenntnis eines »Arten«wandels bestanden aber auch abergläubische und aus heutiger Sicht abenteuerlich anmutende Vorstellungen von einer Metamorphose der Organismen. So erwähnte *Paracelsus* (1493–1541), daß aus der »Baumgans« die Schildkröte geboren werde, aus der Ente der Frosch und aus dem Aal die Maus. »Denn wie der Aal seinen Körper von der Luft und dem Wasser hat, so muß man von der Entstehung der Maus wissen, daß sie aus dem Stroh in der Luft wird. Wenn aber das Stroh halb im Wasser und halb in der Luft liegt, so wird ein Aal daraus und aus dem Aale werden auf Erden wiederum Mäuse« (zit. nach *Zimmermann* 1953:152)." (WILLMANN 1985, 30)

Die weitere Aufdeckung des natürlichen Systems der Organismen wurde erst durch Verbesserungen in folgenden drei Punkten ermöglicht:

1) Es mußten alle Angehörigen einer Art als solche erkannt werden, auch wenn diese untereinander große habituelle Unterschiede aufweisen. Damit einhergehend mußten artifizielle Gruppierungen aufgelöst werden.

2) Es mußte eine Bestandsaufnahme möglichst vieler und realer Arten erfolgen, damit alle Fabelwesen und Phantasietiere aus der systematischen Forschung verdrängt werden konnten.

3) Es mußte die Theorie der Urzeugung widerlegt und die Konstanz der Individuen postuliert werden. Erst nachdem akzeptiert wurde,

daß alle Nachkommen eines Individuums ausnahmslos der gleichen Art angehören, konnte die Frage nach der Herkunft der Artenvielfalt überhaupt erst zum zentralen Problem der Biologie werden. Gleiches gilt für die Widerlegung der Urzeugung in bezug auf die Entstehung des Lebens.

„Zusammen mit vertieften Erkenntnissen über die Fortpflanzungsverhältnisse der Tiere und Pflanzen (Harvey, 1651: omne animal ex ovo – jedes Tier entsteht aus einem Ei; Swammerdam, 1669: omne vivum e vivo – jedes Leben leitet sich vom Leben her) entstand jetzt ein festgefügtes Bild, in dem der Unterschied zwischen Leben und Unbelebtem unüberbrückbar erschien." (REMANE, STORCH & WELSCH 1976, 214)

Einen Höhepunkt der Forschung bilden die Arbeiten von C. R. DARWIN (1809–1882), A. R. WALLACE (1823–1913) und E. HAECKEL (1834–1919). Nun konnte erstmalig eine entwicklungsgeschichtliche Verbindung zwischen allen Arten gezogen werden, von den einfachsten Organismen bis hin zum Menschen. Die Existenz eines realen Netzwerkes in Form der stammesgeschichtlichen Verwandtschaft aller Organismen war somit bewiesen. Die Entstehung der Artenvielfalt war nach der Evolutionstheorie auf einen Vorgang der dichotomen Spaltung zurückzuführen, indem sich bestimmte Arten jeweils auf ursprünglichere Vorläuferarten (Stammarten) zurückverfolgen lassen. Aufgrund dieser Überlegungen läßt sich die Rückverfolgung der evolutiven Entwicklung bis zur Entstehung des Lebens fortsetzten. Die Schwelle zwischen unbelebter und belebter Materie stellte das nächste Problem dar, das es zu lösen galt. Einen Erklärungsansatz zur Überwindung der als unüberbrückbar geltenden Grenze zwischen belebter und unbelebter Materie lieferte A. I. OPARIN (1894–1980), der die theoretischen Grundlagen zur Biogenese formulierte (KÄMPFE 1985; RAHMANN 1987). Jetzt konnte auch die Entwicklung der Organismen vom Stadium der unbelebten Materie bis zum Menschen nachvollzogen und der ungefähre Verlauf der Entwicklung der Evolution rekonstruiert werden. Die nächste Stufe der Rekonstruktion mußte nun auch die Entwicklung der kognitiven Phänomene umfassen. Die beginnende Einbeziehung der Entwicklung psychischer Prozesse in den Ablauf der Evolution erfolgte jedoch erst zu einem viel späteren Zeitpunkt.

2. Die Grundlagen der biologischen Evolutionstheorie

2.1 Das Individuum, die Art und die Abstammungsgemeinschaft

In der Ordnung der Natur existieren in bezug auf die Organismen drei real objektivierbare Einheiten, die eine Kategorisierung ermöglichen: das Individuum, die Art und die Abstammungsgemeinschaft. Das Individuum repräsentiert eine objektivierbare Einheit der Natur und hat eine einzigartige und unwiederholbare Geschichte. Die Morphologie und die Kognition des Individuums sind durch die, dem Individuum zugrundeliegenden Erbinformationen vorgegeben. Im Rahmen einer gewissen Variation ist die konkrete Realisierung von der einzigartigen Lebensgeschichte des Individuums abhängig und in weiten Bereichen veränderbar, was dadurch deutlich wird, daß die veränderbaren Parameter (Umweltbedingungen) auch den Tod des Individuums verursachen können, indem es z.B. verhungert. Für die Erhaltung der Art oder gar der Abstammungsgemeinschaft relevante Aspekte sind für das Individuum ohne Bedeutung. Bedingungen, die sich für die Erhaltung der Art negativ auswirken, können für das Individuum durchaus förderlich sein. Der Ansatzpunkt der Evolution greift genau andersherum: Nur diejenigen Arten, die über Individuen mit arterhaltenden Eigenschaften verfügen, können erfolgreiche Arten sein.

Das Individuum als real existierende Einheit der Natur anzusehen fällt nicht schwer. Schwieriger ist es zunächst mit den beiden anderen systematischen Einheiten. Die Zugehörigkeit zur Art ist durch die Fortpflanzungsgrenze zwischen den Individuen bestimmt, und der Begriff wird nach E. O. WILEY wie folgt definiert: „Eine evolutionäre Art ist eine einzelne (Abstammungs-)Linie von Vorfahren-Nachkommen Populationen, welche ihre Identität gegen andere derartige Linien aufrechterhält und die eigene evolutionäre Tendenzen und ein eigenes historisches Schicksal hat." (Ax 1984, 24)

In der Regel sind es stets Angehörige von lokalen Populationen, die zu den potentiellen Fortpflanzungspartnern gehören. Der Einteilung einer Art in Populationen kommt auf dieser Stufe der Betrachtung jedoch keine Bedeutung zu, da innerhalb einer Art auch Individuen weit voneinander entfernt liegender Populationen – deren Individuen sich unter normalen Bedingungen niemals begegnen würden – zur Fortpflanzung fähig sind.

Bei der Veränderung einer Art sind grundsätzlich drei Fälle möglich. Eine Art kann sich verändern, ohne daß sie sich spaltet (Transformation), von einer Art kann sich eine neue Art abspalten (Speziation), oder eine Art stirbt ohne Folgearten aus (Auslöschung). Alle anderen denkbaren Möglichkeiten sind Spezialfälle, auf die hier nur kurz eingegangen werden soll. Beispiele für solche Prozesse sind etwa die multiple Artspaltung oder die Verschmelzung zweier Arten (Hybridisation): Es wird vielfach davon ausgegangen, daß sich eine Art nicht nur in zwei, sondern auch in drei oder noch mehr Arten aufspalten kann. Diese Betrachtungsweise ist jedoch nicht sehr nutzbringend, da es sich hierbei lediglich um ein anderes zeitliches Raster handelt. Wenn man die zugrundegelegten Zeiträume klein genug macht, sind auch Radiationen mit umfangreichen Artspaltungen letztlich auf dichotome Aufspaltungen zurückzuführen. Es ist nicht denkbar, daß mehrerer Arten simultan zu einem Zeitpunkt aus einer Stammart entstehen sollten, es werden immer kleine Zeitverschiebungen zwischen den Separationen vorhanden sein. Die Artverschmelzung ist ein äußerst seltenes Ereignis im Tierreich und erlangt somit für die Entstehung neuer Arten keine große Bedeutung.

Die Artentstehung durch Speziationen von bestehenden Arten verläuft in der Regel wie folgt: In der Gesamtpopulation bilden sich zunächst Rassen und Unterarten heraus, die im weiteren Verlauf der Entwicklung eine Fortpflanzungsschranke zu Teilen der Restpopulation aufbauen. Dabei ist es nicht wichtig, ob die Fortpflanzungsschranke biochemischer, biomechanischer oder ökologischer Natur ist. Dem Artbegriff kommt somit in der phylogenetischen Systematik eine zentrale Bedeutung zu. Die Entstehung von neuen Arten (Speziation) ist in bezug auf die geographische Verteilung der Folgearten durch drei mögliche Spaltungstypen gekennzeichnet: der Allopatrie, der Parapatrie und der Sympatrie (vgl. Abbildung 2). Es ist in diesem Fall völlig unwichtig, warum es zu einer Fortpflanzungsschranke zwischen Teilen der Population kommt. Auch wenn unter experimentellen Bedingungen die Zeugung fertiler Nachkommen zweier Individuen

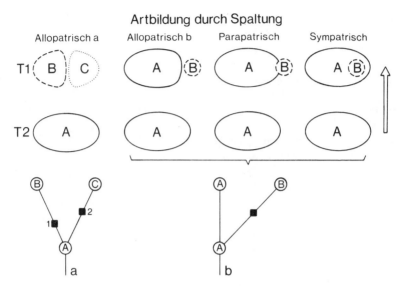

Abb. 2: Die schematische Darstellung der geographischen Verteilung einer Stammart A und einer bzw. zwei Folgearten B und C nach erfolgter Speziation. T = Zeit, ■ = evolutive Neuheit, weitere Erläuterungen im Text (aus Ax 1984, 28).

möglich ist, die sich unter natürlichen Voraussetzungen nicht paaren würden, wird dadurch die Artschranke nicht etwa aufgehoben.

In Abbildung 2a spaltet sich die Population der Art A in die fast gleichgroßen Folgearten B und C auf, die sich beide durch je eine evolutive Neuheit voneinander unterscheiden. Es kommt somit zu einem Erlöschen der Stammart A, da sich beide Arten durch evolutive Neuheiten von der Stammart unterscheiden. Wird hingegen lediglich ein Teil der Population A abgespalten und existiert die Stammart in unverändertem Zustand (Abbildung 2b und c), so können die Populationen vollständig voneinander reproduktionsisoliert und geographisch getrennt sein (Allopatrisch b), einen Überlappungsbereich aufweisen (Parapatrisch) oder im gleichen Gebiet nebeneinander vorkommen (Sympatrisch). Ein Beispiel für eine vollzogene Rassenbildung, die zu einer beginnenden Artspaltung führen kann, zeigt Abbildung 3.

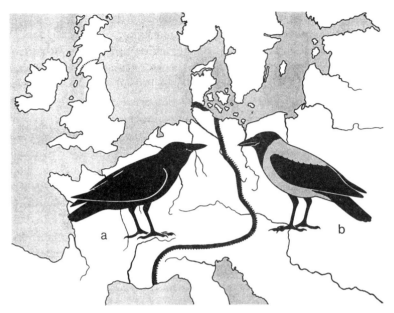

Abb. 3: Die geographische Verbreitung von Populationen. a: Die Rabenkrähe (*Corvus corone corone*). b: Die Nebelkrähe (*Corvus corone cornix*). Lediglich innerhalb des schmalen Grenzverlaufes existiert eine sehr begrenzte Bastardierungszone zwischen beiden Krähenrassen (aus CZIHAK, LANGER & ZIEGLER 1984, 859).

Unter einer geschlossenen Abstammungsgemeinschaft ist eine Gruppe von Arten zu verstehen, die allesamt auf einen einzigen gemeinsamen Vorfahren (Stammart) zurückzuführen sind. Aufgrund der Entwicklungsmöglichkeiten in Form der dichotomen Spaltung sind jeweils zwei Arten auf eine Stammart zurückzuführen. Da auch diese Stammart mit ihrer Schwesterart auf nur einen gemeinsamen Vorläufer zurückzuführen ist, entsteht ein sich mehr oder weniger stark verzweigendes System von Stammarten und Folgearten mit einer hierarchischen Struktur, wobei Folgearten in der weiteren Entwicklung zu Stammarten werden.

2.2 Das Verhältnis von Ontogenese und Phylogenese

Während der Prozeß der Ontogenese die einzigartige Entwicklung eines einzelnen Individuums von der Keimesentwicklung bis zum Tod beschreibt, bezieht sich die Beschreibung der Phylogenese auf die stammesgeschichtliche Entwicklung von Abstammungsgemeinschaften durch Artspaltungen. Im Gegensatz zur real beobachtbaren Ontogenese handelt es sich bei der Phylogenese somit um einen abstrakten, systematischen Prozeß. „Phylogenese ist der Prozeß der Entstehung geschlossener Abstammungsgemeinschaften der Natur durch Spaltungen jeweils nur ihnen gemeinsamer Stammarten." (Ax 1984, 39)

Wenn man von den Züchtungserfahrungen und den Verhältnissen bei sich sehr schnell fortpflanzenden Organismen (Bakterien) absieht, so stellt lediglich die Ontogenese der Individuen die einzige Veränderung im evolutiven Geschehen dar, die ein Beobachter wahrnehmen kann, da nur sie eine konkret-organismische Grundlage und eine entsprechende Zeitstruktur hat. Die Kenntnis der ontogenetischen Entwicklung von Lebewesen gehört zum Alltagswissen. Die ontogenetische Entwicklung verschiedener Individuen einer einzigen Art kann durchaus sehr unterschiedlich verlaufen und sich vorteilhaft oder nachteilig für das jeweilige Individuum auswirken, ohne daß diese Veränderungen für die Art insgesamt eine Auswirkung haben. Das einzelne Individuum verfügt über eine genetisch fixierte Erbinformation, die von der individuellen Genese unabhängig ist und einen Teil des Genpools der jeweiligen Art darstellt. Ein Individuum kann in seiner persönlichen Lebensgeschichte durchaus schweren Schaden erleiden, ohne daß davon sein möglicher genetischer Beitrag beeinflußt wird. Lediglich eine Schädigung der Keime darf nicht eintreten. Aus der Sicht der Phylogenese werden die einzelnen Organismen einer Art daher metaphorisch auch lediglich als »Behälter« des Genpools der Art bezeichnet. Die morphologischen Veränderungen des Individuums können durch Ernährungs- oder Umgebungsfaktoren außerordentlich stark sein, ohne den geringsten direkten Einfluß auf die weitere Entwicklung der Art zu haben, wenn sich das Individuum dennoch fortpflanzen kann. Dies ist beispielsweise bei erworbenen körperlichen Gebrechen oder bei einer Mangelernährung der Fall. Für die Existenz der Individuen erlangen phylogenetische Aspekte zunächst überhaupt keine Bedeutung. So wird lediglich die phylogenetische Entwicklung betroffen, wenn ein Individuum aus irgendwelchen Gründen nicht an der Fortpflanzung teilnehmen kann und dessen Gene somit aus dem Genpool der Art verschwinden. Die ontogenetische Zeitdimension umfaßt die Lebensspanne des Organismus, die phylogenetische Zeiteinheit hingegen rechnet in vielen Generationsfolgen.

Der Phylogenese kommt daher ein völlig anderer Stellenwert zu, da sie sich nicht am Individuum, sondern an der abstrakten systematischen Stellung aller Individuen einer Art orientiert. Hier ist das Individuum völlig unbedeutend, und lediglich der Genpool ist Grundlage der Betrachtungsweise. Die abstrakte Gesamtheit aller Individuen einer

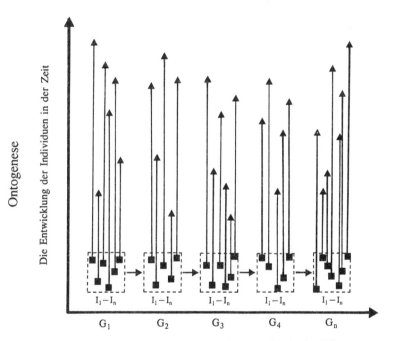

Die Entwicklung des genetischen Materials in der Zeit

Phylogenese

Abb. 4: Schematischer Zusammenhang von ontogenetischer und phylogenetischer Entwicklung. Alle Individuen ($I_1 - I_n$) einer Population durchlaufen ihre eigene Lebensgeschichte (Ontogenese), mit einer individuellen Lebensdauer. Das genetische Material aller Individuen einer Population bildet in seiner Gesamtheit den jeweiligen Genpool ($G_1 - G_n$) der Art zu einem Zeitpunkt. Die stammesgeschichtliche Entwicklung des Genpools (Phylogenese) ist auf Evolution zurückzuführen.

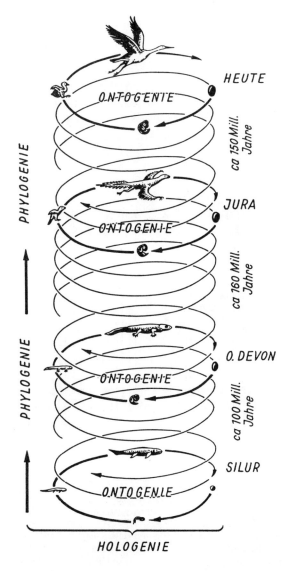

Abb. 5: Die Entwicklungsspirale stammesgeschichtlicher Fortentwicklung am Beispiel der Entwicklung zum Vogel (aus ZIMMERMANN 1967, 100).

Art bildet die Einheit der Phylogenese, ontogenetisch erworbene Variationen sind bei dieser Betrachtung völlig unwichtig. Infolge dieser Verschiedenheit des Bezugspunktes von Ontogenese und Phylogenese dürfen weder die Bedeutungen der Begriffe selbst, noch Teile des jeweiligen inhaltlichen Umfeldes miteinander vermischt werden. Die Unterschiedlichkeit der Ansätze wird auch deutlich, wenn man bedenkt, daß sich ihnen in der biologischen Forschung unterschiedliche Disziplinen widmen, wie z.b. die Physiologie auf der einen und die Systematik auf der anderen Seite. Den Zusammenhang zwischen der Ontogenese und der Phylogenese der Organismen verdeutlicht Abbildung 4.

Idealerweise durchläuft jedes Individuum während der Ontogenese eine einzigartige Ausprägung einer genetisch vorgebenen Grundlinie in Form eines Embryonalstadiums, des Heranwachsens, des Alterns und des Sterbens. Ein Prozeß in der Zeit, der von den Nachkommen des Individuums individuell wiederholt wird. Sie knüpfen an die zeitliche und die genetische Komponente der Vorfahren an und geben ihrerseits die genetische Information an ihre Nachkommen weiter. Aufgrund mehrerer Faktoren (Evolutionsfaktoren, s. Kapitel 2.4) verändert sich die genetische Information im Verlauf unzähliger Generationsfolgen, und ein neues Stadium der phylogenetischen Entwicklung knüpft an die zeitliche und genetische Komponente der Stammesentwicklung an. Hierbei handelt es sich gewissermaßen um ein doppeltes System aufeinanderaufbauender Entwicklungsfortschritte in der Zeit (vgl. Abbildung 5).

2.3 Das Prinzip der allgemeinen Evolution

Das Prinzip der allgemeinen Evolution läßt sich auch in Form einer »natürlichen Technologie« erklären, die keiner äußeren teleologischen Einflußnahme bedarf. Es existiert eine natürliche Entwicklungsdynamik, die lediglich bestimmten Rahmenbedingungen aufgrund der Naturgesetze folgen muß, deren konkretes Aussehen jedoch von vielen anderen Faktoren bestimmt werden kann. Diese systemimmanente und selbstorganisierende Vorgehensweise der Naturvorgänge kann als natürliche Technologie bezeichnet werden, sie sind die Folge einer allgemeinen Evolution. In Ermangelung einer Theorie der allgemeinen

Evolution werden bislang verschiedene „Evolutionen" unterschieden, in den wissenschaftlichen Disziplinen wird der Evolutionsbegriff daher auch oftmals in unterschiedlicher Weise benutzt. Es gibt die Evolution des Kosmos, die Evolution der Organismen, die Evolution der Kulturen, der Technik usw. Obwohl die ebengenannten Entwicklungsebenen völlig verschieden sind, muß es aufgrund der hierarchischen und emergenten Struktur bei all diesen natürlichen Vorgängen ein verbindendes Grundprinzip der Entwicklung geben. Selbstverständlich sind die Entwicklungsprinzipien des Kosmos oder der Organismen nicht hinreichend um die Entwicklung der Kulturen zu erklären, aufgrund der Emergenz stellen beide jedoch für die Kulturentwicklung notwendige Bedingungen dar.

Die Möglichkeiten der natürlichen Veränderung gehören in gleicher Weise zu den Eigenschaften der Materie, wie etwa die Schwerkraft oder andere physikalische Gesetzmäßigkeiten. Die sich von diesen Eigenschaften ableitenden Möglichkeiten der evolutiven Veränderung sind nur von den allgemeinen Naturgesetzen abhängig. Alle Vorgänge der Natur müssen sich im Rahmen dieser Entwicklungsgesetze abspielen, es gelten somit im Bereich der unbelebten Natur die gleichen evolutiven Rahmenbedingungen wie im Bereich der belebten Materie. Allerdings geht mit der fortschreitenden Entwicklungshöhe der Naturphänomene eine qualitative Ausweitung der Entwicklungsbedingungen einher. So gelten für Organismen neben den physikalischen Naturgesetzen auch organismenspezifische Evolutionsbedingungen, welche den speziellen Anforderungen lebender Systeme gerecht werden müssen. Andernfalls wären diese Organismen weder entstanden, noch könnten sie weiterbestehen. Für die sozialen Systeme von Organismen gelten neben diesen beiden auch noch sozialsystemspezifische Bedingungen, die nicht nur für eine erfolgreiche Existenz von Leben, sondern auch für die erfolgreiche Ausbildung von sozialen Gemeinschaften verantwortlich sein müssen. Selbstverständlich sind diese drei Ebenen evolutiver Entwicklung nicht voneinander getrennt, sondern wirken derart im Verbund, daß ein kausales und selbstreferentielles Netzwerk entsteht, das eine getrennte Betrachtung und Begründung von einzelnen Phänomenen eigentlich verbietet. Mit der Annahme der verschiedenen Ebenen läßt sich jedoch die Gefahr verdeutlichen, die von einer Vermischung dieser unterschiedlichen Evolutionsbedingungen ausgeht, wenn beispielsweise Evolutionsprinzipien von Biomolekülen auf menschliche

Gesellschaften übertragen werden. Bestimmte Evolutionsmechanismen können zur Beschreibung der Entwicklung von Biomolekülen völlig ausreichen, sind aber völlig unzureichend, um auch nur die einfachsten Phänomene höherer Systeme zu erklären. Andererseits sind auch die einfachsten Evolutionsprinzipien aufgrund der Emergenz in allen komplexeren Entwicklungen noch vorhanden. Auch wenn den entwicklungsgeschichtlich ältesten Evolutionsbedingungen beispielsweise für die Veränderung der menschlichen Kultur fast keine Bedeutung zukommt, so müssen sie dennoch vorhanden sein, da die Entwicklungen aufeinander aufbauen und auch die komplexesten Naturphänomene mit den einfachsten Phänomenen entwicklungsgeschichtlich verbunden sind.

Die gegenwärtig fundierteste und umfangreichste Darlegung natürlicher Entwicklungsvorgänge ist die biologische Evolutionstheorie. Im folgenden soll daher die exemplarische Belegung von Entwicklungsvorgängen vor allem anhand der Evolution der Organismen referiert werden. Wenngleich es an mehreren Stellen der Arbeit auch zu einem schnellen Wechsel zwischen verschiedenen Evolutionsebenen kommt, dürfen diese jedoch nicht vorbehaltlos miteinander vermischt werden. Es geht lediglich darum, die verbindenden Gemeinsamkeiten der Entwicklungsprozesse erkennbar zu machen.

Die Erkenntnis der Allgegenwart evolutiven Geschehens in der gesamten Natur ist in der europäisierten Wissenschaft der Neuzeit noch relativ neu. Über die evolutive Entwicklung der Pflanzen und Tiere wird seit ca. 200 Jahren nachgedacht, und die Evolutionstheorie DARWINS ist erst seit weniger als 100 Jahren allgemein anerkannt. Die Feststellung, daß auch die menschliche Erkenntnis Ihre Anfänge in der phylogenetischen Entwicklung aller Organismen besitzt und somit ebenfalls durch Evolution beschrieben werden kann, ist ca. 50 Jahre alt. Die Anwendung und Verbreitung evolutionstheoretisch fundierter Erklärungsansätze auf Phänomene menschlicher Kulturen, der Technologie oder etwa der Sprache sind daher in der »klassischen« Biologie vergleichsweise neu (KULL 1979). In der Sprachwissenschaft haben die evolutionären Erklärungsansätze der Sprache eigene historische Vorläufer, wie etwa A. SCHLEICHER (1821–1866) oder J. SCHMIDT (1843–1901), deren Aussagen aufgrund vieler Mißdeutungen – sowohl von Seiten der Autoren in bezug auf die Evolution als auch der Rezipienten in bezug auf die Ausführungen der Autoren – keine große Anerkennung gefunden haben. Dennoch haben sich in der aktuellen linguistischen Diskussion über die Mechanismen des Sprachwandels Inhalte der Evolutionsbiologie (LÜDTKE 1980b) bzw. der evolutionären Erkenntnistheorie durchgesetzt. „Führende Erkenntniswissenschaft ist heute nicht mehr die Philosophie, sondern die Biologie ... Gerade die Linguistik bedarf tiefschürfender Methodenreflexion, um der (bio- und sozio)kybernetischen, d.h. durch Rückwirkungen auf Ursachen (also Kreisprozesse ...) bestimmten Natur der sprachlichen Kommunikation gerecht zu werden ..." (LÜDTKE 1984, 731)

Wenngleich die Neuorientierung auch nicht so stark formuliert werden sollte wie bei LÜDTKE, so ist der Anteil der Biologie an den linguistischen Fragestellungen nicht zu unterschätzen. In der Biologie wird die Erkenntnis, daß alle Phänomene der belebten Welt durch evolutive Entwicklungsprinzipien beschrieben werden können, zunehmend akzeptiert.

Eine der grundlegenden Eigenschaften der evolutiven Entwicklung ist die zufällige und von vielen Faktoren beeinflußbare Veränderung von Systemen im reglementierenden Rahmen der Naturgesetze. Diese Art der Entwicklung von Systemen führt in der Natur zur Entstehung von »intelligenten« Lösungen in bezug auf konkrete Probleme, zu einer scheinbaren Lenkung in geplanten Systemen, obwohl letztlich nur Objekte, Eigenschaften dieser Objekte und Systemphänomene von ineinander verschachtelten Eigenschaften dieser Objekte miteinander interagieren. Aus diesem Zusammenspiel aller beteiligten Objekte, Eigenschaften, Systeme usw. ergibt sich die scheinbar geplante und »sinnvolle« Struktur der realen Welt. Diese Tatsache ist, quasi in einem Circulus vitiosus, auch für die universelle Gültigkeit der evolutiven Entwicklung verantwortlich zu machen. Diese korrelative Beeinflussung von Eigenschaften, die eine scheinbare Erklärung und Begründung für Entwicklungen liefert, wird an folgendem Beispiel der Passung vom Augen und Licht deutlich. So sind Organismen mit Lichtsinnesorganen in Form von Augen erfolgreich, weil sie mit ihnen das Sonnenlicht in optimaler Weise zur Orientierung und zur Umwelterkennung ausnutzen können. Andererseits sind Augen in dieser Weise optimal gestaltet, weil sie unter den Bedingungen des Sonnenlichtes in der Entwicklungsgeschichte der Lebewesen entstanden sind. Das menschliche Auge nutzt von dem umfangreichen Spektrum der elektromagnetischen Wellen − dessen Wellenlängen von fast Null bis Unendlich reichen und das sowohl Gammastrahlen als auch lange Radiowellen umfaßt – lediglich den minimalen Bereich zwischen 400 und 740 nm Wellenlänge. Exakt dieser Bereich bietet auch aus biophysikalischer Sicht die besten Voraussetzungen, um von biologischen Molekülen (Sehfarbstoffen) ausgewertet zu werden. Wesentlich kürzere Wellenlängen verfügen über zuviel Energie, so daß Biomoleküle zerstört würden, während Wellenlängen oberhalb von 1.000 nm über eine zu geringe Quantenenergie verfügen, um einen Wahrnehmungsprozeß auslösen zu können. Das Sonnenlicht strahlt zunächst alle Wellenlängen mit unterschiedlicher Intensität aus, durch die Erdatmosphäre wird aber ein starker Anteil der Strahlung gefiltert. Das Maximum der durchgelassenen Strahlung liegt jedoch genau im sichtbaren Bereich zwischen 400 und 740 nm, der für Biomoleküle in so optimaler Weise auswertbar ist. In einem solchen System sind die eben genannten Begründungen in Form von Kausalketten eigentlich nicht zulässig. Würden nämlich die irdischen Lebensbedingungen auch höherenergetische Sonnenstrahlung beinhalten, so hätten sich Organismen mit dem gerade vorgestellten Augentyp zwar nicht in dieser Form ausgebildet, es wäre aber eine andere Anpassungsstrategie erfolgreich gewesen und hätte den Platz eingenommen. Gleichzeitig sind die irdischen Biomoleküle auf Wellenlängen des sichtbaren Lichts abgestimmt, weil auch sie unter irdischen Bedingungen entstanden sind und nicht etwa weil sie die einzige realisierbare Möglichkeit darstellen. Unter anderen Voraussetzungen wären auch andere photosensitive Biomoleküle denkbar.

Aufgrund der fortschreitenden Passung von Strukturen ist daher das Entwicklungsprinzip Evolution in jedem Phänomen des Kosmos wiederzuentdecken. Jedes Objekt, jede Eigenschaft und jedes System offenbart somit die Prinzipien der natürlichen Technologie. So gelten die Entwicklungsprinzipien der Evolution nicht nur im Bereich der Tier- und Pflanzenwelt, sondern einige von ihnen wirkten bereits in der Phase des Urknalls, als noch keine Materie und keine Moleküle existierten. Des weiteren findet das Prinzip der Evolution auch auf Menschen, Sozialsysteme der Menschen, ihre Kulturen und Technologien Anwendung, wenngleich auch auf einer ganz anderen Stufe. Dieser Einfluß ist jedoch nicht mit den Thesen des irrigen und naturwissenschaftlich nicht begründbaren sogenannten »Sozialdarwinismus« zu verwechseln. Bei dem von H. SPENCER (1820 – 1903) formulierten Sozialdarwinismus handelt es sich um eine völlige Verfälschung und Verkürzung evolutionärer Gedanken, die, von falschen Voraussetzungen ausgehend, eine »unmenschliche« Entwicklung der menschlichen Gesellschaft voraussetzt. MAYR (1984) schlägt daher auch den Begriff Sozialspencerismus vor, um den falschen Zusammenhang zum Darwinismus nicht auch noch durch die Bezeichnung zu manifestieren. Die oben erwähnte Gültigkeit des Evolutionsprinzips auch in bezug auf Menschen und menschliche Kulturen steht in keinem Widerspruch zum selbstbestimmten Handeln des Menschen oder zum freien Willen. Es ist selbstverständlich, daß die Prinzipien der evolutiven Entwicklung nicht in der gleichen, direkten Weise auf menschliche Kulturen Anwendung finden, wie sie etwa in der Entwicklungsdynamik von Fruchtfliegen-Populationen zutage treten. Aber sowohl die Entwicklungsstufe des menschlichen Gehirns mit einem freien Willen und einem Selbstbewußtsein als auch die menschliche Gesellschaft mit einer unvorhersehbaren Entwicklungsdynamik sind letztlich als das Ergebnis der allgemeinen Evolution anzusehen. Es existiert somit kein prinzipieller Unterschied zwischen irgendeinem Organ eines Insekts und dem Organ »menschliches Gehirn« oder den quasi-Organen »menschliche Gesellschaft« und »Sprachfähigkeit«. Die Entstehung und die Eigenschaften des menschlichen Bewußtseins sind durch die Evolution zu erklären, und daher ist auch die menschliche Moral ein Ergebnis der evolutiven Entwicklung. Es ist aber nicht so, daß für die menschliche Moral ein Vorgehen nach Evolutionsfaktoren zu fordern wäre. Die begründete Angst vor der weiteren Manifestierung der historischen Mißverständnisse zwischen Gesellschaftswissenschaftlern und Naturwissenschaftlern in bezug auf Erklärungen von Phänomenen wie Bewußtsein, Moral, Gesellschaft, Ethik oder Kultur darf jedoch nicht zu einer Behinderung der wissenschaftlichen Erkenntnis führen. Um sich gegen den Sozialspencerismus zu wehren, wird aus verständlichen Gründen der entwicklungsgeschichtliche Zusammenhang zwischen Evolutionsmechanismen und Bewußtsein verneint. „Dagegen hat man mit Recht protestiert: Die Mechanismen organismischer Evolution und moralische Zielsetzungen menschlichen Handelns haben nichts miteinander zu tun." (VOGEL 1987, 416f)

Der ursächliche Zusammenhang der entwicklungsgeschichtlichen Herausbildung und Passung aller kognitiven Phänomene ist jedoch nicht zu leugnen. Alle diese Errungenschaften der natürlichen Entwicklung dienen dazu, ein System so weit an die Erfordernisse der Umwelt anzupassen, daß es ein stabileres System wird. Es gehört dabei zu den Prinzipien der Evolution, daß auch viele Zufalls-Faktoren kanalisierend auf diese Systementwicklung wirken. Aus diesem Grund sind auch nicht alle realisierten Lösungswege eines Problems identisch, und nicht alle realisierten Lösungen können auftauchende Probleme auch beseitigen. Die Folge ist letztlich das Erlöschen von Systemen bzw. das Aussterben von Arten. Auch in bezug auf diese Form der Systementwicklung liegen die Verhältnisse bei hochentwickelten Organismen oder bei Kultursystemen anders als bei evolutiven Veränderungen relativ einfacher Systeme. Beispielsweise verfügen Menschen erstmalig in der Geschichte der Organismen über die Fähigkeit, sich gegenseitig vollständig zu vernichten. Diese Fähigkeit ist zweifelsohne auch ein Ergebnis evolutiver Entwicklung. Der atomare Overkill wäre dann aber das äußere Zeichen einer evolutiven Sackgasse, der letzte Schritt einer von vielen Faktoren bestimmten, erfolglosen Entwicklung »Mensch«. Die Selbstzerstörung des Menschen ist jedoch weder evolutionär vorprogrammiert noch unvermeidlich. Da Menschen über die neuartige evolutive Errungenschaft (evolutive Neuheit) des freien Willens verfügen, können sie sich bewußt für eine von mehreren Möglichkeiten entscheiden und die mit einer Eigendynamik ausgestattete Selbstzerstörung vermeiden. Freier Wille und die Annahme einer evolutiven Entwicklung der Psyche sind daher keine sich ausschließenden Gegensätze, sondern die Eigenschaft eines freien Willens ist **das Ergebnis einer evolutiven Entwicklung**. Für die menschliche Gesellschaft ist daher sowohl die Möglichkeit der Zerstörung als auch die freie Wahl, darüber nachzudenken und sie zu verhindern, nur Ausdruck evolutiver Fortentwicklung. Dieses extreme und durchaus makabre Beispiel für Willensfreiheit soll dazu dienen, die menschliche Entscheidungsfreiheit nicht als Antipoden zur evolutiven Entwicklung anzusehen, sondern als das Ergebnis einer qualitativ anderen und neuen Stufe der organismischen Evolution. Dies bedeutet jedoch nicht, daß alle tiefer gelegenen Entwicklungsstufen nun plötzlich wirkungslos geworden wären. Auch die neue Entwicklungsstufe »menschliches Bewußtsein« bzw. »Sprachfähigkeit« unterliegt den allgemeinen Prinzipien der evolutiven Entwicklung.

In bezug auf die Sprachentwicklung ist in diesem Zusammenhang vor allem wichtig, daß menschliche Sprachplanung und -veränderung sich nicht völlig konträr zur evolutiven Sprachentwicklung verhalten, wie vielfach behauptet wird, sondern vielmehr Teil der Sprachevolution sind. In die gegenwärtige sprachwissenschaftliche Diskussion haben die Erkenntnisse der Evolutionsbiologie bislang keinen großen Eingang gefunden. Die seltenen Versuche, das Evolutionsprinzip in die Sprachwandelforschung zu integrieren, müssen fehlschlagen, wenn nach wie vor falsche Konzepte der Evolution verbreitet sind. Beispiele für einen unbiologischen Gebrauch des Terminus Evolution in der Sprachwissenschaft zeigen die folgenden Aussagen von MATTHEIER. „Heute wird man bei der Betrachtung sprachlicher Evolution in erster Linie drei Tatsachen zu beachten haben. Erstens gibt es bewußte Sprachentwicklung als einen planerischen Eingriff gesellschaftlicher Gruppen oder einzelner Personen in die Sprache oder den Sprachgebrauch, durch den die Sprache verändert wird. Nicht nur Sprachreformen und Sprachnormierungsaktionen fallen unter diesen Typ sprachlicher Veränderungen. (...) Diesen mehr oder weniger absichtsvoll herbeigeführten Prozeß sollte man nicht mit dem Begriff »Evolution« bezeichnen. *Sprachplanung* oder *Sprachpolitik* sind hier die angemessenen Bezeichnungen." (MATTHEIER 1984, 722)

Die Annahme, daß sich nach der Entstehung des Bewußtseins die weitere menschliche Entwicklung nicht mehr nach evolutiven Prinzipien vollzieht, da der Mensch auf seine eigene Entwicklung Einfluß nehmen kann, ist aus biologischer Sicht nicht vertretbar. Gleiches gilt auch für die Ablehnung von zufällig ablaufenden Prozessen in der Entwicklung. Auch der Zufall ist eine bestimmende Größe in der evolutiven Entwicklung und nicht etwa ein gegensätzlicher Prozeß, wie es in der Sprachwissenschaft gemeinhin angenommen wird. „Daneben gibt es die Auffassung, daß Sprachwandel keine Evolution ist und keiner irgendwie vorgegebenen Richtung folgt, sondern ein Zufallsprodukt ist." (MATTHEIER 1984, 722)

Es gibt somit nicht die zwei konträren Erklärungsansätze Evolution versus Zufall, sondern der Zufall nimmt in der evolutiven Entwicklung eine wichtige Funktion ein.

Wenngleich MATTHEIER auch zwei wesentliche Phänomene des evolutiven Wandels in ihrer Wirkung einschränkt, so akzeptiert er doch zumindest einen Teilaspekt der Sprachevolution, den er aber teleologisch begründet. Diese teleologische Begründung steht in krassem Widerspruch zur Theorie der Evolution. „Als eigentlicher Gegenstandsbereich für »Sprachevolution« bleibt dann nur noch der Sprachwandel als funktionell gesteuerte Evolution der Sprache, die den kommunikativen Bedürfnissen jeder Gesellschaft und ihrem Wandel entspricht (...) Die Teleologie oder besser Finalität liegt dabei nicht in der Sprache an sich, sondern in den jeweils vorgegebenen neuartigen Anforderungen der Gesellschaft an das Kommunikationsmittel Sprache.“ (MATTHEIER 1984, 722)

Auch BEEH (1981) – der in bezug auf die evolutive Entwicklung der Sprache zu richtigen Ergebnissen gelangt, indem er Sprache als eine neue Form der evolutiven Entwicklung interpretiert – postuliert ein reduziertes und überholtes Evolutionskonzept, das ausschließlich mit den Phänomenen (Evolutionsfaktoren) Mutation und Selektion auskommt. Diese Reduktion hat die Biologie mittlerweile jedoch überwunden.

Bei den bisherigen Übertragungen des Evolutionsgedankens auf andere als biologische bzw. sprachwissenschaftliche Zusammenhänge wurde, neben der inhaltlichen Reduktion, oftmals gegen zwei Grundannahmen der Evolutionstheorie verstoßen. Zum einen wird der Zufall nicht als eine bestimmende Größe in der Evolution erkannt, und zum anderen wird teleologisches Denken in die Diskussion eingebracht, das dem Evolutionsgedanken völlig zuwider läuft. Daher kann man zusammenfassend sagen, daß der gegenwärtige Evolutionsbegriff der Sprachwissenschaft völlig veraltet, verfremdet und von dem der Biologie verschieden ist. Eine Situation, an der die Biologie allerdings nicht schuldlos ist, da sie sich an der Diskussion nur unzureichend beteiligt.

Das Zustandekommen der weiter oben angesprochenen scheinbar »sinnvollen« Strukturen der Welt lassen sich durch einen einfachen Mechanismus veranschaulichen. Im folgenden soll anhand des Modells eines Regelkreises (TOTE-Einheit) einer der einfachsten Mechanismen der natürlichen Technologie vorgestellt werden. Die TOTE-Einheit, dieser vor mehr als 25 Jahren von G. MILLER, E. GALANTER und K. PRIBRAM erstellte kybernetische Regelkreis, wird heute zwar nicht mehr zur adäquaten Beschreibung menschlichen Verhaltens benutzt, zeigt jedoch eine in diesem Zusammenhang interessante, dem »Lernen durch Versuch und Irrtum« vergleichbare Form für eine einfache Verhaltensweise mit optimaler Wirkung. Im Verlauf einer solchen Einheit wird zunächst ein Test (T = test) durchgeführt, dann wird eine Handlung vollzogen (O = operate), danach wird wieder ein Test

ausgeführt und schließlich wird die Schleife verlassen (E = exit) (vgl.
Abbildung 6).

Dieses einfache Verhalten von test → operate → test → exit, der sogenannten TOTE-Einheit, bringt eine erstaunliche Effizienz hervor.
Seit einigen Jahren wird in den ingenieurwissenschaftlichen Entwick-
lungslabors nach solchen quasi-evolutiven Methoden im Stil einer
TOTE-Einheit konstruiert. Ist es innerhalb dieser Vorgehensweise
bereits zu einer maximalen Optimierung gekommen, so führen große
Veränderungen zu schlechteren Lösungen und werden eliminiert.
Kleine Veränderungen erhalten eine gewisse Plastizität des Systems,
da sofort auf veränderte Ausgangsbedingungen reagiert wird (Feinab-

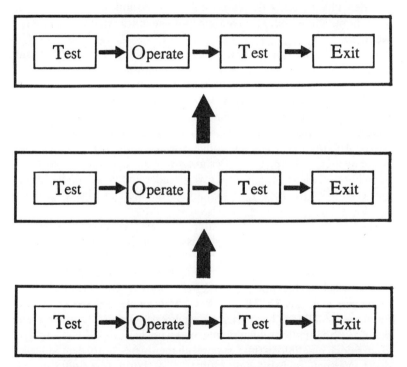

Abb. 6: »Natürliches« Verhalten von physikalischen Phänomenen, das aufgrund
einer systemimmanenten Abfolge von test-operate-test-exit-Einheiten geschieht,
zeigt eine gewisse Parallelität zum Vorgehen nach Versuch und Irrtum bei Lebewesen.

stimmung). Ist das System jedoch sehr weit vom Optimum entfernt, haben ausschließlich starke Veränderungen Aussicht auf schnellen Erfolg. Beispielsweise werden mit dieser Vorgehensweise Brennräume von Motoren oder die äußere Form von Flugzeugtragflächen optimiert. Interessanterweise kommt es bei einer solchen Entwicklung von Tragflächenformen von Flugzeugen zu einer starken Konvergenz zu den Flügeln von Vögeln. Dies ist jedoch nicht verwunderlich, da in diesem Beispiel zwei Systeme dem gleichen Entwicklungsdruck gefolgt sind und vergleichbare physikalische Rahmenbedingungen vorgefunden haben. Die Simulation der Entwicklungsbedingungen führte in diesem Beispiel zu den gleichen Ergebnissen, wie sie auch eine tatsächliche Untersuchung und Imitation des Vogelflügels selbst erbracht hätte.

Das einfache und voraussetzungslose Prinzip der TOTE-Einheit ist trotz seiner Einfachheit in der Lage, wandelbare Systeme soweit zu optimieren, daß »intelligentes« Verhalten in Form optimaler Anpassung entsteht. Dieses Verhalten kann im übertragenen Sinne beispielsweise auch ein Flußlauf zeigen, der – falls er nicht vorher eintrocknet – irgendwann das Meer erreicht. Die äußeren Bedingungen in Form der Schwerkraft, des Bewegungsverhaltens (Hydrodynamik, Adhäsion) sind vorgegeben. Die dynamische Komponente bei der Ausführung der TOTE-Einheiten entstammt den Eigenschaften der Materie selbst und sind auf die physikalischen Eigenschaften der wechselwirkenden Einheiten zurückzuführen. Das Wasser findet den Weg zum Meer sozusagen von selbst, quasi systemimmanent, durch eine fortgesetzte Folge von TOTE-Einheiten.

2.4 Die Evolutionsfaktoren

In diesem Kapitel sollen nun die Faktoren beschrieben werden, die innerhalb der biologischen Evolutionstheorie die evolutive Veränderung von Organismen bewirken. Die Artenvielfalt des organismischen Lebens ist nur durch einen evolutiven Prozeß zu erklären, dem ein hierarchisch strukturiertes Verwandtschaftssystem aller Arten, mit einer dichotomen Spaltung mit Stammarten und Folgearten zugrunde liegt. Da Leben nur einmal entstanden ist, müssen alle Vielzeller (Metazoa) von einem einzigen einzelligen Vorfahren abstammen, verfügen alle rezenten Metazoa über ein annähernd gleiches entwicklungsgeschichtliches Alter. Alle heute lebenden Vielzeller sind somit auf ursprünglich identische Entwicklungsbedingungen zurückzuführen. Trotz der gleichen zeitlichen Entwicklungsbedingungen existieren jedoch sehr einfache neben sehr komplizierten Formen, haben sich einerseits sehr primitive Organismen erhalten und andererseits sehr komplexe Organismen herausgebildet. Ebenso gibt es sowohl sehr konservative Formen (sogenannte lebende Fossilien) als auch Formen, die sich in kurzer Zeit stark verändert haben (vgl. Abbildung 7).

Verschiedene Individuen sind unterschiedlichen Entwicklungsdrükken ausgesetzt, die für die unterschiedlichen Ausmaße der evolutiven Veränderungen verantwortlich sind. Zu erklären sind die unterschiedlichen Entwicklungsdrücke und Entwicklungsgeschwindigkeiten durch ein unterschiedliches Zusammenwirken der Evolutionsfaktoren. Die Veränderungen können dann die Art transformieren oder eine Teilpopulation abspalten. Die prinzipielle Plastizität der Individuen bzw. Arten, die solche Veränderungen überhaupt erst ermöglicht, hat eine Ursache in der Fortpflanzung der Organismen, die im weiteren nur in Form der sexuellen Vermehrung beachtet werden soll. Nur weil es nach dem Aufbau des Individuums im Verlauf der Ontogenese auch zu dessen Tod kommt, besteht überhaupt die Möglichkeit, die Gesamtheit der Individuen einer Art über Veränderungen im Genpool zu modifizieren. In Populationen von Individuen mit vergleichsweise kurzen Reproduktionsintervallen, wie sie beispielsweise bei Bakterien oder bei Fruchtfliegen vorkommen, sind daher auch weitaus stärkere morphogenetische Veränderungen in kurzer Zeit zu erwarten als etwa bei langlebigen und hochentwickelten Organismen mit relativ wenigen Generationenfolgen pro Zeiteinheit (höhere Säuger). Allein die Zahl der Generationsfolgen stellt somit bereits einen limitierenden Faktor der evolutiven Entwicklung. Die evolutive Entwicklung insgesamt wird vom Zusammenwirken mehrerer Evolutionsfaktoren bestimmt, wobei die Kenntnis der verändernden Faktoren jedoch keine Voraussagen über die weitere Entwicklung einer Art ermöglicht. Obwohl die Evolution im Rahmen bestimmter Gesetzmäßigkeiten verläuft, ist eine einmal vollzogene evolutive Entwicklung in jedem Fall einzigartig und unwiederholbar. Nach der gegenwärtig allgemein anerkannten synthetischen neodarwinistischen Theorie der Evolution wird von den Evolutionsfaktoren Mutation, Rekombina-

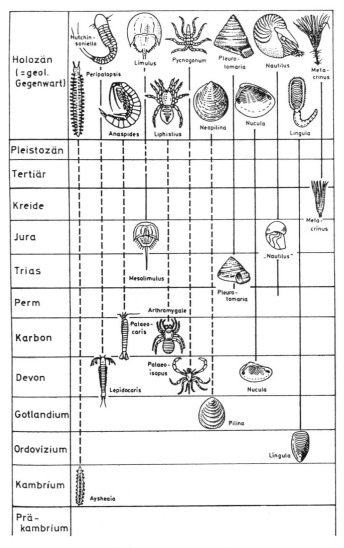

Abb. 7: Einige Beispiele für sogenannte lebende Fossilien unter den Wirbellosen. Hierunter sind Organismen zu verstehen, die über sehr lange Zeiträume hinweg keine größeren evolutiven Veränderungen durchgemacht haben (aus REMANE, STORCH & WELSCH 1976, 91).

tion, Selektion, Merkmalskopplung, Gendrift und unterbrochene Panmixie ausgegangen.

Eine umfassende Darstellung der Ursachen und Mechanismen der Evolution findet sich in SAUER & MÜLLER (1987).

Mutation, Rekombination und Selektion:
Eine der Ursachen für die evolutive Veränderung liegt in der Tatsache begründet, daß die Individuen aller Arten eine viel höhere Anzahl von Nachkommen produzieren, als dies für die rein numerische Erhaltung der Art notwendig wäre. Nachkommenzahlen von einigen hundert oder gar Millionen Individuen sind keine Seltenheit, wie etwa beim Tintenfisch (*Octopus*, bis zu 100.000 Eier) oder bei Zungenwürmern (*Linguatula*, ca. 500.000 Eier pro Tag). Da letztlich die Ressourcen für jede Art jedoch beschränkt sind bzw. es in funktionierenden Ökosystemen für jede Art auch natürliche Feinde gibt, überleben nicht alle Nachkommen bzw. überlebt sogar nur ein winziger Bruchteil von ihnen. In der Regel überleben bei jeder Art immer gerade soviele Nachkommen, um die ökologische Nische des jeweiligen Ökosystems auszufüllen und es die Ressourcen zulassen.

Aufgrund der Rekombination von genetischem Material durch die Fortpflanzung und einer gewissen phänotypischen Variabilität im Verlauf der Ontogenese von Organismen, sind nicht alle Nachkommen einer Fortpflanzungsgemeinschaft untereinander völlig identisch. Vielmehr kommt es zu den unterschiedlichsten Gruppierungen verschiedenster Eigenschaften in den einzelnen Individuen. Obwohl die Rekombination nur neuartige Kompositionen bereits existierender Eigenschaftskomponenten hervorbringt, können durch die Rekombination neue Eigenschaftskomplexe in einem einzelnen Individuum entstehen, die für die Art erstmals auftreten. Es ist daher in einer Population eine sehr hohe Anzahl von Nachkommen vorhanden, die aufgrund der phänotypischen Variabilität nicht gleichermaßen an die bestehende Umweltsituation angepaßt sind. Da einerseits die Nutzung der in jedem Fall begrenzten Ressourcen zu einer Verknappung derselben, und somit zu innerartlicher Konkurrenz führt, und andererseits die spezielle Umweltsituation einer Population ganz bestimmte Anforderungen an die Individuen stellt, gibt es in der Gruppe der Nachkommen unterschiedlich erfolgreiche Individuen. Der Grad der jeweiligen Anpassungsvorteile von Individuen an bestimmte Umweltsituationen wird als die phänotypische Fitness bezeichnet. Ohne daß die Auslese (Selektion) in jedem Fall einen scharfen Schnitt durch die Mitglieder einer Population führt, ist es dennoch so, daß die bestangepaßten Individuen einen graduell höheren Fortpflanzungserfolg haben und so ihre speziellen Eigenschaften mit einer höheren Wahrscheinlichkeit auf die nächste Generation vererben können als dies bei weniger gut angepaßten Individuen der Fall ist. Als Folge eines statistischen Prozesses, über eine längere Generationenfolge betrachtet, werden sich dann die Eigenschaften mit der größten Fitness in der Population durchgesetzt haben.

Eine Möglichkeit, den Prozeß der kontinuierlichen Durchmischung der bestehenden Eigenschaften von Individuen (Rekombination) um gänzlich neue Eigenschaften zu erweitern, ist die Mutation der Erbanlagen. Durch den Einfluß bestimmter physikalischer oder chemischer Reize sowie durch spontane Fehler bei den Verdopplungsprozessen des genetischen Materials können die Informationen im Genom der Organismen verändert werden. Angesichts der extremen Komplexität und Ordnung des genetischen Materials sind fast alle zufälligen Veränderungen der genetischen Information »sinnlos« oder sogar destruktiv. Die meisten spontanen Mutationen des Genoms führen daher auch zu schweren Schäden oder zum Tod des Individuums, oder es kommt durch sie gar nicht erst zur Entwicklung des Keimlings. Beim Menschen sind bislang ca. 1.500 mutierte Gene bekannt, die die Lebenstüchtigkeit in unterschiedlicher Weise einschränken. Beispiele für häufig auftretende Veränderungen durch Mutationen beim Menschen sind etwa Stoffwechselstörungen durch Enzymveränderungen (z.B. Albinismus, Phenylketonurie) oder Rot-Grün-Blindheit. In sehr seltenen Fällen können derartige Beeinträchtigungen jedoch auch mit einem Selektionsvorteil für das Individuum verbunden sein, was z. B. bei einer Variante der Sichelzellenanämie des Menschen der Fall ist. Aufgrund einer mutativen Veränderung besitzen einige Menschen neben den normal geformten Erythrocyten auch noch sichelförmig deformierte rote Blutkörperchen. Diese Deformation der Erythrocyten bewirkt bei homozygoten Trägern des Sichelzellengens eine todbringende anämische Erkrankung. Die heterozygoten Sichelzellengenträger jedoch weisen kein derart starkes Krankheitsbild auf und sind daher kaum beeinträchtigt. Der Selektionsvorteil für die letztgenannte Gruppe ergibt sich nun daher, daß sie als Nebeneffekt eine weitaus höhere Malariaresistenz besitzt. Infolge dieser Bedingungen machen in manchen malariaverseuchten Gebieten Afrikas heterozygote Sichelzellengenträger bis zu 40 % der Population aus. Eine weiterführende Darstellung findet sich bei SPERLICH (1988, 134ff). Dieses Beispiel zeigt, daß einer Mutation mit zunächst negativen Eigenschaften und einem verstärktem Selektionsdruck in der weiteren Entwicklung einen Selektionsvorteil in einer bestimmten Umweltsituation bedeuten kann. Im Vergleich zu den anderen Evolutionsfaktoren darf die konstruktive Leistung der Mutationen in bezug auf evolutive Neuheiten jedoch nicht überschätzt werden.

Die Wirkung der Selektion auf das einzelne Individuum ist anschaulich in Form eines Selektionsdrucks beschreibbar, der unterschiedlich stark sein kann. Das unterschiedliche Eigenschaftsinventar der Individuen einer Population wird erst dann zum beschränkenden Faktor für den Fortpflanzungserfolg, wenn eine spezielle Konkurrenzsituation entstanden ist, die ganz spezielle Eigenschaften in besonderer Weise fordert. Erst wenn sich ein Selektionsdruck für ein bestimmtes Merkmal der Population ergibt, ist der Besitz des Merkmals mit Nachteilen und der Nicht-Besitz mit Vorteilen hinsichtlich des Überlebens bzw. des Fortpflanzungserfolges verbunden. Alle anderen Varianten von Merkmalen nehmen dann eine indifferente Stellung ein.

Gendrift und Merkmalskopplung:
Bei der Gendrift (SEWALL-WRIGHT-Effekt) handelt es sich um ein Phänomen, das auch als Gründerprinzip beschrieben wurde. Wenn es aufgrund äußerer Ursachen zu einer räumlichen Abspaltung einiger Individuen von der Stammpopulation kommt, führen diese Individuen einen zufälligen Ausschnitt aus dem Genpool der Population mit sich (vgl. Abbildung 8).

Wenn die Trennung der beiden Gruppen vollständig und dauerhaft ist, ist unter diesen Bedingungen eine sehr kleine neue Population entstanden, die sich zwar theoretisch mit den verbleibenden Angehörigen der Hauptpopulation genetisch durchmischen könnte, dies aufgrund der räumlichen Trennung jedoch nicht kann. Eine solche Situation ist z.B. nach Katastrophen der Fall, wenn einige Tiere einer Population auf eine, von der Art bislang unbesiedelte Insel verschlagen werden. Solche Besiedlungserstlinge, die nur einen minimalen Ausschnitt des genetischen Materials der Gesamtpopulation mit sich brin-

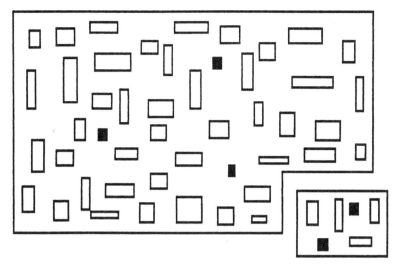

Abb. 8: Schematische Darstellung der Veränderung von Allelfrequenzen durch Separation. Wenn ein kleiner Teil der Population dauerhaft abgetrennt wird, können vorher relativ seltene Merkmale in der Gründerpopulation weit verbreitet sein.

gen, werden daher auch Gründerpopulationen genannt. Aufgrund der speziellen Situation der Gründerpopulation können nun bestimmte Merkmale, die in der ehemaligen Lebensumwelt bzw. innerhalb der Hauptpopulation indifferent oder sogar nachteilig waren, völlig andere Konkurrenzsituationen vorfinden. Außerdem werden in der neuen Lebensumwelt der Gründerpopulation ohnehin alle Merkmale neu bewertet bzw. neuen Selektionsdrücken ausgesetzt. Merkmale, die in der ehemaligen Population keine Chance zu größerer Durchsetzung gehabt haben, können sich nun − wenn sie zufällig in die Gründerpopulation gelangt sind − behaupten.

Unterbrochene Panmixie:
Als unterbrochene Panmixie wird ein Zustand bezeichnet, in dem es aufgrund irgendwelcher Gegebenheiten nicht mehr allen Individuen einer Population möglich ist, sich erfolgreich untereinander zu paaren. Es ist also eine Situation vorhanden, in der geographische, morphologische, ökologische, biochemische oder andere Umstände eingetreten

sind, die eine praktikable Fortpflanzung zwischen Teilen der Population verhindern. In gewisser Weise ist die weiter oben genannte Gendrift (Gründereffekt) ebenfalls eine Form der unterbrochenen Panmixie aufgrund geographischer Separation. Die Möglichkeit der uneingeschränkten Fortpflanzung von Individuen einer Population ist ohne Zweifel nur eine theoretische Überlegung, da weit voneinander entfernt lebende Tiere einer großen Population sich praktisch ohnehin nie begegnen werden. Dennoch kommt es in sich nicht spaltenden Populationen in der Regel über lange Zeiträume zu einer Durchmischung des genetischen Materials. Wenn es in einer Population erst zu einer gestörten Panmixie gekommen ist, ist der Weg der weiteren Entwicklung zumeist vorbestimmt. In der Folge einer Fortpflanzungsbarriere entstehen zuerst geographische Rassen und Unterarten, die dann immer weiter divergieren können, bis eine gemeinsame Fortpflanzung nicht mehr möglich ist. Die Möglichkeiten der Entstehung gestörter Panmixien sind vielfältig und mit den anderen Evolutionsfaktoren verwoben. Beispielsweise kann eine Mutation eine geringfügige Verschiebung der Fortpflanzungsperiode bewirken, mit der Folge, daß sich nur noch jeweils Individuen ohne bzw. mit dieser Mutation in einer sexuell aktiven Phase begegnen. Gleiches gilt auch für veränderte Aktivitätszeiten (Tages- vs. Nachtaktivität) oder eine Veränderung der bevorzugten Temperaturbereiche oder der bevorzugten Futterpflanzen.

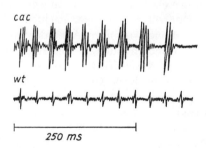

cac

wt

250 ms

Abb. 9: Zwei unterschiedliche Balzgesänge der männlichen Fruchtfliege (*Drosophila*), die durch Mutation entstanden sind. Der Wildtyp erzeugt einen pulsierenden Summton von ca. 160 Hz mit ca. 34 msec langen Pausen. Die Mutante, die auch noch andere Verhaltensänderungen aufweist, zeigt eine starke Veränderung der Amplitude, der Pulsdauer und der Pulsfrequenz. cac = Mutante «Kakophonie«, wt = Wildtyp (aus TEMBROCK 1987, 153).

Dies alles sind Beispiele für ökologisch induzierte Störungen der Panmixie. In gleicher Weise verursachen etwa morphologische Veränderungen Fortpflanzungsstörungen, wie bei geringfügigen Veränderungen der Genitalorgane, die etwa bei Insekten mit ihren komplizierten Paarungsprozeduren zu einer sofortigen Beeinträchtigung des Fortpflanzungserfolges führen. Auch Änderungen des dazugehörigen Verhaltens der Partnerwerbung (vgl. Abbildung 9) sowie Funktionsänderungen der biochemischen Vorgänge der Fortpflanzung bewirken eine sofortige Herabsetzung des Fortpflanzungserfolges zwischen in dieser Hinsicht ungleichen Individuen.

2.5 Zur Diskussion der Evolutionstheorie

Seit ihrer ersten Formulierung ist die biologische Evolutionstheorie immer wieder stark kritisiert und als unhaltbar beschrieben worden. Die Vorstellung eines gemeinsamen Ursprungs aller Organismen − insbesondere die direkte Verwandtschaft zwischen Mensch und Schimpanse − kann und konnte von vielen Menschen nicht akzeptiert werden. Neben den subjektiven Einwänden gegen den Evolutionsgedanken wurde die breite Anerkennung der Evolution nicht zuletzt auch durch die zunächst notwendigerweise unvollständige Erkenntnis der Frühphase verhindert. Kurz nach ihrer Entdeckung waren die ersten Ausarbeitungen der Evolutionstheorie aus verständlichen Gründen sehr viel einfacher und kurzschlüssiger als es die heutige Ausprägung der Theorie ist. Beispielsweise wurde zunächst lediglich ein Evolutionsfaktor der Natur erkannt und beschrieben: die Selektion. Erst später wurde die Mutation als ein weiterer Evolutionsfaktor entdeckt. Diese Reduktion des komplexen Vorgangs Evolution − in Verbindung mit anderen zeittypischen Attributionen zum Natur- bzw. Gesellschaftsgeschehen − ist für die vielen Mißverständnisse um die Evolutionstheorie verantwortlich zu machen, die bis zum heutigen Tage persistieren. Die falsche Deutung des „Überlebens des Bestangepaßten" sowie die illegitime Übertragung dieses Prinzips auf die menschliche Gesellschaft sind einige dieser Folgen. Da sich das Wissen um diese Fehldeutungen aber sehr viel besser in der Gesellschaft verbreitet als der neueste Stand der Evolutionstheorie, ist der entstehende Schaden für die Biologie dauerhaft und enorm. Da nun aber auch einige etablierte Biologen diese Mißverständnisse – aus welchen Gründen auch immer – weiter schüren, verwundert es nicht, daß eine evolutionstheoretische Betrachtung psychischer oder gesellschaftlicher Phänomene zunächst auf eine starke Ablehnung in anderen Wissenschaften stößt.

Die in den letzten Jahrzehnten stetig weiterentwickelte Ausprägung des Evolutionsgedankens in Form der neodarwinistischen synthetischen Theorie muß in ihrer inhaltlichen Ausweitung stets gegen Einwände von zwei Seiten Stellung beziehen: zum einen gegen die wissenschaftlich fundierte Kritik, die im weiteren Verlauf zu einer fortschreitenden Verbesserung des Evolutionsverständnisses führen kann, und zum anderen gegen Kritik pseudowissenschaftlicher, weltanschaulicher oder religiöser Art.

Beispiele für wissenschaftlich motivierte Auseinandersetzungen mit der synthetischen Theorie sind KIMURA (1987) oder SCHMIDT (1985). Die aus diesen Auseinandersetzungen hervorgehenden Gedanken für neue Evolutionstheorien sind allerdings unterschiedlich stark abzusichern. Während die Neutralitätstheorie des Genetikers KIMURA neue Aspekte der Entwicklung aufzeigt, ist etwa die kybernetische Evolutionstheorie des Mediziners SCHMIDT nicht aufrecht zu erhalten und beruht zum Teil auf einfachen Mißverständnissen, wie SAUER (1987) zeigt. Eine detailliertere Darstellung der historischen Entwicklung des Evolutionsgedankens und verschiedener Seitenäste der Evolutionstheorie findet sich bei LEFÈVRE (1984), MAYR (1984) und WUKETITS (1988).

Wesentlich schwieriger ist der Umgang mit Konzepten gegen die Evolutionstheorie, die vitalistisch motiviert sind. Kennzeichen für diese Art des quasi-evolutionstheoretischen Denkens ist die Annahme einer treibenden kosmischen Kraft, die als Lebenskraft alles Werden durchziehen soll. Der bis in das antike Griechenland zurückführbare Vitalismus ist gegenwärtig selbst unter Naturwissenschaftlern wieder denkbar geworden (z.B. RENSCH 1988).

Im Zuge der fortwährenden Rationalisierung des Denkens zeigen sich auch einige gefährliche Züge für die menschliche Gesellschaft. Nachdem der Glaube an die Existenz eines Gottes durch die Erkenntnisse der Naturwissenschaften in der Gesellschaft stetig verdrängt wurde, nimmt in der breiten Bevölkerung in zunehmendem Maße Esoterik und Mystizismus dessen Stelle ein. Interessanterweise verhelfen gerade die, aus der Sicht des menschlichen Alltags „unglaublichen"

Errungenschaften der modernen Naturwissenschaften der Esoterik zu neuer Glaubwürdigkeit, da eigentlich nichts mehr als unvorstellbar empfunden wird. Die zunehmende Entfremdung moderner Forschungserkenntnisse von der alltäglichen Lebensumwelt der Menschen führt somit zu einer unkritischen Akzeptanz von anti-naturwissenschaftlichen Ideen. Einerseits geht vielen Menschen die Unterscheidungsfähigkeit zwischen Wissenschaft und Scharlatanerie verloren, andererseits erhöhen moderne wissenschaftliche Befunde unabsichtlich die Glaubwürdigkeit pseudowissenschaftlicher Ideen. Darüber hinaus befriedigt die Esoterik anscheinend in höherem Maße bestimmte menschliche Bedürfnisse. Die expandierenden Esoterik-Abteilungen der Buchhandlungen spiegeln diesen Trend wider.

Parallel dazu vollzieht sich in den Wissenschaften eine ähnliche Entwicklung: Renommierte Psychologen vertreten die Befragung von Spielkarten (Tarock) oder betreiben Astrologie, ausgewiesene Biologen glauben an einen Weltgeist oder kosmische Vitalkräfte. Gemein ist beiden der völlige Bruch mit den Grundannahmen der jeweiligen Wissenschaft, die eigentlich zu einer starken kognitiven Dissonanz führen müßte. Zu erklären ist dieses Verhalten nur schwer. Es gehört zu den größten Leistungen der Organismen, daß sie in ihrer Stammesgeschichte Informationen über die Umwelt gespeichert haben, in ihrer Individualgeschichte Umweltinformationen speichern und beide bei Bedarf abrufen können. Organismen verfügen daher in gewisser Weise über typische Erwartungshaltungen für bestimmte Umwelten. Vorurteile im eigentlichen Sinne des Wortes für spezielle Situationen zu besitzen ist ein großer Vorteil für Organismen, da viele Gegebenheiten ein schnelles Reagieren erfordern. Auch für Menschen ist eine hohe Anzahl von Vorurteilen über Umweltsituationen von existentieller Wichtigkeit und können als Grundbedingung für die sinnvolle Verarbeitung von Sinneseindrücken angesehen werden. Beispielsweise ist das Vorurteil, daß eine, in einem unbekannten Raum wahrgenommene Tür vermutlich auch geöffnet werden kann, daß die Türklinke das Öffnen der Tür ermöglicht, daß sich dahinter wohl ein weiterer Raum befindet usw. (RIEDL), eine notwendige Vereinfachung der Umweltstrukturierung. Ein Verzicht auf Vorurteile in bezug auf Objekte und Verhalten würde für Organismen ein lähmendes Chaos bedeuten. Eine Fülle von voreingestellten Urteilen (Vorurteilen) gehört somit zum erfolgreichen Überleben von Organismen.

In der wissenschaftlichen Forschung ist in vielen Bereichen jedoch gerade die partielle Verdrängung aller Vorurteile die notwendige Bedingung für neue Erkenntnis. In der wissenschaftlichen Forschung beinhaltet das „vorurteilsfreie Schweben" in Wahrnehmungen oftmals die einzige Chance, die realen Zusammenhänge unvoreingenommen zu erkennen. Es ist daher für wissenschaftliche Erkenntnis nicht nur notwendig, sich selbstreflexiv fortwährend von Vorurteilen zu befreien, sondern man muß darüber hinaus auch noch akzeptieren können, auf viele offene Fragen augenblicklich keine Antwort zu erhalten, auf spätere Generationen zu hoffen. Angesichts des starken Erkenntnisdranges des Menschen einerseits und der enormen, aus emotionaler Sicht unmenschlichen Belastung durch rationales Denken andererseits kann es offenbar zu einer kurzschlußhaften Befriedigung des Erkenntnisdrangs kommen. Anscheinend ist es aus emotionaler Sicht nur schwerlich möglich, ein ganzes Leben lang in der oben beschriebenen Weise wissenschaftlich-rational zu denken und den Erkenntnisdrang in weiten Bereichen unbefriedigt zu lassen. Ein berühmtes Beispiel für eine solche Umkehr ist A. EINSTEIN, der im hohen Alter an der Selbstorganisation der Materie zweifelte, zum gläubigen Menschen wurde und an die Existenz Gottes glaubte.

Der Vollständigkeit halber soll zuletzt noch die anti-naturwissenschaftlich formulierte Kritik an der Evolutionstheorie erwähnt werden, die religiös-fundamentalistisch begründet ist. Ein typisches Beispiel für eine solche Denkweise sind die sogenannten Kreationisten, die zum Teil versuchen, wissenschaftliche Erkenntnisse in ihr Gedankengebäude einzuflechten. So findet man beispielsweise den biblischen Schöpfungsbericht um evolutionstheoretische Fakten erweitert, indem der Zeitraum der biblischen Schöpfungswoche verändert und somit an erdgeschichtliche Gegebenheiten angepaßt wurde. Noch schwieriger gestaltet sich der Umgang mit Konzepten, wie sie etwa der Biologe OUWENEEL (1984) vertritt, der den Schöpfungsmythos als Realität wahrnimmt und selbst den geringsten Zusammenhang von Schöpfung und Evolution ablehnt. Zur möglichen Verbindung von »Schöpfung und Evolution« sagt OUWENEEL: „Alle diese Versuche gingen aus der Überzeugung hervor, daß Christen nicht mehr anders konnten, als an die geologischen Zeiträume von Millionen von Jahren zu glauben, in denen sich die Geschichte des Lebens abgespielt haben soll. Ich habe diese Schwierigkeiten nicht, denn ich lehne die geologischen Zeitalter und die biologische Evolution aus wissenschaftlichen Gründen ab, wie ich in diesem Buch ausführlich dargelegt habe. Und ich habe entdeckt, daß ich allein dadurch dem biblischen Schöpfungsbericht Gerechtigkeit widerfahren lassen kann. Gott schuf; nicht während Millionen von Jahren, sondern in der Schöpfungswoche zu Beginn der Geschichte der Erde. Gott schuf: nicht nur Pflanzen und Tiere und den Menschen, sondern auch die Naturgesetze, d.h. die Regeln, nach denen Er die Schöpfung trägt und leitet. So bleibe ich vor einem »deus ex machina« bewahrt (obwohl das die Möglichkeit der sogenannten übernatürlichen Wunder nicht ausschließt). Wer den Begriff »erschaffen« definiert, kommt zu der Entdeckung, daß Schöpfung und Evolution Begriffe sind, die sich gegenseitig ausschließen; sie sind genausowenig miteinander zu vereinen wie Licht und Finsternis, Gerechtigkeit und Gesetzlosigkeit, Christus und Satan." (OUWENEEL 1984, 422f)

Bei den radikalen Vertretern einer völligen Ablehnung der Abstammungslehre handelt es sich interessanterweise nicht nur um naturwissenschaftlich interessierte Laien, sondern zum Teil um ausgewiesene Naturwissenschaftler bzw. sogar Biologen (z.B. ILLIES 1979; OUWENEEL 1984; LÖNNIG 1988). In letzter Zeit finden sogar Schulbücher Eingang in den Biologieunterricht, die eine bibelfeste Biologie propagieren, indem sie eine Schöpfungstheorie vertreten (JUNKER & SCHERER 1988). Allen gemein ist die Mißachtung der modernen Evolutionstheorie sowie die vollständige Ausklammerung naturwissenschaftlicher Erkenntnis in bezug auf die Entwicklung der Organismen zugunsten eines Schöpfungsmythos. Da diese emotionale Form der Attribution der Entstehung der Welt nur eine rationale Erwiderung erfahren kann, ist eine Auseinandersetzung nicht möglich.

3. Die konsequent Phylogenetische Systematik

Hinsichtlich der Phylogenetischen Systematik sind als real existierende Einheiten der Natur lediglich das Individuum, die Art und die Abstammungsgemeinschaft anzusehen. Wie in Kapitel 2.1 erläutert, ist die dichotome Spaltung von Arten eine Möglichkeit der evolutiven Veränderung. Dies ist sowohl mit den Ergebnissen der Paläobiologie als auch durch vergleichende Untersuchungen an gegenwärtigen (rezenten) Organismen nachzuvollziehen. Einerseits sind alle Stämme in systematischer Weise auf einen einzelligen Grundtypus zurückzuführen, andererseits zeigen auch alle rezenten Organismen untereinander morphologische Ähnlichkeiten, die eine prinzipielle Verwandtschaftsbeziehung mit graduellen Unterschieden aufzeigen.

Der zentrale Begriff in der systematischen Biologie ist das Taxon. Dabei muß zwischen dem Taxon Art und den supraspezifischen Taxa unterschieden werden (Ax 1984). Aufgrund des Vorgangs der dichotomen Artspaltung erscheinen jeweils immer zwei neue Arten. Jede neue Art besitzt somit auch eine Schwesterart, und beide sind aus ihrer Stammart hervorgegangen. In systematischer Weise werden diese Schwesterarten in einem supraspezifischen Taxon zusammengefaßt. Da die neu entstandenen Arten zueinander die gleiche systematische Stellung einnehmen und im 1. Grad phylogenetisch miteinander verwandt sind, werden sie nach Ax (1984) Adelphotaxa (= Schwestergruppen bzw. -arten) genannt. Zur Veranschaulichung dieses Zusammenhangs soll die folgende Aufstellung des phylogenetischen Systems der Hominidae dienen (vgl. Abbildung 10).

Die vier, durch Pfeile gekennzeichneten Artspaltungen haben aus einer gemeinsamen Stammart fünf rezente Arten entstehen lassen. Es stehen sich *Pongo pygmaeus* (Orang Utan), *Pan paniscus* und *Pan troglodytes* (zwei Schimpansenarten), *Gorilla gorilla* (Gorilla) und *Homo sapiens* (Mensch) gegenüber. Dabei sind die zwei Arten *P. paniscus* und *P. troglodytes* im 1. Grade miteinander verwandt, sie sind somit Schwesterarten und bilden Adelphotaxa. In gleicher Weise

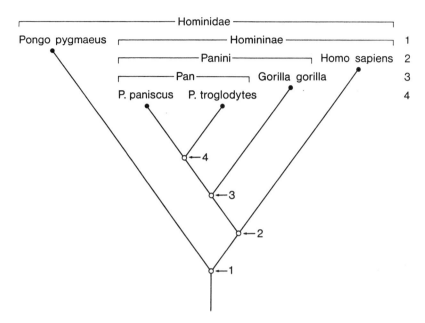

Abb. 10: Diagramm einer der möglichen Realisierungen der geschlossenen Abstammungsgemeinschaft der Hominidae (aus Ax 1988, 55).

sind das supraspezifische Taxon *Pan* und das Art-Taxon *Gorilla gorilla* Adelphotaxa. Auch das supraspezifische Taxon Panini, das die Adelphotaxa *Pan* und *Gorilla gorilla* umfaßt, und die Art *Homo sapiens* sind Adelphotaxa und werden als supraspezifisches Taxon Homininae zusammengefaßt. Die Homininae wiederum sind mit *Pongo pygmaeus* im 1. Grad miteinander verwandt. Es gibt somit Arten und Artengruppen, die in unterschiedlichen verwandtschaftlichen Graden miteinander verwandt sein können. Handelt es sich um eine Verwandtschaft 1. Grades, so liegen Schwesterarten oder Schwestergruppen vor, die als Adelphotaxa bezeichnet werden. Zusammenfassungen von Schwesterarten oder aller jeweiligen Schwestergruppen haben den Rang von supraspezifischen Taxa.

Zur Kennzeichnung der Taxa dienen Kategorien, denen ein unterschiedlicher Stellenwert zukommt. Beispiele hierfür sind etwa die Art, das Genus, die Familie, die Ordnung oder der Stamm. Diese Kategorien dienen zur Kennzeichnung der verschiedenen supraspezifischen Taxa. Jedoch ist lediglich das Art-Taxon eine objektivierbare Kategorie der Natur. Alle anderen Kategorien sind nur Hilfen, um die supraspezifischen Taxa der verschiedenen Abstammungsgemeinschaften zu strukturieren. Die supraspezifischen Taxa finden allerdings sehr wohl ihre reale Entsprechung in der Natur. Es muß daher zwischen den real existierenden supraspezifischen Taxa und den artifiziellen Kategorien unterschieden werden. Verschiedene supraspezifische Taxa untereinander sind nur schwer miteinander vergleichbar, da sie nicht in Relation zueinander quantifizierbar sind. Beispielsweise kann die Systematisierung zweier Abstammungsgemeinschaften sehr weit vorangeschritten sein und jeweils vollständige Beschreibungen der systematischen Stellung der Arten der Abstammungsgemeinschaften untereinander liefern. Zur Kennzeichnung dieser unterschiedlichen Abstammungsgemeinschaften würden dann gleichlautende Kategorien Verwendung finden. Ein direkter Vergleich zwischen den gleichen Kategorien zweier Abstammungsgemeinschaften ist jedoch nicht möglich. Mit der Gleichlautigkeit der Kategorien geht daher keine Gleichwertigkeit einher. Beispielsweise ist die entwicklungsmäßige Entfernung zwischen den Kategorien Familie und Gattung bei einer realen Abstammungsgemeinschaft von Insekten im Vergleich zu einer realen Abstammungsgemeinschaft der Fische nicht identisch. Es handelt sich somit in den meisten Fällen nicht um eine objektivierbare Kategorisierung, sondern um eine systematische Einteilung ohne Berücksichtigung zeitlicher oder − wenn man von dem Verwandtschaftsgrad absieht − entfernungsmäßiger Parameter.

3.1 Die hierarchische Struktur der phylogenetischen Verwandtschaftsbeziehungen

3.1.1 Das Monophylum und die Form der dichotomen Spaltung

Die Rekonstruktion der stammesgeschichtlichen Entwicklung von Arten kann nur gelingen, wenn es sich bei der postulierten phylogenetischen Verwandtschaft von Arten um eine monophyletische Abstammungsgemeinschaft handelt. Im Sinne der konsequent Phylogenetischen Systematik (HENNIG 1950) dürfen verwandte Arten nur dann kategorisiert werden, wenn sie ausschließlich und ausnahmslos auf eine einzige und nur ihnen gemeinsame Stammart zurückführbar sind. Nur dann handelt es sich um monophyletische Taxa, in allen anderen Fällen sind nur paraphyletische Gruppen zu beschreiben, die jedoch für die Systematik keine besondere Bedeutung besitzen. „Monophyla des Systems repräsentieren als Äquivalente geschlossener Abstammungsgemeinschaften **reale supraspezifische Naturkörper** mit einer nur ihnen gemeinsamen Stammart. **Nicht-Monophyla** stehen dagegen für Gruppen von Arten, welche nicht auf eine nur ihnen gemeinsame

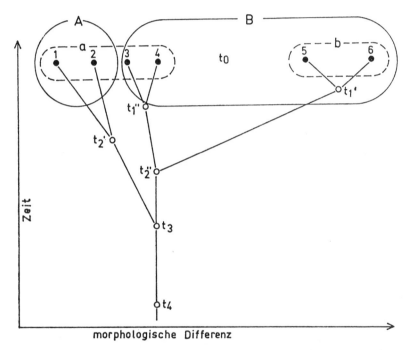

Abb. 11: Schematische Darstellung para- und monophyletischer Taxa. In dem Beispiel existieren sechs rezente Arten 1 bis 6 zum Zeitpunkt t_0, die aufgrund dichotomer Spaltungen aus den jeweiligen Stammarten zu vier unterschiedlichen Zeitpunkten entstanden sind (t_2', t_1'' und t_1'). Die Arten 1 und 2, 3 und 4 sowie 5 und 6 sind Adelphotaxa. Die Zusammenfassungen A und B umfassen die jeweils monophyletischen Taxa, die einen real existierenden Hintergrund haben. Demgegenüber sind a und b artifizielle Gruppierungen (aus KAESTNER 1980, 45).

Stammart zurückgehen. Dementsprechend haben sie als Taxa **keinerlei Äquivalenz** in der lebenden Natur, sondern sind schlicht Kunsterzeugnisse des menschlichen Geistes." (Ax 1988, 64)

Den Zusammenhang zwischen mono- und paraphyletischen Taxa zeigt Abbildung 11. Die Schwesterarten 3 und 4 in Abbildung 11 sind den Schwesterarten 1 und 2 morphologisch ähnlicher als den Schwesterarten 5 und 6. Sie weisen somit eine Formenverwandtschaft auf, dennoch handelt es sich bei den Arten 1 bis 4 um eine paraphyletische Gruppe ohne systematischen Wert. Ein monophyletisches Taxon muß daher alle Arten einer Stammart umfassen.

3.1.2 Evolutive Neuheiten

In der evolutiven Entwicklung von Organismen kommt es aufgrund der in Kapitel 2.4 beschriebenen Evolutionsfaktoren zu einer mehr oder minder starken Veränderung der Arten im Verlauf der Zeit. So entsteht ein Entwicklungsunterschied, der sowohl umfangreiche Veränderungen in relativ kurzer Zeit bewirken als auch zu geringsten Veränderungen über größte Zeiträume führen kann, wie dies die lebenden Fossilien belegen. Allen Veränderungen eines Organismus kommt der Status einer evolutiven Neuheit zu, wobei die Neuheiten morphologischer oder biochemischer Art sein können oder das Verhalten betreffen. Im Zuge der Veränderung einer Art durch Arttransformation kommt den evolutiven Neuheiten jedoch keine systematische Bedeutung zu. Erst wenn die neu erworbenen Eigenschaften der Organismen mit einer Artspaltung einhergehen, werden die unterschiedlichen evolutiven Neuheiten zu Merkmalen (Autapomorphien), die dann die unterschiedlichen Taxa begründen.

Alle neu erworbenen Veränderungen eines Organismus sind als evolutive Neuheiten anzusehen. Sowohl die Entstehung neuer als auch die Optimierung bereits bestehender Eigenschaften bewirkten eine Weiterentwicklung der jeweiligen Art. Einige dieser Eigenschaften besitzen darüber hinaus jedoch auch noch einen Merkmalscharakter in bezug auf Ordnungs- und Klassifizierungssysteme.

3.2 Die Beurteilung von Merkmalen

Bei allen von Menschen je durchgeführten Einteilungen der Organismen in ein Ordnungssystem erfolgten diese unter Zugrundelegung eines Regelsystems. Diese Regelsysteme sind sicher unterschiedlich hinsichtlich ihrer Logik und Konsistenz und rekurrieren auf unterschiedliche Vorausurteile und Betrachtungsweisen. Die grundsätzliche Orientierung an Merkmalen ist jedoch allen gemein. Jedwede Einteilung und Systematisierung der belebten Natur muß sich an bestimmten Eigenschaften und Besonderheiten ihrer Einheiten festmachen. Individuen, Arten und Gruppen von Arten werden anhand von Merkmalen klassifiziert und kategorisiert. Die Merkmale selbst sind zum Teil schwierig beschreibbare Eigenschaften von Organismen, die nicht immer vollständig konkretisierbar sind. Eine allgemeingültige Definition von Merkmal kann daher nicht vorgenommen werden, was allerdings nicht heißen soll, daß der Merkmalsbegriff nicht objektivierbar wäre. Unter einem Merkmal ist eine morphologische oder kognitive Eigenschaft eines Organismus zu verstehen, die ihn von einem anderen Organismus unterscheidet oder beide verbindet. Die Formulierung eines Merkmales geschieht durch die Reduktion von Teilen eines Organismus zu einer abstrakten Ganzheit, die diesen Organismus in Relation zu einem anderen Organismus auszeichnet. Merkmale sind somit distinkte abstrakte Bündel von Gemeinsamkeiten über eine unterschiedliche Anzahl von Phänomenen, wobei identische Phänomene zu verschiedenen Merkmalen gehören können. Von der Gesamtheit des Eigenschaftsinventars eines Organismus ausgehend, kann bei der Merkmalsfeststellung auf unterschiedliche Gruppen verschiedener Phänomene fokussiert werden. Beispiele für unterschiedlich abstrakte Merkmale von Organismen sind etwa »geschlossener Blutkreislauf«, »Haare« oder »sechs Beinpaare«.

Wenngleich auch viele Möglichkeiten der Merkmalsabstrahierung und Kategorisierung nach diesen Merkmalen denkbar sind, so gibt es in bezug auf die Organismen nur eine real existierende Ordnung der Natur mit einer an sie gebundenen Merkmalsverteilung. Alle anderen Einteilungen sind als artifizielle Systeme anzusehen. Beispielsweise werden in der alltäglichen Vorstellung aufgrund einer inadäquaten Merkmalsauswertung Tintenfische oder Wale den Fischen, Fledermäuse den Vögeln zugeordnet, obwohl Tintenfische real zur Gruppe der Weichtiere gehören, Fledermäuse und Wale real Säuger sind. Nun kann diese artifizielle Einteilung der genannten Organismen für das alltägliche Leben von Menschen durchaus von größerem Nutzen sein als eine Orientierung an der real existierenden Ordnung. Beispielsweise können Organismen in Abhängigkeit von deren Genießbarkeit in eßbare und nicht-eßbare Gruppen eingeteilt werden. Die Rekonstruktion der stammesgeschichtlichen Entwicklung sowie ein tiefergehendes Verständnis der Physiologie der Organismen ist jedoch nur zu erreichen, wenn das natürliche System der Betrachtung zugrundeliegt.

Von Merkmalen ist nur zu sprechen, wenn bestimmten Eigenschaften von Individuen, Arten oder monophyletischen Artengruppen eine unterscheidende oder verbindende Funktion zukommt. Andere Eigenschaften erlangen im konkreten Vergleich zweier Einheiten keine systematische Bedeutung und werden somit auch nicht als Merkmal bezeichnet. Die unterscheidenden bzw. verbindenden Merkmale können u.U. nur in bestimmten Entwicklungsphasen der Individuen auftreten oder nur bei einem Geschlecht vorhanden sein. Die unterschiedlichen Realisationen dieser Eigenschaften machen die Abstraktion ihrer Gemeinsamkeiten jedoch nicht immer einfach. So können, wie im obigen Beispiel, Säugermerkmale vom scheinbaren Idealtypus abweichen und in Verbindung mit anderen morphologischen Variationen (z.B. reduzierte oder umgewandelte Gliedmaßen) als Merkmal fehlgedeutet werden.

3.2.1 Apomorphie und Plesiomorphie

Aufgrund der Veränderung von Arten und der Artentstehung durch die dichotome Aufspaltung verfügen die Folgearten über neue Eigenschaften, die bei der jeweiligen Stammart noch nicht vorhanden gewesen sein müssen. Im einfachsten aller denkbaren Fälle spaltet sich die Stammart A in die Folgearten B und C auf, wobei C über die neue Eigenschaft M_1 verfügt. Bei dieser evolutiven Neuheit (Autapomorphie) handelt es sich somit um eine Eigenschaft, die nur bei einer Folgeart und eventuell ihren Nachfolgearten vorhanden ist. In diesem Fall handelt es sich bei der evolutiven Neuheit M_1 um ein Merkmal, das die beiden Adelphotaxa B und C voneinander unterscheidet. In der Realität sind es in der Regel mehrere evolutive Neuheiten, die im Verlauf der Artspaltung entstehen und die zwei Folgearten voneinander unterscheiden. Noch komplexer ist das Verhältnis zwischen supraspezifischen Taxa. Alle distinkten Merkmale zusammen ergeben das spezifische Merkmalsmuster eines supraspezifischen Taxons, das als vollständige Beschreibung der evolutiven Neuheiten gelten kann. Erschwert wird die Beurteilung von Merkmalsmustern dadurch, daß Merkmale in der weiteren Entwicklung einer Art auch reduziert werden können und dann für den Vergleich nicht mehr zur Verfügung stehen. Da es jedoch in der Regel stets mehrere Merkmale sind, die zwei Adelphotaxa verbinden, herrscht eine gewisse Redundanz vor, die ein Erkennen reduzierter Merkmale ermöglicht.

Alle Individuen, Arten oder monophyletischen Artengruppen verfügen über ein Set von Eigenschaften, aus dem jeweils bestimmte Eigenschaften zusammen Merkmalscharakter für eine bestimmte Relation zweier Taxa besitzen. Die Eigenschaften können neu entstanden oder auf entsprechende Eigenschaften der Stammart zurückzuführen sein. Es ist daher zwischen ursprünglichen Merkmalen (Plesiomorphien) und abgeleiteten Merkmalen (Apomorphien) zu unterscheiden.

Die schwierige Aufgabe der Herausarbeitung der natürlichen Verwandtschaftsverhältnisse von Organismen ist durch den Vergleich der verschiedenen Merkmalsmuster zu lösen. Wenn es gelingt, die abgeleiteten von den ursprünglichen Merkmalen zu unterscheiden, können die Beziehungen zwischen Adelphotaxa aufgedeckt werden. Der heuristische Wert der apomorphen Merkmale ist davon abhängig, ob es sich um Synapomorphien oder um konvergente Merkmale handelt.

3.2.2 Synapomorphie – Symplesiomorphie – Konvergenz

Organismen, die ähnliche Eigenschaften besitzen, sind in der Regel näher miteinander verwandt als es Organismen mit völlig verschiedenen Eigenschaften sind. Die Aussage »näher verwandt« ist jedoch von zweifelhaftem Nutzen. Der oberflächliche Vergleich von Merkmalsmustern erlaubt keine objektivierbaren Aussagen hinsichtlich der phylogenetischen Verwandtschaft. Alle Arten bzw. monophyletischen Abstammungsgemeinschaften besitzen somit ein Set unterschiedlich alter Merkmale, von denen einige nur zur jeweiligen Art oder Abstammungsgemeinschaft gehören. Andere Eigenschaften hingegen sind Gemeinsamkeiten mit anderen Abstammungsgemeinschaften auf einer tieferen Stufe. Es können somit entwicklungsgeschichtlich sehr früh evoluierte (ursprüngliche) Merkmale neben relativ spät evoluierten (abgeleiteten) Merkmalen existieren. Je später Merkmale in der Entwicklungshierarchie der Organismen entwickelt wurden, desto weni-

ger verzweigt sind die dazugehörenden Taxa in diesem System. Bei
der Frage um die Verwandtschaftsbeziehung von drei Arten bzw.
Artengruppen – für die ein begründeter Verdacht einer Adelphotaxa-
Beziehung zwischen zweien dieser Arten oder Gruppen besteht – ist
es daher notwendig, die jüngsten Eigenschaften herauszufinden, die
als Merkmale nur diesen beiden Taxa zukommen. Lediglich die Herausarbeitung von Adelphotaxa-Beziehungen – also die Feststellung
einer Verwandtschaft 1. Grades – liefert eine brauchbare systematische Aussage. Bei der Beurteilung von Merkmalen hinsichtlich eines
darauf begründeten Verwandtschaftsverhältnisses sind mehrere Unterscheidungen denkbar. Nach Ax (1984, 1988) sind zwischen zwei Arten
oder geschlossenen Artengruppen grundsätzlich drei verschiedene Formen evolutiver Übereinstimmungen möglich.

Die Synapomorphie:
„Übereinstimmung zwischen Adelphotaxa (evolutionäre Arten, monophyletische Artengruppen) in einem Merkmal, das in ihrer gemeinsamen Stammlinie als evolutive Neuheit entstanden ist und erst bei der
nur ihnen gemeinsamen Stammart als Autapomorphie vorhanden war;
das Merkmal wurde von dieser Stammart übernommen." (Ax 1984,
62)

Die Symplesiomorphie:
„Übereinstimmung zwischen evolutionären Arten oder monophyletischen Artengruppen in einem Merkmal, das nicht in ihrer gemeinsamen Stammlinie entstanden ist, sondern schon von weiter zurücklie-
genden Stammarten übernommen wurde." (Ax 1984, 63)

Die Konvergenz:
„Übereinstimmung zwischen evolutionären Arten oder monophyletischen Artengruppen in einem Merkmal, das bei der letzten gemeinsamen Stammart nicht vorhanden war, sondern erst in den voneinander
getrennten Linien der Taxa unabhängig evolviert wurde." (Ax 1984,
63)

Verdeutlicht wird dieser Zusammenhang durch folgendes Beispiel
(Ax 1984). Gegeben seien drei rezente Arten A, B und C, die aufgrund
der dichotomen Spaltung auf die zwei Stammarten v und w zurückzu-

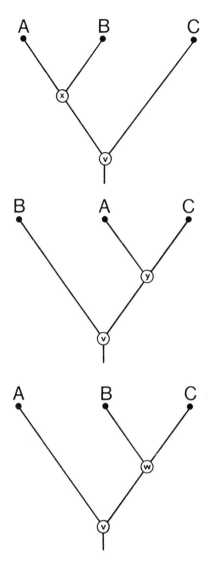

Abb. 12: Die schematische Darstellung zweier Artspaltungen mit den drei möglichen phylogenetischen Verwandtschaftsverhältnissen der drei rezenten Folgearten A, B und C (aus Ax 1984, 61).

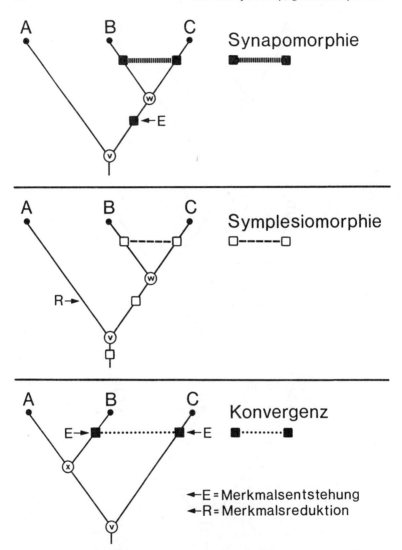

Abb. 13: Die schematische Darstellung der denkbaren Übereinstimmungen eines evolutionären Merkmals bei den drei möglichen Verwandtschaftsverhältnissen in Abbildung 12 (aus Ax 1984, 62).

führen sind. Die drei möglichen Verwandtschaftsbeziehungen zwischen den Arten A, B und C zeigt Abbildung 12. Die Merkmalsmuster der rezenten Arten können nun zur Klärung des Verwandtschaftsverhältnisses herangezogen werden. Betrachtet man ein gemeinsames Merkmal der Arten B und C, so sind alle drei mögliche Übereinstimmungen denkbar, wie Abbildung 13 zeigt.

Auch für die Beurteilung eines gemeinsamen Merkmals zweier Arten sind nur die drei Möglichkeiten der Übereinstimmung (Synapomorphie, Symplesiomorphie, Konvergenz) denkbar. Lediglich Synapomorphien sind jedoch geeignet, eine Adelphotaxa-Beziehung zwischen Arten oder geschlossenen Abstammungslinien anzuzeigen. Haben Merkmale den Status einer Symplesiomorphie, oder handelt es sich bei ihrer Ausbildung gar um eine konvergente Entwicklung, begründen solche Merkmale in keinem Fall eine Verwandtschaftsbeziehung 1. Grades. In einem konkreten Fall der Prüfung einer Hypothese zur Verwandtschaft mehrerer Taxa muß daher eine Liste von Merkmalen aufgestellt und eine Bewertung der Merkmale für jede der möglichen Verwandtschaftsverhältnisse vorgenommen werden. Die Bewertung von einzelnen Merkmalen verschiedener Taxa der Organismen hinsichtlich ihrer systematischen Stellung ist nicht einfach zu leisten. Obwohl der grobe Verlauf der phylogenetischen Entwicklung relativ sicher zu rekonstruieren ist, finden sich für die detaillierte Ausarbeitung der Adelphotaxa-Beziehungen in der Regel sowohl Merkmale für die eine als auch für die andere Alternative.

Ein Beispiel für die konkrete Realisierung eines phylogenetischen Verwandtschaftsdiagramms eines monophyletischen Taxons (Säuger) zeigt Abbildung 14.

3.2.3 Der Außengruppenvergleich

Zu den wichtigsten Methoden der Merkmalsauswertung in der Phylogenetischen Systematik gehört der sogenannte Außengruppenvergleich. Hierbei handelt es sich um die Feststellung der ursprünglichsten Ausprägung eines Merkmals in einer gegebenen Varietätenspanne dieser Eigenschaft. Nach Ax (1984, 1988) können die vorhandenen Merkmalalternativen einer vermutlich monophyletischen Gruppe hinsichtlich ihrer Ursprünglichkeit bewertet werden, wenn die Gruppe zumindest aus vier Taxa besteht, die dann notwendigerweise über eine Innen-

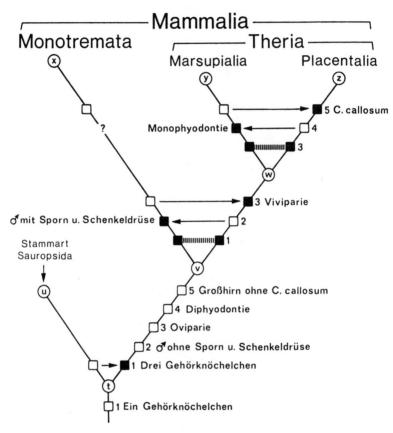

Abb. 14: Das phylogenetische Verwandtschaftsdiagramm der Mammalia (Säuger) mit den fünf, sich nacheinander herausbildenden evolutiven Neuheiten (Autapomorphien) »drei Gehörknöchelchen«, »mit Schenkeldrüse und Sporn«, »Viviparie«, »Monophyodontie« und »Corpus callosum«. Die Monotremata (Kloakentiere) sind die Schwestergruppe der Theria (lebendgebärende Säuger), die wiederum aus den Adelphotaxa Marsupialia (Beuteltiere) und Placentalia (Plazentatiere) bestehen (aus Ax 1984, 122).

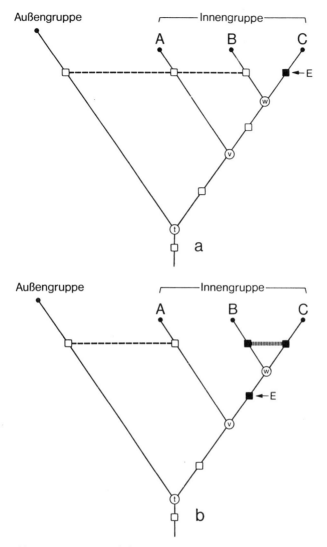

Abb. 15: Die zwei möglichen Bewertungen eines in Varianten auftretenden Merkmals als Apomorphie oder Plesiomorphie. a: Wenn die Außengruppe und die Taxa A und B die eine Variante aufweisen und das Taxon C die andere, muß das Merkmal bei A und B als Plesiomorphie gedeutet werden. b: Wenn nur A das plesiomorphe Merkmal mit der Außengruppe teilt, handelt es sich bei dem Merkmal von B und C um eine evolutive Neuheit in der Linie zur Stammart W. Denkbar wäre auch noch die konvergente Entstehung. – – – – = Symplesiomorphie; ||||| = Synapomorphie; E = Merkmalsentstehung; A, B und C = Taxa; t, v und w = Stammarten (aus Ax 1984, 126).

gruppe und eine Außengruppe verfügt. Wenn nun ein Merkmal sowohl in der Innengruppe als auch in der Außengruppe auftritt und in zwei Varianten vorhanden ist, dann ist entweder das Merkmal bei C als Apomorphie entstanden, wie in Abbildung 15a zu sehen, oder die Taxa B und C besitzen gleichermaßen das apomorphe Merkmal (vgl. Abbildung 15b). Im ersten Fall kann die Existenz der Merkmalvariante bei A und B als Plesiomorphie gedeutet werden, im zweiten Fall hat das Taxon A die plesiomorphe Merkmalvariante mit der Außengruppe gemein. „Tritt ein Merkmal in einer mutmaßlich monophyletischen Artengruppe (Innengruppe) in Alternativen auf, so ist mit großer Wahrscheinlichkeit derjenige Zustand die Plesiomorphie, welcher auch in der weiteren Verwandtschaft (Außengruppe) realisiert ist." (Ax 1988, 76)

Eine vollständige Darlegung der methodischen Vorgehensweise innerhalb der konsequent Phylogenetischen Systematik findet sich bei Ax (1984, 1988). Eine Einführung in die Homologieforschung und die phylogenetische Rekonstruktion gibt SPIETH (1987).

3.2.4 Der Begriff der Homologie

Innerhalb der vergleichenden Bewertung unterschiedlicher Eigenschaften oder Merkmale verschiedener Arten erlangt der Begriff der Homologie eine besondere Bedeutung. Wenngleich prinzipiell alle Merkmale, also auch Verhaltensweisen oder ökologische Merkmale von Organismen homologisierbar sind, so wird die Bezeichnung doch in erster Linie zur Kennzeichnung von morphologischen Strukturen verwendet. Nach REMANE (1976, 45ff) können die Kriterien zur Feststellung von Homologien in drei Haupt- und sieben Nebenkriterien unterteilt werden. Die drei Hauptkriterien sind 1. das Lagekriterium, 2. das Kriterium der spezifischen Qualität der Strukturen und 3. das Kriterium der Verknüpfung durch Zwischenformen (Stetigkeitskriterium). Eine Homologie liegt vor, wenn morphologische Entitäten in vergleichbaren Gefügesystemen die gleiche Lage einnehmen. Beispielsweise ist so die Homologisierung der einzelnen Extremitätenknochen verschiedener Säugetiere mit den unterschiedlichsten Gliedmaßen möglich.

Ebenso handelt es sich um homologe Strukturen, wenn die Entitäten in speziellen Qualitäten eine Übereinstimmung zeigen, ohne die gleiche Lage einzunehmen. Dieses Kriterium ist besonders mächtig und zu-

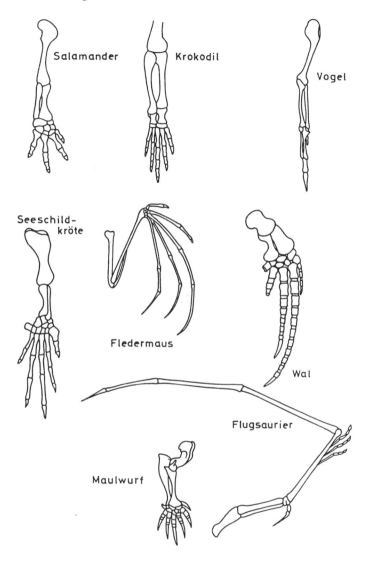

Abb. 16: Beispiele für die homologen Extremitätenknochen einiger Vorderextremitäten mit unterschiedlichem Habitus von verschiedenen Wirbeltiere (aus REMANE, STORCH & WELSCH 1976, 42).

gleich gefährlich, da es schnell zu schwierigen Entscheidungen kommen kann. Es erlangt in der paläobiologischen Rekonstruktion eine besondere Bedeutung, da es die Ableitung eines gesamten Organismus aufgrund einzelner fossiler Funde erlaubt. Ein Beispiel hierfür ist etwa ein einzelner Mammutzahn, der aufgrund der Homologisierung als bestimmter Zahntyp erkannt und ohne weiteres in den Gesamtorganismus Mammut eingefügt werden kann.

Das letzte Kriterium ermöglicht es, eine Verbindung zwischen zwei extremen Ausprägungen ein und desselben Merkmals zu ziehen, wenn diese durch Zwischenstufen verbunden werden können. So lassen sich beispielsweise Organe homologisieren, die sich aufgrund einer embryonalen Rekapitulation in der Ontogenese (Biogenetische Grundregel) oder durch die Auffindung von verbindenden Organen bei anderen verwandten Arten zueinander in Beziehung setzen lassen. Beispielsweise verfügen Wale oder Riesenschlangen – die habituell ohne Hinterextremitäten sind – noch über die stark rückgebildeten Reste der Gliedmaßen.

Als Beispiel für die Homologisierbarkeit von Strukturen zeigt Abbildung 16 mehrere Vorderextremitäten verschiedener Wirbeltiere. Alle zeigen habituelle Unterschiede aufgrund einer Anpassung an den jeweiligen Lebensraum, die einzelnen Extremitätenknochen sind jedoch noch immer zu identifizieren.

3.3 Die graphische Darstellung der Phylogenese: Der Stammbaum

Wenn die Rekonstruktion der stammesgeschichtlichen Entwicklung einer geschlossenen Abstammungsgemeinschaft vollzogen ist, kann die systematische Stellung der einzelnen Taxa auch graphisch dargestellt werden. Ein solcher Stammbaum leistet somit nichts anderes, als in der Hierarchie der Phylogenese die systematischen Relationen zwischen gleichwertigen Taxa in Form eines Verwandtschaftsdiagramms anzuzeigen. Aussagen über den zeitlichen Verlauf der Entwicklung oder die morphologische Divergenz von verschiedenen Taxa werden nicht gemacht. Daher ist es auch möglich, daß z.B. zwei äußerlich sehr unterschiedliche Arten einem Taxon zugerechnet werden, während zwei sehr ähnliche Arten einen ungleichen Rang einnehmen. Stamm-

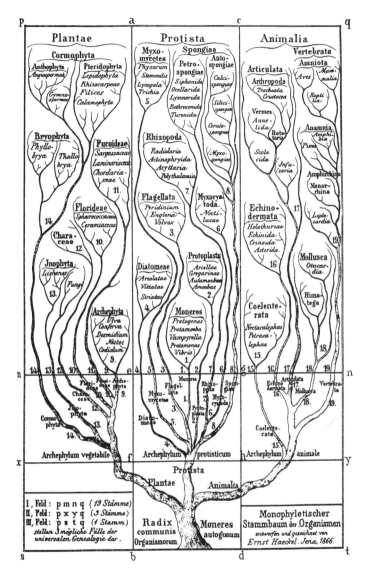

Abb. 17: Der von HAECKEL 1866 publizierte Stammbaum der Organismen (aus Ax 1984, 38).

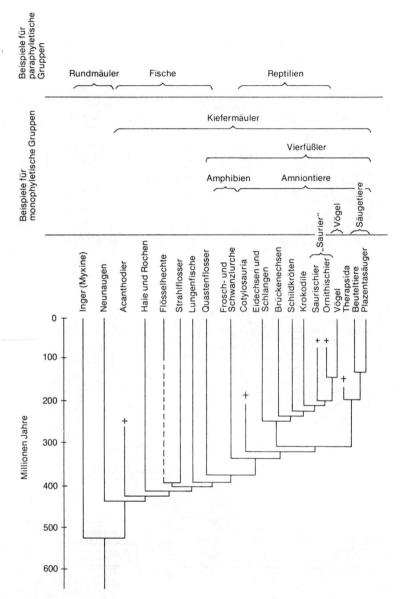

Abb. 18: Vereinfachtes Kladogramm der Phylogenetischen Verwandtschaft der Wirbeltiere nach der konsequent Phylogenetischen Systematik, mit Beispielen für geschlossene, monophyletische Abstammungsgemeinschaften sowie für artifizielle (paraphyletische) Gruppen (aus KULL 1977, 247).

bäume zeigen lediglich die real existierenden Schwestergruppenbeziehungen zwischen Arten und monophyletischen Artengruppen.

In der historischen Entwicklung der Evolutionstheorie sind graphische Darstellungen von Verwandtschaftsbeziehungen auch in anderer Weise und mit anderer Aussage verwendet worden. Das berühmteste Beispiel einer solchen Darstellung ist wohl der HAECKELsche Stammbaum (Abbildung 17), der zu den frühesten Visualisierungen phylogenetischer Zusammenhänge zählt. Sowohl die Dicke als auch die Größe der Äste täuschen jedoch relationale Aussagen vor, die aus heutiger Sicht weder belegbar noch beabsichtigt sind. Das phylogenetische Verwandtschaftsdiagramm ist aus diesem Grund so beschaffen, das eine Deutung der Graphik in Form einer Konnotation, die nicht der systematischen Aussage entspricht, vermieden wird (vgl. Abbildung 18).

4. Die Hominisation als Beispiel einer evolutiven Entwicklungslinie

4.1 Die Entwicklungslinie des Menschen

An der Geschichte der Entstehung des Menschen wird deutlich, daß die evolutive Entwicklung von Organismen kein vorgegebenes Ziel verfolgt, es also in der Evolution keine Orthogenese gibt. In der evolutiven Veränderung von Arten werden vielmehr nach den Möglichkeiten von Zufall und Notwendigkeit viele Entwicklungswege eingeschlagen, die in unterschiedliche Richtungen verlaufen und deren organismische Konkretisierungen sozusagen planlos, im Zusammenspiel mit der restlichen Umwelt, erprobt werden. So existierten zu den frühesten Zeitpunkten der Hominisation mehrere unterschiedliche Unterarten bzw. Varietäten nebeneinander, ohne miteinander in einer speziellen Konkurrenzsituation zu stehen. Dies macht in besonderer Weise deutlich, wie verschieden einige der ältesten Formen waren. Andererseits ist nicht davon auszugehen, daß es in der Hominidenlinie in den letzten 3 Mio Jahren eine Artschranke (Fortpflanzungsbarriere) gegeben hat.

Die evolutive Geschichte des Menschen ist als eine kontinuierliche Folge von Parallelentwicklungen anzusehen. Es ist jedoch anzunehmen, daß aus dieser Vielzahl von sich parallel entwickelnden Hominiden stets nur eine Linie als Vorläufer die Basis der nächsten höherentwickelten Form bildete, die dann ihrerseits wieder eine breite Varietätenfülle hervorbrachte, aus der wiederum nur eine bzw. wenige Linien den nächsthöheren Grundstock lieferten. Viel stärker als bei Veränderungen der meisten anderen Arten ist die Entstehung des Menschen vermutlich mit mehreren katastrophalen Verkleinerungen der Populationsgröße verbunden gewesen, bei der nur relativ wenige Individuen die Ausgangspopulationen für die weitere Entwicklung ausmachten. Dieser sogenannte Flaschenhalseffekt in der Hominisation wird gerade in letzter Zeit aufgrund genetischer bzw. biochemischer Untersuchungen diskutiert (JONES & ROUHANI 1986; WAINSCOAT et al. 1986). Der Zeitpunkt dieser drastischen Populationsverkleinerung bzw. der Existenz der Gründerpopulation des modernen Menschen liegt vermutlich etwa 100.000 Jahre zurück.

Innerhalb der biologischen Taxonomie nimmt der Mensch folgende Stellung ein: Der rezente Mensch (*Homo sapiens sapiens*) gehört zu den Primates (Herrentiere), und als seine nächsten rezenten stammesgeschichtlichen Verwandten sind die beiden Menschenaffen Schimpanse (*Pan*) und Gorilla (*Gorilla*) anzusehen, die heute gemeinsam als Schwestergruppe (Adelphotaxon) der Menschen angesehen werden. Die gegenwärtige Systematik geht von folgender hierarchischer Struktur der Verwandtschaftsbeziehungen innerhalb der Primaten aus. Die Primates werden in die beiden nächstuntergeordneten Taxa Prosimiae (Halbaffen) und Simiae (Affen) gegliedert. Unterhalb der Simia existieren die beiden hier wieder nächstuntergeordneten Taxa Platyrrhina (Breitnasen = Neuweltaffen) und Catarrhina (Schmalnasen = Altweltaffen). Die Catarrhina umfassen ihrerseits die Cercopithecoidea (Hundsaffen) und die Hominoidea (Menschenaffen und Menschen). Die Hominoidea werden nun in mehrere Familien unterteilt, von denen die Hylobatidae (Gibbons), die Pongidae (Menschenaffen) und die Hominidae (Menschen) noch rezent vertreten sind (vgl. Abbildung 19).

Die Entwicklung der Primaten innerhalb der Säuger läßt sich folgendermaßen darstellen. Die Säugetiere insgesamt sind vor ca. 190 Mio Jahren entstanden. Erst nachdem die großen Saurier ausgestorben waren, die lange Zeit die artenreichste und erfolgreichste Gruppe der Landwirbeltiere bildeten, konnten die ersten Säuger sich entfalten und den frei werdenden ökologischen Raum einnehmen. Ihren Ursprung haben sie als Schwestergruppe (Adelphotaxon) der Sauropsida (die sogenannten Reptilien und die Vögel) mit diesen gemein, nämlich in dem morphologisch noch ganz reptilienhaften Grundmuster-Vertreter der Amniota. Auch der basale Abschnitt des evolutiven Eigenweges der Säuger (Mammalia) umfaßt noch habituell ganz reptilienhafte Formen, die sich erst vor ca. 140 Mio Jahren so weiterentwickelt haben, daß sie dem uns heute geläufigen Erscheinungsbild „Säugetier" entsprechen.

Nachdem die Säugetiere aufgrund vieler evolutiver Neuheiten, wie etwa einer verbesserten geregelten und somit gleichbleibenden Körper-

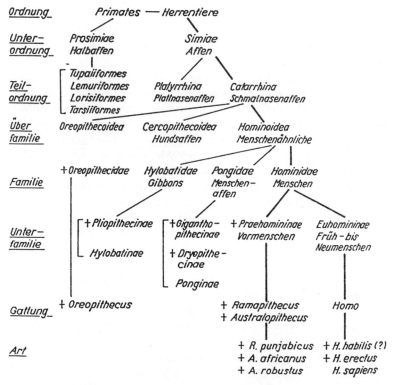

Abb. 19: Schematische Darstellung einer der möglichen Realisierungen der wichtigsten Taxa der Primates unter der Betonung der Hominidenlinie. + = Ausgestorben (aus KÄMPFE 1985, 376).

temperatur (Homoiothermie), sich zu einer erfolgreichen und artenreichen Gruppe entwickelt hatten (Radiation), sind vor etwa 70 Mio Jahren die ersten Primaten entstanden. Diese gehen vermutlich auf eichhörnchengroße baumbewohnende Insektivoren zurück, die dem rezenten Spitzhörnchen *Tupaia belangeri* sehr ähnlich gewesen sein müssen. Von diesen Insektivoren führte die weitere Entwicklung zunächst zu den Halbaffen (Prosimiae), von denen einige Vertreter der Tarsioiden (Koboldmakis) als die Vorläufer der echten Affen (Simiae) angesehen werden können. In der Linie der echten Affen haben sich

sehr früh zwei Entwicklungslinien herausgebildet, die Linie der Altweltaffen und die Linie der Neuweltaffen. Die Neuweltaffen haben
eine eigenständige Entwicklung durchlebt und können nicht mehr mit
der Hominisation in Verbindung gebracht werden. Aus der Gruppe
der Altweltaffen hingegen sind nacheinander die Gibbons (Hylobati-
den), die Menschenaffen (Pongiden) und die Menschen (Hominiden)
hervorgegangen. Als Trennungszeitpunkt der Taxa Mensch und Menschenaffen wird gegenwärtig der Zeitraum von vor 8 bis 10 Mio
Jahren angesehen. In der Diskussion ist ein Zeitraum von vor 5 bis
15 Mio Jahren.

Als einer der ältesten fossilen Belege der Vorfahren von Mensch
und Menschenaffen gilt der ca. 33 Mio Jahre alte Fund des *Aegyptopi-*

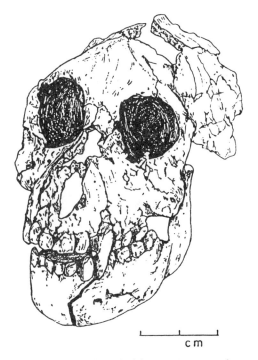

Abb. 20: Der ca. 33 Mio Jahre alte Schädel eines *Aegyptopithecus zeuxis* aus El
Fayum (aus FEUSTEL 1986, 52).

thecus zeuxis, der im ägyptischen El Fayum gemacht wurde. Hierbei handelt es sich um einen kleinen Schädel mit ausgeprägt pongidem Gebiß (vgl. Abbildung 20).

Von *Aegyptopithecus* zu dem sogenannten Dryopithecinen-Kreis, einer etwas problematischen Gruppe basaler Hominoidea, führt dann die Form des baumbewohnenden *Dryopithecus nyanzae*, der auch Proconsul genannt wird. Das ungefähre Alter des paviangroßen Proconsul wird mit etwa 20 Mio Jahre angegeben. Aus dem Dryopithecinen-Kreis hat sich dann einerseits die pongide Linie, die zu den Menschenaffen führt, sowie andererseits die zum Menschen führende Hominidenlinie entwickelt. Als ursprüngliche Vertreter dieser divergenten Entwicklung werden die beiden Formen des pongiden *Sivapithecus* und des hominiden *Ramapithecus* angesehen (vgl. Abbildung 21).

Aufgrund neuerer Funde und einer erneuten Auswertung des bisherigen Materials erscheint gerade in letzter Zeit diese Unterteilung immer fragwürdiger. So wird auch *Ramapithecus* immer häufiger in die Linie

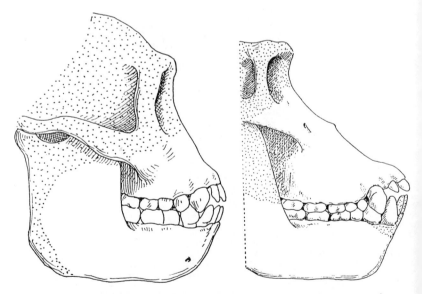

Abb. 21: Rekonstruierte Darstellung eines *Ramapithecus* (links) und eines *Sivapithecus* (rechts) (aus FEUSTEL 1986, 56).

der Pongiden eingeordnet, mit der Folge einer wesentlich kürzeren eigenständigen Entwicklungszeit des Menschen. Nach FRANZEN (1986) sind die bislang ältesten, wirklich gesicherten Hominiden-Fossilien nur ca. 4 Mio Jahre alt.

Von den Ramapithecinen ist eine große Anzahl fossiler Bruchstücke bekannt, die vornehmlich in Asien, aber auch in Afrika und Europa gefunden wurden und ein Alter von 8 bis 14 Mio Jahren aufweisen. Infolge der relativ schlechten Fundsituation sind die meisten Aussagen zu dieser Form jedoch spekulativ. Typische Fundstücke umfassen neben wenigen Schädeln lediglich Zähne oder Bruchstücke von Zahnbogen, Gliedmaßen oder anderer Knochen. Auch zur Lebensweise ist wenig bekannt, es kann noch nicht einmal mit Sicherheit gesagt werden, ob *Ramapithecus* bereits aufrecht gegangen ist.

Die weitere Entwicklung zum Menschen verläuft mit dem sich an *Ramapithecus* anschließenden *Australopithecus*. Bei den Australopithecinen handelt es sich um eine Gruppe unterschiedlicher Formen, die nicht alle der menschlichen Entwicklungslinie zugerechnet werden, da einige lediglich spezialisierte und eigenständige Seitenäste der Entwicklung darstellen. Als Entstehungsort der Hominiden waren bislang zwei Bereiche in der Diskussion, zum einen der indische Subkontinent bzw. China, zum anderen Afrika. Es kann gegenwärtig davon ausgegangen werden, daß sich der entscheidende Schritt zur Menschwerdung im südostafrikanischen Raum vollzogen hat (PILBEAM 1985). Eine Feststellung, die angesichts der großen Wanderungen der Hominiden in ihrer Bedeutung jedoch nicht überbewertet werden darf.

Das älteste, jedoch umstrittene Australopithecinen-Fossil ist ca. 4,5 bis 5,5 Mio Jahre alt und wurde in Kenia gefunden. Die jüngsten *Australopithecus*-Funde weisen ein Alter von lediglich 500.000 Jahren auf, entstammen also einer Zeit, in der es bereits sehr lange sehr viel höher entwickelte Menschen gab. An die Basis der Australopithecinen kann *Australopithecus afarensis* (Lucy) gestellt werden, eine ca. 120 cm große und voll aufrecht gehende Form, die 1974 in Äthiopien gefunden wurde. Das Alter dieses zu 40% vollständigen Skeletts einer ca. 19-jährigen Frau wird mit 3,0 bis 3,5 Mio Jahre angegeben. Die weitere Entwicklung der Hominiden ist bislang in vier nebeneinander verlaufenden Linien zu verfolgen. Zunächst ergeben sich drei Hauptrichtungen: die direkt zum Menschen führende Linie, die Linie des *Australopithecus africanus* sowie die Linie des *A. robustus* und des *A. boisei*.

Bei *A. boisei* handelt es sich um bis zu 100 kg schwere und zwischen 148 und 168 cm große Hominiden mit einem Gehirnschädelvolumen von 500 bis 550 cm^3. *A. robustus* ist demgegenüber etwas leichter gewesen und weist ein Gehirnschädelvolumen von 450 bis 550 cm^3 auf. Die zuletztgenannte Linie der Australopithecinen spaltete sich erst vor ca. 2,2 Mio Jahren in die zwei Formen *A. robustus* und *A. boisei*. Sie hatte für die weitere Hominisation keine Bedeutung mehr und kann als ein Nebenzweig angesehen werden, dessen letzte Vertreter erst vor ca. 500.000 Jahren ausgestorben sind (vgl. Abbildung 22). *Australopithecus africanus* hingegen, der Vertreter der zweiten Linie, war ein aufrecht gehender Hominide, der bereits in verstärktem Maße einfachste Werkzeuge benutzte.

Schon aufgrund des Verlustes der natürlichen Hilfsmittel der äffischen Vorfahren, wie etwa das kräftige Gebiß oder die körperliche Kraft, muß *A. africanus* Steine zur Feindabwehr oder zum Zerkleinern von Beutestücken benutzt haben. Ohne die kräftigen Zähne der Pongiden sind beispielsweise Beutetiere nur zu öffnen, wenn Knochensplitter, Tierkrallen oder dergleichen dazu verwendet werden. Wirkliche Beweise für einen solchen werkzeuglichen Gebrauch natürlicher Gegenstände sind allerdings für *A. africanus* nicht zu erbringen, da solche organischen Werkzeuge nur selten fossilisieren bzw. die wenigen Funde keine eindeutigen Hinweise auf eine mögliche Verwendung als Werkzeug enthalten. Die zielgerichtete und geplante Herstellung komplizierter Werkzeuge muß jedoch für *A. africanus* ausgeschlossen werden.

Aus dem Bereich der Form des *Australopithecus afarensis* und aus dem basalen Bereich des *Australopithecus africanus* hat sich mit der Form des *Homo habilis* der erste Vertreter der Gattung *Homo* entwickelt. Der erste Fund eines *H. habilis* wurde erst 1961 gemacht. Die Zugehörigkeit der Habilinen zur Gattung *Homo* ist allerdings umstritten, und einige Autoren sehen in ihm eher einen *Australopithecus habilis* als einen echten *Homo* (FEUSTEL 1986). Gegenwärtig wird von einem Alter des *H. habilis* ausgegangen, das zwischen 1,8 und 2,0 Mio (maximal 2,5) Jahren liegt. Die Habilinen produzierten artifizielle Steinwerkzeuge für konkrete Aufgaben in der Zukunft. Für *H.* (bzw. *A.*) *habilis* ist somit erstmals der Beweis eines zielgerichteten Denkens in bezug auf zukünftige Situationen zu erbringen, das sich fundamental von einfachen tradierten Verhaltensweisen unterscheidet.

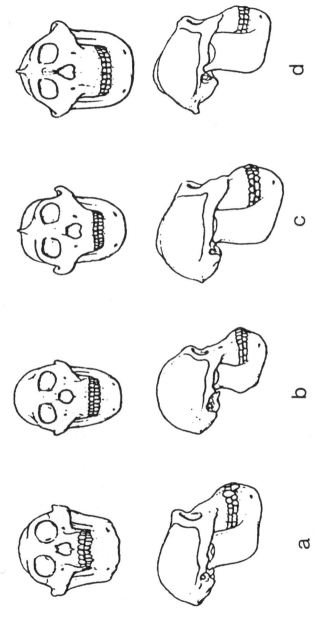

Abb. 22: Die Schädel der vier verschiedenen Australopithecinen in Vorder- und Seitenansicht: a. *Australopithecus afarensis*, b. *Australopithecus africanus*, c. *Australopithecus robustus*, d. *Australopithecus boisei* (aus TATTERSALL, DELSON & VAN COUVERING 1988, 68ff).

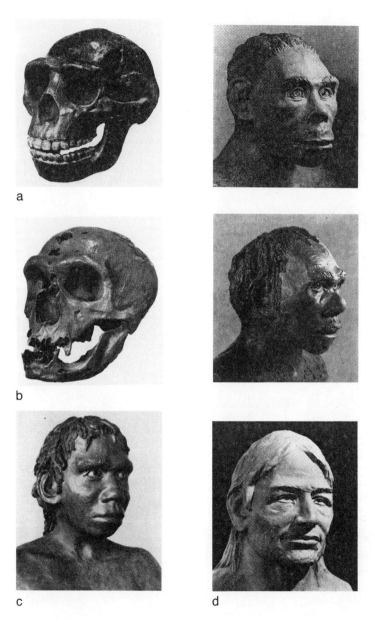

a

b

c   d

Die nächste Phase in der Hominidenentwicklung leitet *Homo erectus* ein, dessen ältester Fund (*Homo erectus modjokertensis*) auf 1,9 ± 0,4 Mio Jahre datiert ist. Allerdings handelt es sich bei der Altersangabe um die Datierung einer Schicht, und da die genauen Fundbedingungen unklar sind, wird in letzter Zeit von einem weitaus geringeren Alter ausgegangen. Die verschiedenen Vertreter des *H. erectus* waren in Afrika, Asien und Europa beheimatet, die letzte Form ist erst vor ca. 40.000 Jahren ausgestorben. Als Entstehungsort des *H. erectus* kann heute der afrikanische Kontinent angesehen werden. *Homo erectus rhodesiensis* hatte sich sehr lange in einem Refugialgebiet halten können, während andere Formen bereits sehr viel früher von höherentwickelten *Homo*-Populationen verdrängt wurden. Von den frühen *Homo erectus* ausgehend, entwickelten sich vor ca. 400.000 Jahren die ersten *Homo sapiens praesapiens* bzw. *Homo sapiens praeneanderthalensis*. Diese beiden Formen unterschieden sich vermutlich nicht so sehr in ihren intellektuellen Fähigkeiten, als vielmehr in ihrer Anpassungsfähigkeit an extreme Lebensräume. So konnte sich aus dem Präneandertaler der sogenannte »klassische« Neandertaler (*Homo sapiens neanderthalensis*) entwickeln, der an den speziellen eiszeitlichen Lebensraum angepaßte Mensch. In klimatisch gemäßigteren Gebieten entwickelte sich *H. sapiens praesapiens* zu den Vorläufern des *H. sapiens sapiens* weiter. Verschiedene Vertreter der Art *Homo* sind in Abbildung 23 dargestellt, einen genaueren Verlauf der Hominisation zeigt das Verwandtschaftsdiagramm in Abbildung 24.

Sowohl *H. s. sapiens* als auch *H. s. neanderthalensis* sind jedoch zu allen Zeiten nur einer Art zugehörig gewesen. Es kann gegenwärtig

---

Abb. 23: Verschiedene Menschenformen unterschiedlichen Alters:

a. Der rekonstruierte Schädel des *Homo erectus erectus* und eine hypothetische Lebendrekonstruktion (aus FEUSTEL 1986, 89f).

b. Der Schädel eines *Homo sapiens neanderthalensis* (Der Alte Mann von La Chapelle) und eine hypothetische Lebendrekonstruktion (aus FEUSTEL 1986, 116f).

c. Die hypothetische Lebendrekonstruktion eines *Homo sapiens praesapiens* (Frau von Weimar-Ehringsdorf) (aus FEUSTEL 1986, 134).

d. Die hypothetische Lebendrekonstruktion eines *Homo sapiens sapiens* (Cro-Magnon-Typus) (aus FEUSTEL 1986, 148).

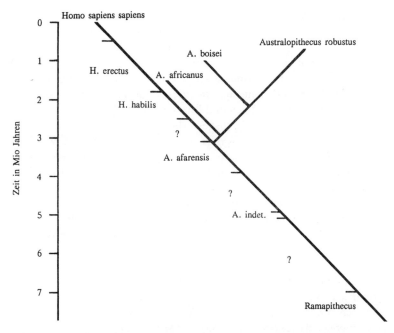

Abb. 24: Der durch fossile Funde belegbare Verlauf der Hominisation in einer Zeitskala. Die durch Fragezeichen gekennzeichneten Zeiträume sind bislang nicht durch fossile Funde zu belegen.

nicht mehr von der überholten Vorstellung ausgegangen werden, nach der die Neandertaler als sprachunfähige Rohlinge angesehen sind (HOLLOWAY 1985). Vielmehr ist davon auszugehen, daß alle späteren Menschenrassen aus beiden *Sapiens*-Formen gemeinsam hervorgegangen sind, es zu einer genetischen Durchmischung gekommen ist (TRINKAUS & SMITH 1985). Am Ende der Eiszeit, als in Mitteleuropa gemäßigte klimatische Verhältnisse herrschten, drängten frühe *H. sapiens sapiens* weiter nach Norden vor und verdrängten bzw. vermischten sich mit den spezialisierten Neandertalern, die ihrerseits nach der Erwärmung einen völlig veränderten Lebensraum vorfanden. Nach dieser Assimilation haben sich dann aus den vielen Varietäten und Rassen der *Homo-sapiens-sapiens*-Linie zwei Typen in Europa durchgesetzt: der Chancelade-Typus und der Cro-Magnon-Typus. Diese beiden Formen sind mit einem Alter von 40 bis 50.000 Jahren fossil zu belegen. Seit dieser Zeit lebt nur noch die Form des *Homo sapiens sapiens* auf der Erde, die in einigen geographischen Rassen auftritt. Die, neben einigen Altrassen vorhandenen drei Rassenkreise des gegenwärtigen Menschen (Mongolide, Europide und Negride) lassen sich auf drei geographisch voneinander getrennte Populationen zurückführen (STEITZ 1979). So entstammen die Vorläufer der Mongoliden dem südostasiatischen Raum, während die Europiden aus dem südöstlichen Rußland bzw. dem westlichen Asien kommen und die Negriden auf Populationen des südlichen Himalayagebietes zurückgehen, die später die südliche Hälfte Afrikas besiedelten (Schwarzafrika). Das Alter dieser Menschenrassen wird gegenwärtig auf ca. 100.000 Jahre geschätzt (vgl. Abbildung 25).

Aufgrund molekularbiologischer Befunde ist in bezug auf die Rassen des Menschen festzustellen, daß sich Europide und Negride entwicklungsmäßig näher stehen als etwa Europide und Mongolide. Die speziellen Anpassungen der Negriden an den neuen Lebensraum, wie die Hautfarbe und der Haarwuchs, haben sich erst relativ spät entwickelt, nachdem sie Schwarzafrika besiedelt hatten (vgl. Abbildung 26).

Zur weiteren geographischen Ausweitung des Menschen ist festzustellen, daß der amerikanische Kontinent erstmals vor ca. 32.000 Jahren von Nordostasien aus besiedelt wurde (GUIDON & DELIBRIAS 1986). Die Praeindianiden, deren Existenz für den Zeitraum vor 9.000 bis 11.000 Jahren in Nord- und Südamerika nachzuweisen ist, haben sich somit relativ unabhängig von den Populationen der Alten Welt entwickelt. Die Eigenständigkeit der Indianersprachen mag ein weiteres Indiz für die unabhängige Entwicklung sein. Wenn man von kleineren Kontakten absieht, wie sie etwa um 1200 bestanden, als die Wikinger Amerika erreichten, ist die Isolation relativ stark gewesen.

Die ältesten fossilen Fundstücke in Australien sind auf ein Alter von maximal 40.000 Jahre zu datieren, während die ältesten Skelettfunde Australiens etwa 26.000 Jahre alt sind. Hinsichtlich der Besiedlung des australischen Kontinents werden gegenwärtig zwei Theorien diskutiert. Entweder hat es nur einen Besiedlungsschub gegeben, oder der Kontinent wurde von einigen wenigen Besiedlungswellen erreicht, die relativ kurz aufeinander folgten (TATTERSALL, DELSON & VAN COUVERING 1988). Wenn es lediglich eine Besiedlungswelle gegeben

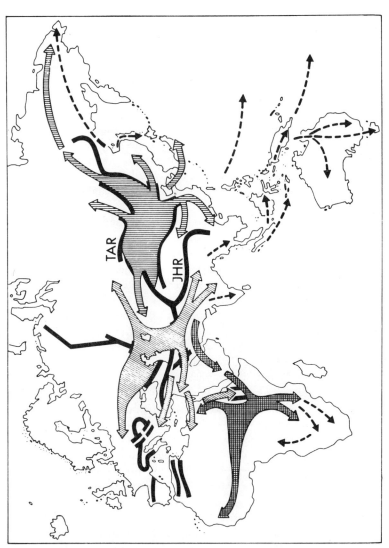

Abb. 25: Die Entstehungsgebiete und Wanderungen der Vorläufer der drei Rassenkreise des Menschen vor 40.
bis 10.000 Jahren. Die Ausbreitungsrichtungen wurden durch natürliche Gebirgszüge kanalisiert (schwarze
Linien). Die unterbrochenen Linien zeigen Bewegungen von kleinen Populationen in sogenannte Refugialgebiete.
TAR = tieno-altaischer Riegel, IHR irano-himalayischer Riegel. ▨ = Mongolide ▥ = Europide
▦ = Negride (aus STEITZ 1979, 170).

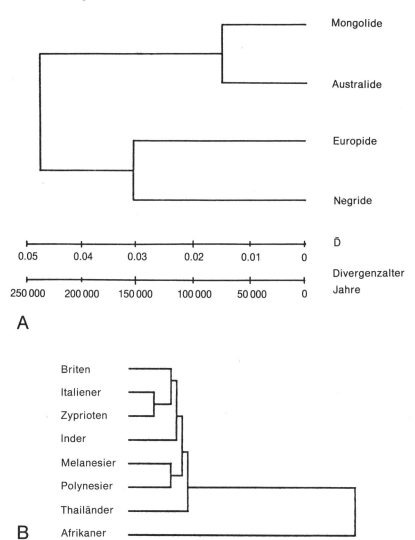

Abb. 26: A: Dendrogramm der großen Rassenkreise des Menschen aufgrund einer Untersuchung von Allelhäufigkeiten und den errechneten Divergenzaltern (nach SPERLICH 1988, 134).
B: Dendrogramm der genetischen Entfernung von acht untersuchten Populationen aufgrund einer Analyse des β-Globins (nach WAINSCOAT et al. 1986, 493).

haben sollte, ist das für die Betrachtung der sprachlichen Entwicklung der Aborigines von besonderer Bedeutung. Die Aborigines, die eine der Altrassen darstellen, verfügen somit über eine sehr alte Sprache mit eigenständiger Entwicklung. Hinsichtlich der Menschwerdung kommt weder Amerika noch Australien eine Bedeutung zu, da beide Kontinente bereits von *H. sapiens* besiedelt wurden. Der für die weitere Entwicklung der menschlichen Kultur entscheidende Wandel vom nomadischen Jäger und Sammler zum seßhaften Ackerbauern (neolithische Revolution) tritt erstmalig in Asien vor 8.000 Jahren auf, die ersten Hochkulturen sind vor 7.000 Jahren in Vorderasien entstanden.

Weiterführende Darstellungen der Hominidenevolution finden sich bei HEBERER (1974), CAMPBELL (1979), KULL (1979), STEITZ (1979), HENKE & ROTHE (1980), HENKE (1981), CIOCHON & CORRUCCINI (1983), DELSON (1985), TOBIAS (1985), FEUSTEL (1986), FRANZEN (1986), MÜLLER (1987) und VOGEL (1987).

4.2 Die Ausbildung der Sprachfähigkeit

Die Sprache ist in engster Weise mit den allgemeinen kognitiven Fähigkeiten des Menschen verbunden, und die Entstehungsgeschichte der Sprache ist zugleich auch ein Teil der Entstehungsgeschichte des Menschen. Wichtig für die Frage nach dem Ursprung der Sprache ist die Feststellung, daß Sprache nicht abrupt entstanden ist, sondern daß es sich bei ihrer Herausbildung um eine Erfindung des Menschen handelt, die eine lange vorbereitende Entwicklungsgeschichte besitzt. Es ist daher nicht so sehr die Frage, wann Sprache erfunden wurde, sondern es ist von viel größerer Bedeutung, wie die Sprach**fähigkeit** erreicht wurde. Dementsprechend läßt sich Sprache oder Sprachvermögen nicht als isoliertes Phänomen betrachten oder, völlig losgelöst von anderen typisch menschlichen Denkleistungen, auf die kognitive Struktur anderer Primaten übertragen. Es handelt sich bei diesem Phänomen vielmehr um eine Eigenschaft, die nur als »Bewußtsein und Sprachfähigkeit« beschrieben werden kann (MÜLLER 1987). Die evolutive Entwicklung der Sprache läßt sich auf zwei Ebenen beschreiben, zum einen die Evolution zur Sprachfähigkeit (stammesgeschichtliche Sprachentwicklung) und zum anderen die Evolution der Sprache (Sprachwandel). In bezug auf die stammesgeschichtliche Entstehung der Sprache geht auch BURKHARDT (1987, 11) nicht von einer Evolution der Sprache, sondern von einer „Evolution *zur* Sprache" aus.

Gemäß den allgemeinen Entwicklungsprinzipien der Evolution ist die Herausbildung einer solchen komplexen Eigenschaft wie Bewußtsein und Sprachfähigkeit nicht in Form einer einfachen Kausalbeziehung zu erklären. Eigentlich kann man diese Eigenschaft überhaupt nicht adäquat erklären, es sei denn, man rekonstruiert den gesamten Entwicklungsablauf der Primaten, da letztlich alle Entwicklungsschritte einen gewissen Einfluß genommen haben. Es handelt sich vielmehr um ein multifaktorielles Netzwerk von sich gegenseitig beeinflussenden Ereignissen, die keine einfache Konditionalbeziehung der Erklärung zulassen. Dennoch werden bei der Betrachtung der Sprachevolution wenige Einzelereignisse der Primatenentwicklung exemplarisch hervorgehoben, um wenigstens einen kleinen Einblick in das Wirkungsgeschehen der kognitiven Höherentwicklung zu erreichen. Im folgenden sollen nun einige besonders wichtige Ereignisse in der Entwicklung erwähnt werden, die zumindest einen Eindruck des realen Netzwerkes vermitteln. Beispielsweise hat die fortschreitende Komplexitätserhöhung der Augen in entscheidender Weise die Komplexität der mentalen Abbildung von Objekten und Relationen der Umwelt in den kognitiven Prozessen der Primaten erhöht. So ist die Entwicklung der Hominoiden zu sogenannten »Augentieren« zu verstehen, die den Großteil ihrer Denkprozesse über visuelle Entitäten ablaufen lassen. In erster Annäherung waren verbesserte Sehsysteme für die baumbewohnenden Primaten vor allem für die Fortbewegung wichtig, was etwa bei typischen Schwinghanglern (Gibbons) wichtig ist. Bei den schnellen Schwingbewegungen durch Baumwipfel kommt es auf eine ebenso schnelle und präzise Wahrnehmung des dreidimensionalen Raumes an, da jeder Fehlgriff eine Verletzung (z.B. einen Armbruch) des Tieres hervorbringen kann, die in der weiteren Folge den Tod herbeiführen würde.

Hinsichtlich der allgemeinen Orientierung und der innerartlichen Kommunikation untereinander hatte zu diesem Zeitpunkt das akustische System sicher eine weitaus größere Bedeutung als das visuelle System, da in dem dichten Blätterwerk der Bäume nur akustische Signale eine angemessene Reichweite besitzen. In dieser Phase sind die Möglichkeiten entwickelt worden, auf die die konkrete Entfaltung der Sprachfähigkeit in der weiteren Entwicklung aufbauen konnte.

Weiterhin hat, neben diesen beiden fortwährend komplizierter werdenden Sinnessystemen, auch die Ausbildung der Primatengreifhand eine
größere Bedeutung erlangt. Ursprünglich von der reinen vierfüßigen
Fortbewegung zur präzisen Bewegung durch die Baumkronen und
zur Beschaffung und Manipulation der Nahrung weiterentwickelt,
kommen den vorderen Gliedmaßen nach der vollzogenen Aufrichtung
der bodenlebenden Primaten neue Aufgaben zu. Die »freigewordenen«
Hände können nun zur Manipulation von Gegenständen benutzt
werden und das Sinnessystem mit allen Informationen über Gegenstände und Eigenschaften der Umwelt versorgen. Die Hände werden
gewissermaßen zum ausführenden Organ des Gehirns, indem sie Objekte sinnesgerecht aufarbeiten und präparieren.

Die Erhöhung der Komplexität aller dieser Systeme, sowie auch die
für diese Entwicklung notwendige Erhöhung der kognitiven Fähigkeiten insgesamt (Gehirnentwicklung), war nur durch viele Prädispositio-
nen möglich, die bereits zu viel früheren Zeitpunkten entstanden
sind. So hat beispielsweise die Herausbildung der Homoiothermie
(Warmblütigkeit) erst die notwendige Komplexität des Organismus
ermöglicht. Erst als der Schritt von den wechselwarmen Reptilien zu
den gleichwarmen Reptilien bzw. Säugern vollzogen war, konnte der
Stoffwechsel optimiert werden und vor allem ein derart leistungsfähi-
ges Zentralnervensystem (Gehirn) aufgebaut werden.

Die oben aufgeführten Phänomene der Primaten- bzw. Hominidenentwicklung sind allerdings nur eine mögliche Realisation der notwendigen Grundbedingungen für die Entstehung von Bewußtsein und
Sprachfähigkeit. Ihnen kommt nicht etwa ein aktiv-vorbereitender
oder teleologisch-kanalisierender Charakter zu. Da die Evolution nicht
zielgerichtet verläuft, sind frühere Ereignisse der Entwicklung nicht
auf ein Ziel hingerichtet abgelaufen, sondern das vermeintliche
»Ziel« – in diesem Fall Bewußtsein und Sprachfähigkeit – ist auf
eine sich zufällig ergebene Möglichkeit der zu diesem Zeitpunkt bereits
durchgeführten Entwicklungsschritte zurückzuführen. Alle Entwicklungsschritte sind durch die physikalischen Grundgesetze, die Entwicklungsprinzipien der Evolutionsdynamik und durch die speziellen Gegebenheiten der am konkreten Individuum bereits abgelaufenen Entwicklungsgeschichte beeinflußt. Hinzu kommt der große Einfluß zufälliger
Faktoren, die in der Evolution ebenfalls eine große Bedeutung haben.

Aufgrund vieler, sich mehr oder weniger nach den Gegebenheiten von »Zufall und Notwendigkeit« ergebender Knotenpunkte in dem Netzwerk des Gesamtorganismus konnte in der Entwicklung zum Menschen eine spezielle Richtung der Kognitionsentwicklung eingeleitet werden, die gegenwärtig mit den geistigen Fähigkeiten des rezenten Menschen ihre höchste Entwicklungsstufe darstellt. Dies bedeutet natürlich nicht, daß die Komplexitätszunahme der Kognitionsentwicklung damit beendet wäre. Die Tatsache, daß sich *Homo sapiens sapiens* seit ca. 40.000 Jahren morphologisch nicht mehr entscheidend verändert hat, heißt nicht etwa, daß die Entwicklung der Hominidenlinie nun ihr Finalstadium erreicht hat und nun keine Höherentwicklung der Kognition mehr stattfindet. Es erscheint sehr wahrscheinlich, daß die einmal eingeschlagene Entwicklungsrichtung der Kognition auch unabhängig von der Existenz des *H. sapiens* in der Evolution weiter optimiert und erweitert werden wird. Dafür bieten die evolutiven Neuheiten »Kognition« und »Bewußtsein und Sprachfähigkeit« zu viele Entwicklungsvorteile, als daß sie sich nicht weiter fortentwickeln können. Hinzu kommt, daß es in der Entwicklungsspirale der Evolution zu einer permanenten Höherentwicklung kommen muß, weil in den unteren Bereichen alle Nischen schon besetzt sind und es nur nach oben hin noch unbegrenzte Entwicklungsräume gibt (R. Riedl). Es existiert daher ein systemimmanenter Druck zur Höherentwicklung, der auch für die Entwicklung der Kognition gilt.

Eine grundlegende Eigenschaft der Kognition ist die Fähigkeit, Eigenschaften und Objekte der Umwelt im Organismus abzubilden. Weiterhin wird im Rahmen der kognitiven Prozesse mit einem mentalen Modell von der Umwelt und des eigenen Organismus gearbeitet, welches es ermöglicht, z.B. Vorausurteile über zukünftige Situationen erstellen zu können. Die Herausbildung dieser Eigenschaft (Kognitionsfähigkeit) hat mit der Verarbeitung von einfachen Sinnesreizen bei der Entstehung der Einzeller begonnen und ist mit der weiteren Entwicklung der Organismen fortwährend komplexer geworden. Aufgrund einer qualitativen Ausweitung der Sinnessysteme sowie einer fortschreitenden Optimierung derselben ist es, parallel zur Höherentwicklung der Organismen, zu einer ständig komplexer gewordenen mentalen Repräsentation der Außenwelt und des eigenen Körpers gekommen. Da sich in der Stammesgeschichte der Organismen (Phylogenese) eine fortschreitende Anpassung der Sinneswelt an die Realität

vollzogen hat, passen Realität und mentale Repräsentation in einer
Weise zusammen, wie eine reale Struktur und ein Negativabdruck
derselben. Durch diese stetige Steigerung des Passungscharakters der
Kognition, der rückgekoppelten Internalisationsleistung von Umwelteigenschaften, sind die Möglichkeiten der interaktiven Auseinandersetz-
zung des Individuums mit der Umwelt stark gestiegen. Die Anzahl der
möglichen Deutungen von Umweltsituationen und die Anzahl der
möglichen Vorausurteile über die Welt nehmen mit der Entwicklungshöhe der Organismen zu. Gleichzeitig sind hochentwickelte Organismen überhaupt nur lebensfähig, wenn es ihnen möglich ist, mit einem
Höchstmaß von Freiheitsgraden der Kognition mit stetig wechselnden
Umwelten zu interagieren. Nur mit wenigen einfachen Verhaltensmög-
lichkeiten ausgestattet, wäre z.B. die Existenz der Säuger nicht denkbar. Auf dieser Komplexitätsstufe sind die höherentwickelten Verhal-
tensmöglichkeiten, die sich aufgrund von »Lernen durch Versuch und
Irrtum« sowie »Lernen durch Imitation« ergeben, zwingend notwendig, um die vielfältigen Handlungen durchzuführen, die sich durch die
Teilnahme an den komplizierten Umweltsituationen ergeben (MÜLLER
1987). Weiterführende Aspekte zum Problem der Psychogenese und
der stammesgeschichtlichen Fixierung kognitiver Prozesse im Gehirn
von Organismen, vor allem im Rahmen der evolutionären Erkenntnistheorie, finden sich in SCHURIG (1975a, 1975b), RIEDL (1980), MOHR
(1981, 1983), LORENZ & WUKETITS (1983), OESER (1985) und VOLL-
MER (1987a).

Wie weiter oben erwähnt, haben sich parallel zu der fortschreitenden Höherentwicklung der Organismen auch die kognitiven Prozesse
der jeweiligen Gruppen zu immer komplexeren Phänomenen herausgebildet. Die Abbildungsleistungen in bezug auf die Objektumwelt sind
stetig in ihrem Umfang erweitert worden. Dabei ist zu bemerken, daß
es sich bei dieser Komplexitätszunahme zwar um einen kontinuierlichen Prozeß über die Zeit handelt, der Vorgang jedoch gleichzeitig
eine Entwicklung darstellt, die in Stufen verläuft. In der kontinuierlichen Entwicklung der Kognition ist somit hinsichtlich der Gesamtlei-
stungsfähigkeit der jeweiligen Gehirne eine Stufenfolge zu postulieren,
die sich aufgrund qualitativer Unterschiede ergibt. Zu bestimmten
Zeitpunkten der Kognitionsentwicklung hat ein relativ geringfügiger
quantitativer Zuwachs von kognitiven Einzelleistungen eine ganz neue
Qualität der Gesamtleistung hervorgebracht, die jeweils die Annahme

einer neuen Stufe der Kognitionsentwicklung rechtfertigt. Ein Beispiel für eine solche Stufenfolge ist die Annahme einer vierstufigen Ausweitung der Informationsspeicherung in der Phylogenese (MÜLLER 1987). Demnach wird die unterste Stufe der Informationsspeicherung von Umwelteigenschaften durch Nukleinsäuren repräsentiert, die erfolgreiche Entwicklungsstrategien der Evolution im genetischen Material (DNS) des Individuums speichern (Erbinformation). Die zweite qualitative Stufe der Informationsspeicherung wird durch Nervenzellen erreicht, die ein einfaches – gewissermaßen »festverdrahtetes« – Reflex- und Instinktverhalten hervorbringen. Die dritte Stufe ist durch Nervenzellen charakterisiert, die Lernen ermöglichen. Hierbei besteht erstmals die Möglichkeit, im Verlauf des individuellen Lebens (Ontogenese) erworbenes nützliches Verhalten zu speichern und zu einem späteren Zeitpunkt wieder abzurufen. Weiterhin kann auf dieser Stufe das erworbene Wissen von Individuen an andere Gruppenmitglieder oder an die nächste Generation weitergegeben werden (Tradierung), was die Effektivität dieser Informationsspeicherungsprozedur nochmals erhöht. Die vierte Stufe schließlich ist durch die Ausbildung von Bewußtsein und Sprachfähigkeit gekennzeichnet und wird gegenwärtig nur vom Menschen erreicht. Auf dieser Stufe ist es möglich, Verhalten, Objekte und Eigenschaften in einer neuartigen und äußerst komplizierten Weise zu abstrahieren und in Form von Variablen (z.B von kognitiven Operationen höherer Ordnung und Sprachfähigkeit) zu verarbeiten. Hier können theoretisch unendlich viele Erfahrungen anderer Gruppenmitgliedern mitgeteilt werden, wobei sowohl der Zeit als auch dem Raum keine limitierende Rolle mehr zukommt. Durch die Sprachfähigkeit ist eine neue Form der Informationsspeicherung über viele Generationen möglich, die z.B. in Bibliotheken sich quasi als extrakorporale Akkumulation von ontogenetischem Wissen über die Zeit beschreiben läßt.

Innerhalb der vierten Stufe der Informationsspeicherung, die bislang lediglich Bewußtsein und Sprachfähigkeit des Menschen ausmacht, sind gegenwärtig weitere drei emergente Unterteilungen festzustellen:

„1. Die kognitive Fähigkeit, Wahrnehmungen der Sinnesorgane durch mentale Entitäten in Form von Variablen zu ersetzen und diese zu verarbeiten (Sprachfähigkeit).

2. Die kognitive Fähigkeit, Variablen von Objekten und Relationen an artikulierte, akustische Symbole zu binden, die weitaus effizien-

ter als z.B. Gesten einen interpersonellen Informationsfluß über
Variablen ermöglichen (natürliche Sprache).
3. Die kognitive Fähigkeit, die akustischen Symbole der Variablen
   an graphische Zeichen zu binden (Schrift)." (MÜLLER 1987, 112)

Diese drei Unterteilungen der Stufe Bewußtsein und Sprachfähigkeit
zeigen auch gleichsam den ungefähren Verlauf der Sprachentwicklung
des Menschen an. Noch innerhalb der allgemeinen Primatenentwicklung haben die kognitiven Prozesse der höchstevoluierten Primaten
eine Komplexitätsstufe erreicht, die den Individuen eine Fülle von
kognitiven Operationen zur Verfügung stellt. Hierbei handelt es sich
um geistige Fähigkeiten, die in Form eines Prozesses eine beliebige
Wahrnehmung der Sinnesorgane (Input) in ein willkürliches Ergebnis
(Output) transformieren können. Beispielsweise können vom Individuum wahrgenommene Sachverhalte kombiniert und interpretiert
werden, nach denen dann Voraussagen vorgenommen werden können.
Gleichermaßen ist es möglich, die Wahrnehmung von Objekten zu
transformieren, indem sie in der Vorstellung vergrößert, verkleinert,
um eine Achse gedreht oder auch zerstört werden können. Diese
kognitiven Leistungen basieren auf bestimmten Prozessen, die zunächst
unabhängig von der konkreten Aufgabe vorhanden sind und aus
willkürlichen Eingaben Veränderungen transformieren können. Diesen
Prozessen liegen kognitive Operationen zugrunde, die in gewisser
Weise bei allen Organismen zu finden sind. Selbstverständlich ist die
Leistungsfähigkeit der verschiedenen Arten von deren Entwicklungshöhe abhängig, und die kognitiven Operationen niederer Tiere unterscheiden sich enorm von denen der höherentwickelten Arten. Zu
ähnlichen Stufenmodellen, die in vergleichbarer Weise Informations-
speicherungsmechanismen für unterschiedliche Zeiträume beschreiben, kommen KULL (1979), RIEDL (1980), KOCH (1982b), OESER (1985,
1987) OSCHE (1987) und VOLLMER (1987b).
   Bereits niedere Säuger verfügen über ein komplexes System von
kognitiven Prozessen, die ihnen eine entsprechende Wahrnehmung des
eigenen Körpers in dem Handlungsgefüge der Umwelt sowie eine
nutzbringende Auswertung der Umwelteigenschaften insgesamt ermöglichen. Die zugrundeliegenden psychischen Prozesse haben dabei
den Charakter von Operationen, die, völlig losgelöst von den jeweils
konkreten Aufgaben, eine bestimmte operationstypische Transforma-

tionsleistung erbringen. Sowohl die Eingangsgrößen als auch die Ausgangsgrößen dieser kognitiven Operationen machen einen Teil des jeweiligen Denkens des Individuums aus. Im Einzelfall können diese Entitäten des Denkens visueller, olfaktorischer oder taktiler Art sein. Vor allem die Vorstellung eines olfaktorischen oder taktilen Denkens kann vom Menschen, als „visuellem Wesen", nur schwer geleistet werden. Die Art der zu bearbeitenden Größen ist für das prinzipielle Wesen der Kognition jedoch uninteressant, wenngleich es auch hinsichtlich ihrer Effektivität einige Unterschiede geben mag. Wesentlich ist nur, daß dem Organismus mentale Entitäten in irgendeiner Sinnesmodalität zur Verfügung stehen, die eine innere Repräsentation der Objektumwelt, der eigenen Individualität sowie den Relationen zwischen den Objekten der Umwelt ermöglichen. Beispielsweise nehmen bestimmte Fische ihre Umwelt fast ausschließlich über den Geruchssinn und den Seitenliniensinn, der auf Wasserbewegungen reagiert, wahr. Weiterhin erzeugen einige Fische fortwährend elektrische Felder und detektieren mit ihren Elektrorezeptoren jedwede Veränderung der Feldstärke in der Umgebung. In ähnlicher Weise nehmen Fledermäuse ihre Umwelt wahr, indem sie Ultraschallwellen aussenden und die Reflexionswellen wieder auffangen. All diesen Sinnesystemen ist gemein, daß sie eine mentale Repräsentation der Außenwelt ermöglichen, nach dem die Individuen Handlungsschemata durchführen können. In gewisser Weise »denken« die jeweiligen Organismen im Rahmen dieser Sinneseindrücke. Die Verarbeitungsprozesse, die jeweils nötig sind, um die verschiedenen Sinneseindrücke auszuwerten, sind prinzipiell identisch. Es handelt sich um die gleiche Art kognitiver Prozesse im Sinne von Operationen. Ob eine Fledermaus einen Gegenstand im Flug ortet und nach einer Auswertungsphase eine Ausweichbewegung durchführt oder ob ein elektrischer Fisch das gleiche Verhalten zeigt, in beiden Fällen sind an den Denkvorgängen ähnliche kognitive Operationen beteiligt, die lediglich mit anderen Eingangsgrößen arbeiten.

Durch die Annahme der Existenz von kognitiven Operationen sind die kognitiven Leistungen von Gehirnen selbstverständlich nicht vollständig zu beschreiben. Sie stellen vielmehr nur einen Ausschnitt der Denkprozesse dar, dem ebenso eine Bedeutung zukommt, wie etwa den Emotionen oder den Sinneseindrücken selbst. Denkprozesse in Form kognitiver Operationen sind somit im gesamten Tierreich verbreitet und in unterschiedlicher Komplexität ausgebildet.

Bei den nichtmenschlichen Primaten finden diese Operationen den gegenwärtigen Höhepunkt der Komplexitätssteigerung. Wenngleich auch andere hochentwickelte Säuger, wie etwa Delphine oder Wale, über erstaunliche Intelligenzleistungen verfügen (HERMAN, RICHARDS & WOLZ 1984; SCHUSTERMAN, THOMAS & WOOD 1986), so haben die Menschenaffen die höchstevoluierten kognitiven Prozesse hervorgebracht. Diese Aussage findet nur Gültigkeit in bezug auf die Komplexität der Kognition, nicht etwa auf die jeweilige Lebenstauglichkeit oder den Passungscharakter. Für die jeweils zu lösenden Probleme in den jeweiligen Umwelten hat jede Art die jeweils optimierte Form der Kognition erreicht. Aussagen zur „Intelligenz" von Tieren sind daher nur hinsichtlich der Annäherung der mentalen Repräsentation an die Realität zu verstehen, wie sie vom Menschen empfunden wird.

Innerhalb der natürlichen Bandbreite der kognitiven Operationen sind starke qualitative Unterschiede festzustellen, die eine Stufenfolge der Entwicklung wahrscheinlich machen (MÜLLER 1987). Anders als die graduellen Unterschiede zwischen den kognitiven Leistungen von niederen vs. höheren Primaten oder niederen vs. höheren Säugern sind die Unterschiede von Menschenaffen vs. Mensch derartig groß, daß eine neue Qualität der Kognition postuliert werden muß. Bewußtsein und Sprachfähigkeit des Menschen repräsentieren eine evolutive Neuheit, die nicht durch eine einfache Akkumulation von bestehenden Fähigkeiten erklärt werden kann, sondern für die ein systemisches Zusammenwirken von sich selbst verstärkenden Einzelereignissen angenommen werden muß, die unabhängig voneinander entstanden sind. Durch diese integrative Wechselwirkung von kognitiven Leistungen ist erstmalig eine völlig neue Form von Kognition geschaffen worden, die zwar ihre Wurzeln ohne Zweifel in den kognitiven Fähigkeiten der nichtmenschlichen Primaten hat und auf diese aufbaut, dennoch aber als echte evolutive Neuheit und als ein qualitativer Sprung gelten kann. Im Verlauf der Hominisation sind neuartige kognitive Prozesse entstanden und bereits bestehende Prozesse in ihrer Leistungsfähigkeit weiter optimiert worden. Aufgrund des Vorhandenseins dieser kognitiven Leistungen, die als kognitive Operationen höherer Ordnung zu beschreiben sind, verfügen Hominiden über einen völlig neuen Denkmodus. Hierbei handelt es sich um die rekursive Fähigkeit, mentale Repräsentationen von Objekten und Relationen aus der Objektumwelt einerseits sowie die eigenen kognitiven Operationen in Form von Variablen zu verarbeiten. Diese neue Möglichkeit der Variablenverwendung erzeugt eine völlig neue Effektivitätsstufe der Kognition. Komplexe Sinneseindrücke, Operationen, welche Sinneseindrücke verarbeiten, sowie ganze Folgen dieser Einheiten können nun durch eine einzige Variable etikettiert und weiterverarbeitet werden. Darüber hinaus sind auch mehrere Variablen zusammenfaßbar und durch wiederum eine einzige Variable zu verarbeiten. Diese Form der Kognition verändert nicht nur die Art und Weise einzelner kognitiver Prozeduren, sondern wirkt sich auch auf alle anderen Bereiche der Kognition aus. Beispielsweise sind die Speichermöglichkeiten für Sinneseindrücke durch die etikettierende und relational-ordnende Wirkung der Variablenverwendung sehr viel effizienter nutzbar, als dies etwa mit rein visuell erinnerten Inhalten denkbar wäre.

Die Sprache selbst ist lediglich eine äußere Erscheinungsform der sich aus den kognitiven Operationen höherer Ordnung ergebenden Möglichkeiten. Die kognitiven Operationen des Menschen insgesamt ergeben das, was Bewußtsein und Sprachfähigkeit genannt wird. Die konkrete Realisation dieser Fähigkeit ist nicht unbedingt vorgegeben. Zum einen ist die spezielle Ausprägung der Sprache unwichtig, selbst »Kunstsprachen«, wie etwa Esperanto, können aufgrund der universellen kognitiven Struktur als Vehikel für die Denkprozesse benutzt werden. Die Gesamtheit der kognitiven Operationen des Menschen liefern demnach eine Fähigkeit, die als sprachliche Universalien bezeichnet werden (N. CHOMSKY). Zum anderen ist es noch nicht einmal nötig, überhaupt eine akustische Sprache zu verwenden, wie an taubstummen Kindern deutlich wird, die eine Zeichensprache erlernen. Ihre kognitiven Operationen verfügen nicht über das Vehikel einer Lautsprache, um mit einer inneren Sprache Gedanken zu formulieren. Sie verwenden vielmehr visuelle Entitäten zur Etikettierung und Variablensetzung, die aber von dem visuellen Denken der nichtmenschlichen Primaten grundverschieden sind. Daher sind die erreichten Verhaltensleistungen, die sich etwa bei taubstummen Kindern im Umgang mit anderen Kindern bzw. Spielgeräten usw. zeigen, nicht deutlich von Kindern verschieden, die eine Lautsprache benutzen. Die entscheidende Einflußgröße in bezug auf Sprache ist daher nicht so sehr das isolierte Phänomen der Lautsprache selbst, sondern vielmehr die prinzipielle Sprachfähigkeit, die sich als Form der allgemeinen kognitiven Leistungen versteht.

In der Entwicklung der Hominiden gibt es nun einige Ereignisse, die eine Aussage über den Zeitpunkt des Erreichens dieser Stufe der Kognition ermöglichen. Seit einiger Zeit ist die u.a. auf A. LEROI-GOURHAN zurückgehende Theorie einer Verbindung zwischen Sprache und Technik allgemein akzeptiert, wonach eine Beurteilung der kognitiven Fähigkeiten aufgrund der jeweils beherrschten Techniken in der Steinwerkzeugherstellung möglich ist. Da die prinzipielle Sprachfähigkeit auf allgemeine kognitive Operationen zurückgreift, muß sie mit anderen Verhaltensleistungen einhergehen und somit beobachtbar sein. Einfache Formen der Werkzeugbenutzung kommen selbst bei wirbellosen Tieren (*Ammophila campestris*) vor und können daher kein Beweis für höhere Denkleistungen sein. Auch einfache Manipulationen von Gegenständen, die diese erst zu einem Werkzeug machen, sind bei Menschenaffen zu beobachten. Die Herstellung von komplizierten Steinwerkzeugen ist dagegen ohne ein menschliches Denkvermögen allerdings nicht zu lösen. Hierbei wird ein bestimmtes Material (z.B. Feuerstein) in mehreren aufeinander folgenden Schritten bearbeitet, nachdem bereits zum Zeitpunkt der Materialauswahl ein fertiges Konzept des Herstellungsvorgangs und des fertigen Werkzeuges vorhanden ist. Die Herstellung von komplizierten Steinwerkzeugen gestaltet sich derart schwierig, daß ein ungeübter rezenter Mensch nicht in der Lage ist, ohne große Übung die entsprechenden Werkzeuge herzustellen. An manchen Fundstellen von Steinwerkzeugen wird deutlich, daß die Hersteller derselben nicht in jedem Fall mit dem Ergebnis ihrer Arbeit zufrieden waren und manche Werkzeuge als unbrauchbar fortwarfen. Da darüber hinaus auch die abgeschlagenen Steinsplitter in der näheren Umgebung der Steinwerkzeuge zu finden sind, ist eine Rekonstruktion der Herstellungstechnik in vielen Fällen möglich. Der Herstellungsablauf selbst einfacher Werkzeuge (chopping-tools) erfordert demnach eine logische Reihung von einzelnen Handlungsschritten, die eine gewisse Anforderung an die Kognition insgesamt stellen. Die Herstellung von Steinwerkzeugen liefert somit Indizien für die Erreichung einer prinzipiellen Sprachfähigkeit der Hominiden.

In gleicher Weise ist das Vorhandensein von rituellen Handlungen ein Indiz für die Ausbildung einer Sprache, da einerseits kulturelle Rituale immer an ein Bewußtsein gebunden sind und andererseits die

Tradierung von derart komplizierten Ritualen nicht ausschließlich
durch Nachahmung, sondern nur über sprachliche Möglichkeiten zu
realisieren ist. Auch geben die Rituale selbst nur einen Sinn, wenn
von der Existenz von Mythen ausgegangen wird, die nur durch Sprache
weitergeben werden können. Die rituellen Bestattungen durch Angehörige der Gattung *Homo*, bei denen die Toten in artifiziellen Körperhaltungen mit Farbpigmenten versehen sowie mit Grabbeigaben (Blumen
bzw. Heilpflanzen) bestattet wurden, sind nur zu verstehen, wenn von
der Existenz einer Sprache ausgegangen wird.

Einen weiteren Hinweis auf die stetige Entwicklung der Psyche
liefert der Verlauf der Gehirnentwicklung. Eng an die Ausbildung der
allgemeinen kognitiven Fähigkeiten des Menschen ist die Volumenzunahme des Gehirns in der Hominidenentwicklung gebunden, die vor
allem auf die Vergrößerung des Neocortex (Hirnrinde) zurückgeführt
werden kann. Während beispielsweise die rezenten Schimpansen über
ein Gehirnvolumen von ca. 400 cm^3 verfügen, ist das Gehirnschädelvolumen im Verlaufe der Hominisation von ca. 450 cm^3 bei *Australopithecus afarensis*, über ca. 500 cm^3 bei *Australopithecus africanus*, ca.
700 cm^3 bei *Homo habilis*, ca. 1.100 cm^3 bei *Homo erectus* bis auf ca.
1.400 bei *Homo sapiens praesapiens* gestiegen. Bei diesen Vergleichen
ist jedoch die unterschiedliche Körpergröße sowie der unterschiedliche
Cerebralisationsgrad der Gehirne zu berücksichtigen. Schon diese beiden Faktoren machen eine unmittelbare vergleichende Bewertung der
Volumina unmöglich. Wenngleich die Gehirngröße auch nicht eine
direkte Aussage zur kognitiven Leistungsfähigkeit erlaubt, so ist der
allgemeine Trend zur Vergrößerung der Hirnrinde in der Entwicklungslinie aber durchaus festzustellen.

Da die Entwicklung zum Menschen (Hominisation) nach gesicherten Erkenntnissen zumindest seit 4 Mio, wahrscheinlich aber schon
seit ca. 8 Mio Jahren verläuft, muß auch die Sprachentstehung in
diesen Zeitraum fallen. Anders als noch vor etwa 20 Jahren, als
von einer eigenständigen Menschheitsentwicklung von 20 bis 30 Mio
Jahren bzw. von ca. 50 Mio Jahren ausgegangen wurde, ist der nach
den neuesten Erkenntnissen der Evolutionsbiologie zur Verfügung
stehende Zeitraum der Kognitionsentwicklung eher kurz. Nach der
extremsten Position innerhalb der Paläontologie haben sich die Entwicklungslinien von Menschenaffen und Mensch erst vor 4 bis 5 Mio
Jahren voneinander getrennt. Es ist in letzter Zeit deutlich geworden,

daß die Hominisation weit weniger lang zurück liegt, als lange Zeit angenommen wurde. Es muß daher von einer Entwicklung der menschlichen Kognition ausgegangen werden, die zunächst sehr langsam verlaufen, dann jedoch mit einer zunehmend wachsenden Entwicklungsgeschwindigkeit weiter fortgeschritten ist. Da die ersten menschlichen Hochkulturen erst 8.000 Jahre alt sind, ist von einem stark exponentiellen Wachstum der kognitiven Fähigkeiten des Menschen auszugehen. Der rasante Anstieg der Entwicklung des technologischen Fortschritts der Industriekulturen in den letzten 150 Jahren macht dies in besonderer Weise deutlich. Die ersten Entwicklungsschübe in der Kognition werden sich sehr langsam und nur in einigen Individuen vollzogen haben. Die weitere Ausbreitung evolutiv neuartiger kognitiver Fähigkeiten kann sich ebenfalls nur sehr langsam in den jeweiligen Populationen ausgebreitet haben, während die Tradierung der durch sie gewonnenen Erkenntnisse eine schnellere Verbreitung gefunden haben muß. Trotz der sich selbstverstärkenden Wirkung von kognitiven Prozessen ist daher von einem zunächst sehr langwierigen Verlauf der Kognitionsentwicklung auszugehen. Im Hinblick auf den Sprachursprung ist in der Hominisation der Zeitraum vor ca. 2 Mio Jahren aufgrund vieler Indizien ein entscheidender Zeitpunkt. Diese Phase der menschlichen Entwicklung, in die sowohl *Homo habilis* als auch sehr frühe *Homo erectus* fallen, liefert die ersten Beweise für eine prinzipielle Sprachfähigkeit des Menschen. Die ältesten bislang gefundenen Steinwerkzeuge sind ca. 2 Mio Jahre alt, und die bislang ältesten Belege für eine soziale Großwildjagd lassen sich auf ein Alter von ca. 1,8 Mio Jahre datieren. Hierbei wurden z.B. wiederholt Elephantenherden durch eine strategische Vorgehensweise in einen Abgrund getrieben und so getötet. Seit ca. 900.000 Jahren sind natürliche Farbpigmente (z.B. Eisenoxide) von Menschen beachtet worden. Eine zweifelsfreie Beweisführung für die Verwendung dieser Farben ist für diesen Zeitraum jedoch nicht durchzuführen. Nach bisherigen Funden finden Farben erst seit 450.000 Jahren bei Bestattungsritualen Verwendung, indem die Toten mit Farbpigmenten bestrichen wurden (WRESCHNER 1985). Neben den artifiziellen Körperhaltungen der Toten (Hockergrab) und den vielfältigen Grabbeigaben ist die Einfärbung ein sicheres Indiz für rituelle Handlungen, die vermutlich kultisch motiviert waren. Ungefähr aus der gleichen Zeit stammen auch die ältesten Funde sehr komplizierter Steinwerkzeuge sowie der erstmaligen kontrollierten Feuerbenutzung durch *Homo erectus*. Kontrolliert bedeutet in diesem Fall die langfristige und wiederholte Nutzung von artifiziellen Feuerstellen in einer Wohnhöhle (Chou-kou-tien, China). Die gegenwärtig ältesten fossilen Beweise für eine Feuernutzung sind älter als 1 Mio Jahre (BRAIN & SILLEN 1988). Hierbei handelt es sich um eine Analyse einer großen Anzahl angebrannter Knochen aus Swartkrans in Südafrika. Es ist jedoch nicht möglich, eine Aussage darüber zu machen, ob Australopithecinen, Vertreter des kontemporären *H. habilis* oder sogar beide Formen Feuer für sich nutzen konnten. Alle Hinweise lassen die Annahme einer ausgebildeten Sprache in dieser Phase der Hominisation mehr als berechtigt erscheinen.

Seit ca. 200.000 Jahren sind »ästhetische Werkzeuge« bekannt. Hierbei handelt es sich um Steinwerkzeuge, die nicht nur für einen bestimmten Zweck hergestellt wurden, sondern die auch noch über eine Schmuckfunktion verfügen. So sind etwa Steine mit fossilisierten Seeigeln derart bearbeitet worden, daß sich der Seeigel inmitten des „Griffs" des Werkzeugs befindet und dem Ganzen nun ein ästhetischer Charakter zukommt. Kunst in Form von Malereien und Plastiken ist parallel zur Entstehung des modernen Menschen (*Homo sapiens sapiens*) entstanden und maximal 40.000 Jahre alt. Wie Abbildung 27 zeigt, verläuft parallel zu dieser technologischen Entwicklung in ähnlicher Weise auch die Volumenentwicklung der Gehirnschädel der Form *Homo erectus*.

Die größte Steigung fällt ebenfalls in den Zeitraum der stärksten Indizien für eine ausgebildete Sprache. Nun ist die Aussagekraft einer solchen Darstellung nicht überzubewerten, da einerseits die jeweiligen Zeitpunkte nicht absolut sind und andererseits sie nur einen indirekten Rückschluß auf die kognitiven Leistungen erlauben. So ist davon auszugehen, daß z.B. der Zeitpunkt der tatsächlichen erstmaligen Feuerbenutzung viel weiter zurückliegen muß, als es die ältesten Funde andeuten. Alle Stationen der technologischen Entwicklung zeigen lediglich den zeitlichen Rahmen aufgrund der bislang gemachten wenigen Funde zu solchen Verhaltensleistungen. Viele andere Verhaltensleistungen sind aufgrund der Vergänglichkeit der Artefakte (z.B. Gegenstände aus Horn oder Holz) heute überhaupt nicht mehr zu bewerten. Ebenso ist das Alter des *Homo erectus modjokertensis* aufgrund unklarer Fundbedingungen umstritten und u.U. viel zu hoch angesetzt.

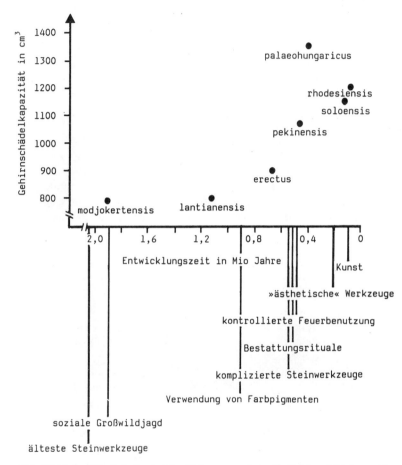

Abb. 27: Verlauf der fortschreitenden Volumenzunahme der Gehirnschädel verschiedener Formen des *Homo erectus*. Im unteren Teil der Abbildung sind die bislang ältesten Beweise für verschiedene kulturelle bzw. technische Errungenschaften eingetragen. Die größte Volumenzunahme des Gehirnschädels und der stärkste technologische Fortschritt hat vor etwa 2 Mio Jahren begonnen.

Es würde dann *Homo habilis* an seine Stelle treten, der über ein Gehirnschädelvolumen von ca. 650 bis 750 cm^3 verfügt. Aber auch die erstmalige Erscheinung von neuartigem kulturellen Verhalten läßt nur einen indirekten Schluß auf die kognitive Struktur zu. Es hat sicher einer langwierigen Vorbereitungsphase bedurft, um jeweils neue Fähigkeiten in fest etablierte alltagstaugliche Verhaltensweisen umzuwandeln. Außerdem ist nicht in allen Gesellschaften zwangsläufig ein Entwicklungsdruck in bezug auf technologischen oder kulturellen Wandel vorhanden. Beispielsweise leben viele Naturvölker in einer völlig stabilen Wechselbeziehung zu ihrer Umwelt, die aufgrund mehrerer Umstände eine technologische Höherentwicklung überhaupt nicht notwendig werden lassen. Die strikte Kopplung von technologischen Fähigkeiten und menschlicher Kognition ist daher etwas problematisch, da auch die Mitglieder sehr ursprünglicher Kulturen rezenter Menschen über die gleiche kognitive Ausstattung verfügen wie etwa Angehörige einer hochindustrialisierten Kultur mit einem stetigen technologischem Wachstum. Die grundsätzliche Aussage zur Entwicklung der menschlichen Kognition bleibt davon jedoch zunächst unberührt. Es kann davon ausgegangen werden, daß vor zumindest 2 Mio Jahren Hominiden über kognitive Operationen höherer Ordnung verfügten, die sich u.a. in der Anfertigung von Steinwerkzeugen und ausgefeilten Vorgehensweisen für die Großwildjagd äußern. In der weiteren Entwicklung kam es dann vor mindestens 0,5 bis 1,0 Mio Jahren zur Erfindung der Sprache. Nachdem die kognitiven Operationen zur Verfügung standen, konnte sich auf der Basis der akustischen Kommunikation, dem Erbe der nichtmenschlichen Primaten, eine Lautsprache ausbilden. Wenngleich auch weitere Forschungsergebnisse dazu führen können, das beweisbare Alter dieser beiden Phänomene noch weiter zurückzuverlegen, so ist jedoch nicht davon auszugehen, eine weitere Vorverlegung durchführen zu müssen. Zumindest seit 400.000 Jahren verfügt der Mensch über eine Sprache, die zunächst natürlich sehr einfach gewesen sein muß. Aufgrund dieser zeitlichen Struktur muß auch für den Neandertaler eine Sprachverwendung angenommen werden, der sich in bezug auf die intellektuellen Fähigkeiten nur unwesentlich von den frühen Formen des *H. sapiens* unterschieden hat. Die vor allem von LIEBERMAN (1975, 1983) vertretene Auffassung einer Sprachunfähigkeit der Neandertaler kann heute nicht mehr aufrecht erhalten werden (BURKHARDT 1987; MÜLLER 1987).

5. Die Begründung der Annahme einer evolutiven Entwicklung der Kognition

Das Verständnis der Natur war ohne Zweifel zu allen Zeiten menschlicher Forschung eines der vorrangigsten Ziele. Alle menschlichen Kulturen tradieren spezielles Wissen, das die Herkunft und die Identität der jeweiligen Kultur erklärt und begründet. Schöpfungsmythen und Schamanentum sind hierfür gute Beispiele. Interessanterweise findet man in vielen alten Kulturen – die einen quasi ganzheitlichen Ansatz der Naturerklärung verfolgen, bei dem nicht so sehr das singuläre Verhalten von einzelnen Individuen, sondern vielmehr das abstrakte Wirken von Individuengruppen in Systemen beachtet wurde – den Systemcharakter der Natur berücksichtigt. Noch heute erklären Menschen ursprünglicher („unzivilisierter") Kulturen, die sich selbst als Teil des Systems Natur wahrnehmen, die Geschehnisse um sich herum in einer eher systemischen und ganzheitlichen Betrachtungsweise. Gemessen an der real existierenden Ordnung der Natur und deren Nutzbarmachung im abendländischen Sinne sind Erklärungskraft und vor allem die prognostischen Möglichkeiten einer solchen Naturbetrachtung jedoch als eher gering einzuschätzen. Ein solches naives Weltbild ermöglichte allerdings den ausgewogenen Fortbestand der Menschen in ihrer Umwelt seit der Menschwerdung. Für die weitere Entwicklung der Wissenschaft war es anscheinend notwendig, von diesem Archetypus wissenschaftlicher Forschung ausgehend, zunächst dem anderen Extrem der Weltsicht zu verfallen. Nach einer solchen naiv-mystischen Erklärungsweise der Natur ursprünglicher Kulturen mußte sich anscheinend zunächst eine asystemische, nur noch Einzelphänomene betrachtenden Vorgehensweise etablieren, wie sie im abendländischen Kulturkreis seit langer Zeit vorherrscht. Nach einer mystisch-religiös motivierten ganzheitlichen Betrachtung der Welt, die von der Existenz von planenden Wesen ausgeht und für alle Individuen der Natur eine feste Aufgabe und Stellung im Gesamtsystem voraussetzt, wurde nun eine reduktionistische Wissenschaft betrieben.

Typisch für diese Art von extremer Weltsicht ist die vollkommene Vernachlässigung von Ganzheiten im Sinne von Subsystemen, da sich diese dem empirischen Zugriff aufgrund ihrer Komplexität entziehen. Ein Beispiel für spätere Auswüchse dieses Denkens sind etwa Auffassungen aus der Medizin, nach denen einzelne Organe hinsichtlich ihrer »Brauchbarkeit« beurteilt werden. So herrschte noch vor wenigen Jahren die Annahme vor, man könne den menschlichen Organismus optimieren, indem man scheinbar »sinnlose Organe« (Blinddarm, Mandeln etc.) frühzeitig entfernt.

Entgegen allen Einschränkungen hat eine solche Form von Wissenschaft natürlich auch konstruktive Wirkungen. Ihr allgemeines Kennzeichen ist die Herauslösung und Idealisierung von einzelnen Phänomenen, die dann unter kontrollierten und nachvollziehbaren (empirischen) Bedingungen untersucht werden können. Die gegenwärtige Aufspaltung in unabhängige Einzelwissenschaften mit einer Vielzahl von Unterdisziplinen – die sich vor allem durch eine starke Isolation voneinander und geringer Wertschätzung untereinander auszeichnen – ist eine Folge dieser empirisch-exakten, jedoch asystemischen Forschung. In dieser Phase der Wissenschaft sind wir gegenwärtig noch immer, trotz aller interdisziplinärer Bemühungen. Erst in den letzten Jahrzehnten ist es gelungen, in bezug auf den Erklärungscharakter der Forschung zumindest die zukünftige Richtung einer adäquaten Naturbetrachtung aufzuzeigen. Nach der archaischen Stufe der **naiven ganzheitlichen Systembetrachtung** und der Stufe der **exakten asystemischen Zergliederung des Systems** folgt gegenwärtig – auf den empirischen Erkenntnissen dieser Phase aufbauend – die Stufe einer **fundierten Rekonstruktion des Systems** Natur. Es wird das zukünftige Ziel der Forschung sein, die systemischen Bruchstücke der bisherigen Forschung – die sich in Disziplinen wie der Physiologie, der Ökologie und der Evolutionstheorie oder in den entsprechenden Fachwissenschaften der Betrachtung von Gesellschaften, Kulturen oder Sprachen äußert – zu einem einheitlicheren Ganzen zu verbinden, von dem hinsichtlich der Natur eine weitaus höhere Erklärungsadäquatheit und prognostische Kraft erwartet werden kann. Nachdem in der asystemischen Phase der Zergliederung die Existenz des allgemeinen Ordnungsprinzips erkannt und durch die Evolutionstheorie beschrieben wurde, ist es nun möglich, eine wissenschaftlich fundierte systematische Erklärung der Natur zu verfolgen. Erste Ansätze in diesem

Bemühen um eine ganzheitliche exakte Forschung finden sich z.B. in der Systemtheorie (VON BERTALANFFY 1973), der evolutionären Erkenntnistheorie (z.B. LORENZ & WUKETITS 1983 bzw. RIEDL & WUKETITS 1987) oder in der Synergetik (HAKEN 1988a, 1988b). Zu den Phänomenen der Natur, die durch eine zukünftige kohärente wissenschaftliche Vorgehensweise zu erklären wären, gehören nicht nur die physischen Prozesse in Form der Entwicklung von Individuen und Gesellschaften von Individuen, sondern selbstverständlich auch alle, direkt an die physischen Phänomene gebundenen, psychischen Prozesse. Einen ersten Schritt in die Richtung einer fundierten Betrachtung des Zusammenhangs in der Entwicklung physischer und psychischer Prozesse ermöglicht das Konzept der Evolutionstheorie, die, auf der Basis von entwicklungsgeschichtlichen Vorgängen bei Organismen, das notwendigerweise hinter allen Vorgängen stehende allgemeinem Regelsystem der Natur zu abstrahieren sucht. Nach der Auswertung der mehr als 4 Mrd Jahre umfassenden Erdgeschichte in der Biologie muß es − ohne den Irrwegen eines simplen Biologismus zu verfallen − aufgrund theoretischer Überlegungen möglich sein, ein allumfassendes Regelwerk für natürliche Prozesse zu erkennen, das allen natürlichen Phänomenen − einschließlich der Herausbildung des menschlichen Geistes und der Sprache − gerecht wird. Die Annahme der Existenz eines solchen Regelwerkes erlaubt es einerseits, die Entwicklung der Organismen mit der Entwicklung der menschlichen Kognition zu verbinden und schließt andererseits die typisch menschlichen Eigenschaften wie Bewußtsein, freie Willensentscheidung und Sprache nicht etwa aus. Vielmehr kann die Herausbildung dieser Eigenschaften sehr einfach mit dem Regelwerk begründet werden. Die Evolutionstheorie liefert somit eine notwendige Erklärung der Entwicklungsgeschichte und ist gleichzeitig kompatibel mit allen anderen wissenschaftlichen Disziplinen. Aufgrund einer nicht vorhandenen Finalität bedeutet die Annahme von Regeln auch keine Vorbestimmtheit oder Ausweglosigkeit von Entwicklungen oder speziellen Situationen im Sinne eines Determinismus oder einer teleologischen Denkweise. Wie in einer bekannten Metapher formuliert, ist es so, daß in der evolutiven Entwicklung lediglich die Spielregeln feststehen, daß bestimmte Teile der Spielregeln nach Regeln verändert werden können und daß das Spiel ewig währt. Die zukünftigen Stationen des Spielverlaufes sind nicht vorhersagbar, alle bisherigen jedoch nachvollziehbar.

Die Rekonstruktion des allgemeinen Regelwerkes der natürlichen Technologie »Evolution«, ist in bezug auf die stammesgeschichtliche Entwicklung der Organismen am weitesten fortgeschritten. Die Ausdehnung des Evolutionsgedankens auf alle Ereignisse der belebten und unbelebten Natur, insbesondere auch auf die Entwicklung kultureller Phänomene, ist außerhalb der Biologie erst in den Anfängen zu beobachten. So etwa die Anwendung des Evolutionsprinzips als beschreibendes System für die Entwicklung technologischer Geräte, für die Entwicklung kognitiver Prozesse, für Denken und Bewußtsein sowie für die Sprache. Die wesentliche Erkenntnis hierbei ist, daß sowohl das menschliche Bewußtsein als auch die Sprache in einen Entstehungsprozeß eingebettet sind, der durch evolutionsbiologische Prinzipien beschrieben werden kann und der sich in dem historisch bekannten Wandel der Sprache fortgesetzt hat. Bislang ist lediglich der Zusammenhang zwischen stammesgeschichtlicher Entwicklung bzw. Menschwerdung und der Sprachfähigkeit bearbeitet worden (LENNEBERG 1972, CAMPBELL 1979, HILDEBRAND-NILSHON 1980, LIEBERMAN 1984, MARQUARDT 1984, MÜLLER 1987). Einige andere Arbeiten beziehen sich auf Einzelaspekte der Sprachentstehung (SWADESH 1972, SCHWIDETZKY 1973, KATZ 1976, STAM 1976, CHOMSKY 1978, NIKOLAUS 1980, BICKERTON 1981, GANS 1981, GROLIER 1983, BURKHARDT 1987, JONKER 1987, RUHLEN 1987, LANDSBERG 1988, SAGER 1988, GESSINGER & v. RAHDEN 1989c, HILDEBRAND-NILSHON 1989). Eine umfassende Verbindung der allgemeinen Evolutionsbiologie, der Anthropologie, der stammesgeschichtlichen Entwicklung des Denkens sowie Teilen der alten linguistischen »quasi-evolutionären« Ansätze zur Sprachentwicklung und neueren Untersuchungen zur Sprachgeschichte und zum Sprachwandel ist bislang nicht vollzogen worden.

Wie bereits erwähnt, haben Menschen zu allen Zeiten Beziehungen zwischen den einzelnen Organismen erkannt und Erklärungen zur Ordnung der Natur versucht. Die Erklärungsansätze entsprachen jedoch oftmals in keiner Weise den realen Gegebenheiten, da die formulierten Beziehungen zwischen den Einheiten der Natur an artifizielle Merkmale gekoppelt waren, die im real existierenden Beziehungssystem der Natur keine Entsprechung finden. Eine beliebige Ordnung der Natur herzustellen ist ohne größere Schwierigkeit möglich, lediglich die Aufdeckung der tatsächlichen Beziehungssysteme bereitet große Mühen. Auch gegenwärtig ist das real existierende stammesgeschichtliche Beziehungssystem der Natur noch längst nicht aufgeklärt, und es bedarf dazu noch umfangreicher Forschungen. Erstmalig stehen jedoch seit C. R. DARWIN, W. HENNIG u.a. die für diese Unternehmung nötigen methodologischen Grundlagen im Rahmen der Evolutionstheorie und der konsequent Phylogenetischen Systematik zur Verfügung. Die der Natur zugrundeliegende Ordnung hat ihren Ursprung in den systemimmanenten Eigenschaften der Materie (Evolution, natürliche Technologie). Die evolutive Höherentwicklung sowie die Selbstorganisation gehören anscheinend zu den grundlegenden Eigenschaften der Materie. Gleichzeitig läßt diese Form der Entstehung und Ausweitung von natürlichen Einheiten nur eine Form der Entstehung von neuen Einheiten zu, die dichotome Spaltung. Ein Zustand A kann unverändert erhalten bleiben, verlöschen oder sich in zwei Folgezustände B und C aufspalten, bei gleichzeitiger Auslöschung seiner Existenz. Diese Beschreibung bezieht sich nicht auf einzelne Individuen, sondern auf die systematischen Relationen zwischen abstrakten Einheiten, losgelöst von zeitlichen Parametern. Da innerhalb der Biogenese vor ca. 4 Mrd Jahren alle auf der Erde ablaufenden Prozesse die gleiche systematische Stellung eingenommen haben, müssen aufgrund dieser Entwicklungsmechanik alle später entstandenen natürlichen Systeme in einem Verwandtschaftsverhältnis zueinander stehen. Aufgrund vieler genetischer Übereinstimmungen, Ähnlichkeiten im Stoffwechsel und in der Mitochondrienstruktur ist es somit zwingend notwendig, für alle Organismen der Natur ein natürliches Verwandtschaftsverhältnis zu postulieren. Weiterhin ist bekannt, daß es keinen prinzipiellen Unterschied zwischen materiellen Prozessen einerseits und psychischen Phänomenen andererseits gibt. Kognitive Vorgänge sind in jedem Fall an materielle Einheiten (Nervenzellen) gebunden und können nicht losgelöst von diesen vollzogen werden. Eine prinzipielle Unterscheidung von Körper und Geist ist somit nicht haltbar. Da es andererseits möglich ist, unterschiedlich stark entwickelte kognitive Prozesse unterschiedlich stark entwickelten Organismen zuzuordnen, fällt es nicht schwer, auch für die Entwicklung der Kognition eine evolutive Entwicklungslinie zu formulieren. So wie die Entstehung des Lebens (Biogenese) auf Eigenschaften der Materie zurückzuführen ist, so ist auch die Entstehung der Kognition letztlich eine Folge dieser Systemeigenschaften. Wenngleich auch die unterschiedlichen Stufen kognitiver Entwicklung jeweils eigenen, mit jeder Stufe immer umfang-

reicher werdenden Gesetzmäßigkeiten gehorchen, so ist es doch sehr
naheliegend, von einer kontinuierlichen Entwicklungslinie auszugehen,
die gegenwärtig von der Biogenese bis zur Herausbildung von Bewußtsein und Sprache beim Menschen reicht. Die seit einigen Jahrzehnten
u.a. im Rahmen der evolutiven Erkenntnistheorie entwickelte Herausarbeitung eines Zusammenhangs von Evolution und Kognition — und
somit auch zwischen Evolution und Bewußtsein bzw. Sprachfähigkeit — wurde bislang in der linguistischen Diskussion um die Entstehung des Phänomens Sprache nur wenig beachtet (KOCH 1982a LÜDTKE
1984 SEBEOK 1986, FANSELOW & FELIX 1987, GIPPER 1987, MÜLLER
1987). Dem Ergebnis dieser Betrachtung kommt ein besonderer Stellenwert zu, der für die Grundlagenforschung typisch ist. Diese fundamen-
talen sprachphilosophischen Überlegungen zur allgemeinen Sprachentstehung sind beispielsweise für die Bearbeitung konkreter Phänomene
des aktuellen oder historischen Sprachwandels natürlich nicht von
unmittelbarer Bedeutung, da diese sich selbstverständlich auch ohne
Kenntnis des generellen Entwicklungszusammenhangs von Sprache
adäquat erklären lassen. Eine umfassende, bis auf die Anfänge der
Trennung von tierischer und menschlicher Kommunikation zurück-
greifende Erklärung des Phänomens Sprache muß jedoch sehr wohl
auf dieser Erkenntnis aufbauen, um einerseits nicht im Widerspruch
zu anderen Wissenschaftsdisziplinen zu stehen und andererseits eine
alle Wissenschaften umfassende Erklärung der Welt zu ermöglichen.

II. Die Entwicklungslinie des Neuhoch- deutschen

1. Die Entwicklung der Sprache am Beispiel des indoeuropäischen Sprachstammes

In der Rekonstruktion der Menschheitsentwicklung sind bislang zwei große zeitliche Bereiche der Kognitionsentwicklung durch »harte« Beweise abzudecken und einigermaßen nachzuvollziehen. Zum einen die Zeit von der Entstehung der Primaten vor ca. 70 Mio Jahren bis zu den ältesten Beweisen sprachrelevanter menschlicher Kulturtechniken durch fossile Funde, zum anderen der Zeitraum von der Gegenwart an etwa 6.000 Jahre zurück. Während der »morphologische« Verlauf der Hominisation wenigstens annähernd durch fossile Funde belegt werden kann und die Kognitionsentwicklung ebenfalls zum Teil Spuren in Form fossiler Begleitfunde hinterläßt (Rituale, Feuerbenutzung), sind die letzten 6.000 Jahre der Sprachentwicklung durch schrift- sprachliche »Fossilien« eindeutig zu belegen. Lediglich für den dazwi- schenliegenden Zeitraum der Entwicklung, der ca. 400.000 Jahre aus- macht, sind Antworten auf Fragen zur menschlichen Kognition noch nicht zu beweisen (MÜLLER 1987, 1988). Während im vorherigen Kapitel dieser unscharfe Bereich der menschlichen Entwicklung pa- läontologisch, quasi vom Archaikum her, beschrieben wurde, soll in den nun folgenden Abschnitten von der Gegenwart her kommend, auch der rückwärtige Weg in der Geschichte verfolgt werden.

In bezug auf die Sprachveränderung und Sprachentwicklung schaf- fen die überlieferten und wiederentdeckten Schriften der verschiedenen Sprachen aus unterschiedlichen Epochen das einzig vorhandene Fak- tenmaterial, im Sinne von sprachwissenschaftlichen »Fossilien«. Dabei können die Untersuchungen auf zwei Ebenen ansetzen, da zum einen die jeweilige Schriftsprache selbst zugrundegelegt werden kann und zum anderen in den Texten oftmals auch relevante Aussagen über die eigene oder über die Beziehungen zwischen anderen Sprachen gemacht werden. Des weiteren kann sich die diachrone Sprachwissenschaft vor allem auf Befunde der vergleichenden Gewässer- und Pflanzennamenkunde, der Dialektologie sowie der Universalienforschung stützen. Die historisch-vergleichende Sprachwissenschaft − in der seit mehr als 100 Jahren an den natürlichen Verwandtschaftsbeziehungen der indoeuropäischen Sprachen gearbeitet wird − liefert somit die wichtigsten Grundlagen und Erkenntnisse für die Rekonstruktion der Sprachentwicklung. Für die Sprachgeschichte ebenfalls von Bedeutung sind Zweige der Geschichtswissenschaft, der Archäologie und der Humanpaläobiologie. Auch diese Wissenschaften liefern Ergebnisse, die gewissermaßen als Substrat für eine evolutionstheoretisch ausgerichtete Betrachtung der Sprachentwicklung unbedingt beachtet werden müssen. Allerdings sind die Erkenntnisse dieser einzelnen Wissenschaften nicht in jedem Fall miteinander in Einklang zu bringen. So sind beispielsweise sprachwissenschaftlich begründbare Beziehungen zwischen Völkern mit archäologischen Ergebnissen zu diesen Kulturen oftmals nicht zu vereinbaren. In gleicher Weise können paläobiologischen Befunden völlig konträre Ergebnisse der historischen Sprachforschung gegenüberstehen. Im folgenden sollen daher zunächst bisherige Erkenntnisse der historischen Sprachforschung, der Geschichtswissenschaft und der Paläobiologie aufgeführt und in einen gemeinsamen Kontext gestellt werden. Zum einen liefern diese Wissenschaften erst wesentliche Voraussetzungen für die Beschäftigung mit der Sprachentwicklung, zum anderen muß eine evolutionsbiologische Sprachtheorie selbstverständlich auch vollständig kompatibel mit den Ergebnissen dieser Wissenschaften sein. Dennoch kommt im Rahmen dieser Fragestellungen der Sprachwissenschaft ohne Zweifel die Schlüsselstellung zu. Nach einer kritischen Darstellung der sprachwissenschaftlichen, anthropologischen und paläobiologischen Erkenntnisse in bezug auf den indoeuropäischen Sprachenkreis sollen daher auch ältere Theorien zur Sprachentwicklung (A. SCHLEICHER, J. SCHMIDT, H. HIRT) in einem neuen Kontext diskutiert werden.

Der indoeuropäische Sprachstamm eignet sich in besonderer Weise für eine Untersuchung der allgemeinen Sprachentwicklung, da er, neben dem hamitisch-semitischen Sprachstamm, zu den ältesten Sprachstämmen zählt, die aufgrund der Existenz einer Schrift auch

Zeugnisse hinterlassen haben und eine sprachwissenschaftliche Analyse ermöglichen. Nicht zuletzt aus diesem Grund liegen für den indoeuropäischen Sprachstamm, insbesondere für das Deutsche, auch bislang die meisten Untersuchungsergebnisse vor. Im folgenden wird die historische Entwicklungsgeschichte des gegenwärtigen Deutschen exemplarisch anhand der abstrakten Sprachentwicklungsstufen Indoeuropäisch, Germanisch, Althochdeutsch, Mittelhochdeutsch und Neuhochdeutsch dargelegt und mit Konzepten aus Nachbarwissenschaften verglichen.

Das gegenwärtige Deutsch ist eine der schätzungsweise 2.500 bis 3.000 zur Zeit auf der Welt existierenden Sprachen und wird von ca. 110 Mio Menschen als Muttersprache gesprochen. Damit steht die deutsche Sprache an 12. Stelle einer Häufigkeitsskala der Sprachen der Welt. Die meisten dieser Sprachen werden allerdings nur von kleinen Gruppen gesprochen, und so können nur 70 Sprachen mehr als 5 Mio, und nur 14 Sprachen mehr als 50 Mio muttersprachliche Sprecher aufweisen (KÖNIG 1985). So wie jede natürliche Sprache hat sich auch das Deutsche im Verlauf seiner Geschichte kontinuierlich verändert. Diese Veränderungen sind dabei sowohl syntaktischer, morphologischer, phonologischer als auch semantischer Natur. Die Geschichte einer bestimmten Sprache ist als eine Folge von einzelnen, emergenten Entwicklungsstufen in einer kontinuierlich verlaufenden Entwicklungsreihe zu sehen. Aufgrund der Entwicklungsdynamik und des gemeinsamen Ursprungs der Sprachen lassen sich bestimmte Sprachen nach Verwandtschaftsgraden zu Sprachstämmen zusammenfassen. Das Ausmaß und die Geschwindigkeit der Veränderungen einer Sprache sind allerdings variabel, und die Intensität der jeweiligen Entwicklung ist von vielen Faktoren abhängig. Zwischen den natürlichen Sprachen eines Sprachstammes bestehen natürliche Verwandtschaftsverhältnisse, welche auch in den Einteilungen der Sprachwissenschaftler in Mutter- und Tochtersprachen ihren Ausdruck finden. Eine erste Klassifizierung der verschiedenen Sprachen ergibt sich daher aus einer Einteilung in verschiedene Sprachstämme, die faktisch zunächst nicht absolut voneinander abzugrenzen sind, jedoch zumindest die Zusammenfassung von einander ähnlichen Sprachen erlauben. So sind beispielsweise alle strukturell ähnlichen und relativ nah verwandten Sprachen Europas und Asiens zum Sprachstamm der indoeuropäischen Sprachen zusammengefaßt. Die Verwandtschaftsbeziehung der Einzelsprachen innerhalb eines solchen Sprachstammes ist unterschiedlich stark ausgeprägt, so daß sich die jeweiligen Einzelsprachen in wenigen oder in vielen Merkmalen ähnlich sein können. Aufgrund der intensiven Fortentwicklung der einzelnen Sprachen über sehr große Zeiträume ist die Anzahl der, vom Grundmuster verbliebenen identischen Merkmale im Laut- oder Formenbestand der rezenten Sprachen zumeist sehr gering. Typisch ist jedoch, daß ein Vergleich jeweils älterer Sprachstufen eine jeweils stärkere Verwandtschaft aufzeigt. In erster Annäherung an das Phänomen des historischen Sprachwandels sind zunächst zwei Mechanismen festzustellen, die gewisse Ähnlichkeiten im Laut- und Formenbestand zweier Sprachen bewirken: Die parallele Genese zweier Sprachen aus einer direkten gemeinsamen Vorstufe im Sinne einer genealogischen bzw. genetischen Verwandtschaft sowie die phonologische und morphologische Annäherung zweier Sprachen aufgrund von Nachbarschaftsbeziehungen irgendwelcher Art, ohne Vorliegen einer gemeinsamen Vorstufe.

SCHMID (1978) gelangt zu zwei Definitionen, die in bezug auf die genetische Verwandtschaft zweier Sprachen Gültigkeit finden. „(1) Zwei Sprachen L_1 und L_2 sind genetisch verwandt, wenn je ein Teil ihrer funktionstragenden Elemente durch eine endliche, aber über den Zufall erhabene Zahl von Regeln entweder auseinander (d.h. aus L_1 oder L_2) herleitbar oder auf eine dritte, möglicherweise unbekannte oder hypothetische Sprache L_X zurückführbar ist. (2) Die Herleitungsregeln müssen sich systematisch auf alle Ebenen der sprachlichen Analyse erstrecken und die Möglichkeit der Nachbarschaftsbeziehung ausschließen." (SCHMID 1978, 6)

Aufgrund der Verwandtschaftsbeziehungen und der zumeist dichotomen Aufspaltung der Sprachen, sind nicht nur Einzelsprachen in Beziehung zueinander zu setzen, sondern auch die einzelnen Sprachstämme müssen − im Sinne supraspezifischer Taxa − im Vergleich untereinander verwandte Merkmale zeigen. Diese können allerdings in weitaus abstrakteren Kategorien zu finden sein als die entsprechenden Merkmale der Einzelsprachen. Aber selbst sehr weit voneinander entfernte Sprachstämme müssen zumindest durch sprachliche Universalien im Sinne CHOMSKYs beschrieben werden können. Wie auch in bezug auf die biologische Abstammung des Menschen stehen letztlich alle Sprachstämme notwendigerweise in einem natürlichen Verwandtschaftsverhältnis zueinander. Da alle rezenten Menschen auf relativ wenige Individuen eines letzten gemeinsamen Vorfahren zurückzuführen sind, wie in Kapitel I. 4.1 gezeigt, müssen auch alle Sprachen auf eine gemeinsame Grundform zurückzuführen sein, wobei diese Grundform natürlich nicht mit einer »Ursprache« identisch sein muß. Vielmehr ist von einer parallel verlaufenden Mehrfacherfindung der Sprache auszugehen. Die sprachliche Identität dieser möglicherweise abstrakten Gemeinsamkeiten liegt nicht in der syntaktischen Struktur einer einzigen gemeinsamen »Ursprache« aller Menschen vor. Die hypothetische Grundform aller Sprachen reduziert sich daher nicht auf ein Arsenal von bestimmten Wörtern, sondern vielmehr auf ein Arsenal von bestimmten *kognitiven Operationen*, die die Sprachfähigkeit determinieren (s. Kapitel I. 4.2). Die allen Sprachen zugrundeliegenden sprachlichen Universalien bestehen somit zum größten Teil aus kognitiven Prozessen, wie etwa Operationen zur Wahrnehmung und Verarbeitung von Raum- und Zeitstrukturen. Der Zeitpunkt der Herausbildung dieser Stufe in der menschlichen Entwicklung muß mindestens 0,5 bis 1,0 Mio Jahre zurückliegen.

Die Anzahl der gegenwärtig bekannten Sprachstämme wird auf etwa 200 geschätzt, wovon ca. 120 amerikanische Indianersprachen sind. Der relativ hohe Anteil der Indianersprachen ist auf den Forschungsdruck der umfangreichen Feldforschung der nordamerikanischen Sprachwissenschaftler zurückzuführen. Im Gegensatz zu den Indianersprachen wird über andere Sprachstämme der Welt weitaus weniger geforscht und publiziert. Diese Einteilung ist jedoch in letzter Zeit nicht unumstritten geblieben, einige Autoren gehen von einer weitaus geringeren Anzahl verschiedener Sprachstämme aus.

Neben dem indoeuropäischen Sprachstamm sind als weitere wichtige Sprachstämme etwa der hamitisch-semitische Sprachstamm (Babylonisch, Hebräisch, Arabisch, Äthiopisch u.a.), der afrikanische Bantu-Sprachstamm, der uralische Sprachstamm (Finnisch, Ugrisch, Magyarisch u.a.), der tibeto-chinesische Sprachstamm (Chinesisch, Tibetanisch, Birmesisch, Thai u.a.), die Eskimo-Sprachen oder der austroindonesische Sprachstamm zu nennen. Einen Überblick über alle Sprachen der Welt gibt KLOSE (1987), eine Darstellung des entwicklungsgeschichtlichen Zusammenhangs aller Sprachstämme findet sich bei RUHLEN (1987).

Im weiteren Verlauf dieser Arbeit soll nun anhand der Entwicklung des indoeuropäischen Sprachstammes die historische Entwicklung einer rezenten Sprache (Deutsch) exemplarisch dargestellt werden.

1.1 Der indoeuropäische Sprachstamm

Eine der größten sprachwissenschaftlichen Erkenntnisse ist die im
Jahre 1833 von F. BOPP (1791 – 1867) gemachte Entdeckung, daß sich
die meisten europäischen und vorderasiatischen Sprachen auf eine
gemeinsame Grundform, das Indoeuropäische (= Indogermanische),
zurückführen lassen. Bereits vor der Publikation BOPPs im Jahre 1816
war schon 1786 von W. JONES (1746 – 1794) ein Zusammenhang
zwischen dem indischen Sanskrit und der englischen Sprache bzw.
1808 von F. SCHLEGEL (1772 – 1829) ein Zusammenhang zwischen dem
Sanskrit und der persischen, griechischen, römischen und germanischen Sprache vermutet worden. Die erste Erwähnung dieses Zusammenhangs überhaupt findet sich in einer Arbeit von J. J. SCALIGER
aus dem Jahre 1610.

BOPP hat allerdings als erster die vermutete Verwandtschaft der
Einzelsprachen mit sprachwissenschaftlichen Methoden bewiesen
(KRAHE 1970). Die Verwandtschaft der zum indoeuropäischen Sprachstamm gehörenden Einzelsprachen ist heute zweifelsfrei nachzuweisen
und der Begriff Indoeuropäisch somit als Ausdruck der Korrelation
zwischen den Einzelsprachen zu verwenden. Der von BOPP selbst als
»indo-europäisch« bezeichnete Sprachstamm wird in der bundesrepu-
blikanischen Literatur zumeist als »indo-germanisch« bezeichnet, in
allen anderen Arbeiten als »indo-europäisch«. Beide Begriffe sind
somit prinzipiell identisch, verfügen zumindest über das gleiche De-
notat.

Die Verteilung einiger Sprachen des indoeuropäischen Sprachstammes in Eurasien zeigt Abbildung 28.

Die von mehr als 150 Jahren gemachte Entdeckung der sprachlichen
Verwandtschaft des Deutschen, des Englischen mit geographisch weit
voneinander getrennten Sprachen, wie Indisch oder Iranisch, verursachte einige Aufregung in der Sprachwissenschaft. Bereits 40 Jahre
bevor die Annahmen über die Entwicklung der Organismen durch die
Evolutionstheorie revolutioniert wurde, und 100 Jahre bevor auch die
menschliche Erkenntnis als durch die Evolutionstheorie beschreibbar
erkannt wurde, schufen Sprachwissenschaftler schon erste quasi-evolu-
tionäre Ansätze zur Beschreibung der historischen Sprachentwicklung.
Wie bei allen sich evolutiv fortentwickelnden Systemen zeigt sich die
Verwandtschaft der indoeuropäischen Sprachen selbstverständlich am

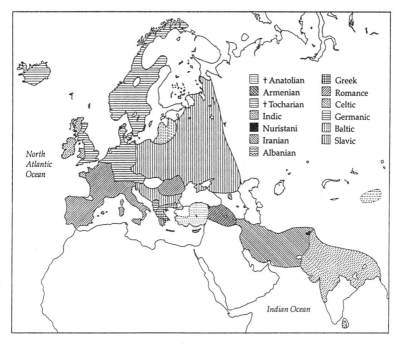

Abb. 28: Die ursprüngliche geographische Verbreitung der wichtigsten Sprachen des indoeuropäischen Sprachstammes in der Alten Welt (aus RUHLEN 1987, 36).

stärksten im Vergleich der ältesten Sprachstufen der jeweiligen Einzel-sprachen. Aber auch im Vergleich zwischen gegenwärtigen und histori-schen Sprachen des indoeuropäischen Sprachstammes läßt sich die Verwandtschaft an einzelnen Phänomenen im Laut- und Wortbestand erkennen. „Wenn das Zahlwort *drei* im Finnischen *kolme*, im Hebrä-ischen *schalōsch* lautet, so ist mit Händen zu greifen, daß diese drei Wörter trotz gleicher Bedeutung sprachlich nichts miteinander zu tun haben. Wenn aber derselbe Inhalt e. *three*, ndl. *drie*, dän., schwed. *tre*, frz. *trois*, lat. *trēs*, gr. τρεῖς, russ. *tri*, lit. *tr̃ys*, air. *trī*, alb. *trē*, toch. *trē*, ai. *tráyas* heißt, so macht selbst dem Außenstehenden die

Anmerkung: Die verwendeten Abkürzungen bedeuten: e. = englisch, ndl. = nie-derländisch, dän. = dänisch, schwed. = schwedisch, frz. = französisch, lat. = latei-nisch,   gr. = griechisch,   russ. = russisch,   lit. = litauisch,   air. = altiranisch, alb. = albanisch, toch. = tocharisch, ai. = altindisch.

Übereinstimmung der zwei Konsonanten des Anlautes sofort deutlich, daß hier dasselbe Grundwort in jeweils verschiedener einzelsprachlicher Brechung vorliegt, all diese Sprachen also zusammengehören, miteinander verwandt sind." (TSCHIRCH 1983, 18)

Einer der Gründe für die Spaltung des Indoeuropäischen in die Einzelsprachen ist – neben anderen Ursachen, wie beispielsweise der bewußten, willentlichen Sprachveränderung – im Nomadentum seiner Sprecher zu sehen, das zu einer geographischen und politischen Isolation von bestimmten Gruppen führte. Die großen Wanderungen der Indoeuropäer sorgten dafür, daß sich Mundarten und Dialekte bilden konnten, die sich im weiteren Verlauf unabhängig voneinander weiterentwickelten. Diese Spaltung muß sich vor mehr als 5.000 Jahren vollzogen haben, da sich bis zu diesem Zeitpunkt bestimmte Merkmale über die Schriftsprache zurückverfolgen lassen, der tatsächliche Zeitpunkt dieser Spaltung wird aber noch sehr viel weiter zurückliegen.

Der indoeuropäische Sprachstamm stellt mit gegenwärtig ca. 900 Mio Sprechern einen der größten Sprachstämme dar und verfügt zugleich über die am weitesten erforschten Sprachen. Mit dem Indoeuropäischen ist im weiteren Verlauf ein, mit sprachwissenschaftlichen Methoden erschlossenes Grundmuster gemeint, auf den alle zu dem Sprachstamm gehörenden Sprachen zurückgeführt werden können. Dieses Grundmuster stützt sich auf eine Reihe von sprachwissenschaftlichen Formeln, die nach der sogenannten Schwundtheorie aufgebaut sind und über gewisse Merkmale verfügen. Wenn ein Merkmal aus dieser erschlossenen Formel schwindet, so ist das entsprechende Wort einer der späteren Sprachen entstanden. Die so konstruierte Struktur des Indoeuropäisch ist sehr stark am Sanskrit orientiert (GROTSCH 1989). Diese Erschließung von Wortformen ist nur bei einigen Wörtern gelungen, so daß nur wenige Wörter beschrieben werden können, deren hypothetischer Charakter durch einen vorangestellten Stern angezeigt wird (z.B. *ekwos* = Pferd). Ob jedoch das rekonstruierte Indoeuropäisch wirklich die »Ursprache« des indoeuropäischen Sprachstammes repräsentiert oder ob es sich bei den Wortformen nur um linguistische Abstraktionen handelt, ist zumindest unter Sprachhistorikern umstritten (v. POLENZ 1978; SCHMIDT 1984). Wenngleich niemand die Verwandtschaft der indoeuropäischen Sprachen ernsthaft bezweifelt, so läuft die Rekonstruktion und die Beweisführung des Indoeuropäischen stets Gefahr, einem Zirkelschluß zu erliegen. „Das

Rekonstruktionsverfahren in der vergleichenden indogermanischen Sprachwissenschaft erfolgt traditionell in zwei verschiedenen Richtungen. Einerseits muß vom Material der Einzelsprachen aus die linguistische Struktur der Grundsprache erschlossen werden. Andererseits hilft das Wissen über den Bau der Grundsprache dazu, daß man vorhistorische Veränderungen in spezifischen Einzelsprachen analysieren kann. Wenn man jedoch aufgrund einzelsprachlicher Evidenz einen protosprachlichen Ansatz vorschlägt und dessen Bestätigung darin sehen will, daß er zur Erklärung der einzelsprachlichen Evidenz, auf der er basiert, genügt, dann bewegt sich eine derartige Argumentation offensichtlich völlig im Kreise." (BAMMES-BERGER 1984, 2)

Die gleiche Unsicherheit gilt für die an die Ursprache gebundene Vorstellung eines indoeuropäischen Urvolkes, für dessen Existenz es ebenso an Beweisen fehlt, wie für die an die Vorstellung des Urvolkes gebundene Annahme einer Urheimat. Auch Vertreter des Proto-Indoeuropäischen gehen daher nur von der Existenz einer Gruppe von Dialekten aus. „Die Bezeichnung »indogermanische Sprachen« erklärt sich aus dem gemeinsamen Ursprung dieser Sprachen im Ur- ˙ oder Protoindogermanischen, einer schriftlosen Sprache, die vermutlich als eine Gruppe eng miteinander verwandter Dialekte bis zum 3. Jahrtausend v. Chr. ohne Unterbrechung gesprochen wurde." (LOCKWOOD 1979, 11)

Bislang sind einige ursprüngliche Merkmale des Indoeuropäischen bekannt. Typisch für die erschlossene Protoform des Indoeuropäischen ist demnach die Trias des Geschlechts (Maskulinum, Femininum, Neutrum), das Vorhandensein von drei Numeri (Singular, Plural und Dual) und die Existenz von acht Kasus (Nominativ, Vokativ, Akkusativ, Genitiv, Dativ, Ablativ, Lokativ und Instrumentalis). Die sprachwissenschaftliche Analyse des Sanskrit sowie ältester lateinischer und griechischer Texte ergibt folgendes rekonstruierte (*) Flexionsparadigma des ebenfalls rekonstruierten indoeuropäischen Wortes für »Pferd«, *ekwos (LOCKWOOD 1979, 12).

	Singular	Plural
Nominativ	*ekwos	*ekwōs
Vokativ	*ekwe	*ekwōs
Akkusativ	*ekwom	*ekwons
Genitiv	*ekwosyo	*ekwōm

Dativ	*ekwōy	*ekwoybh(y)os
Ablativ	*ekwōd	*ekwoybh(y)os
Lokativ	*ekwoy	*ekwoysu bzw. *ekwoysi
Instrumentalis	*ekwō	*ekwōys

Wie alle grammatischen Kategorien von Sprachen, so haben auch Numerus und Kasus des Indoeuropäischen die Funktion, kognitive Operationen einer allgemeinen handlungsorientierten Intelligenz abzubilden. Lediglich für die Kategorie Genus ist eine ursprünglich andere Funktion zu fordern. Das Genussystem des Neuhochdeutschen ist hierfür ein gutes Beispiel. Wie auch bei anderen Sprachen, ist das Genus ursprünglich auf ein Kasten- bzw. Klassensystem zurückzuführen. Die Ursache für die Entstehung dieser grammatischen Kategorie liegt daher nicht sosehr in der Abbildungsfunktion für kognitive Prozesse, sondern in einem kulturellen, gesellschaftlichen Zusammenhang. Nach KRAHE gibt es in allen Sprachen das Bestreben, die Fülle der Nomina nach bestimmten Gesichtspunkten zu ordnen und zu klassifizieren. Grundlage dieser Klassifikation sind dabei Kastensysteme mit unterschiedlicher Wertigkeit. So herrschen in den meisten Sprachen zweistufige Bewertungen vor, beispielsweise in Form niederer oder höherer Objekte. Die Anzahl dieser Klassen reicht in einigen Sprachen bis zu 20, wobei typische Unterscheidungen etwa »männlich«, »weiblich«, »belebt«, »unbelebt« sind, die Klassen aber auch ausschließlich »Früchte« oder »Tiere« umfassen können. „In den meisten Sprachen spielen für die Einteilung der Nomina *Wertbegriffe* eine Rolle, die natürlich ihren Ausgangspunkt nehmen von der Wertschätzung des Menschen selber, der Schätzung ‚alles von sich aus‘. So ist z.B. *eine* Art der Unterscheidung der Nomina und der Gliederung in Klassen dadurch gegeben, daß man sie sämtlich nach den ‚höheren‘ oder ‚niederen‘ Gegenständen unterscheidet. Zu den höheren Gegenständen zählen dabei die Gottheiten, andere höhere Wesen und die Männer; in die niedere Klasse gehört alles andere, auch die Frauen." (KRAHE 1972, 30f)

Die Dreigliedrigkeit des Numerus in den meisten gegenwärtigen indoeuropäischen Sprachen, in Form von »männlich« (Maskulinum), »weiblich« (Femininum) und »keines von beidem« (Neutrum), stellt somit ein ursprüngliches Merkmal des Indoeuropäischen dar. Die Unterscheidung zwischen Maskulinum und Femininum ist ein typisches Zeichen für männerdominierte Gesellschaften. Die patriarchalische Struktur der indoeuropäischen Kultur ist durch folgenden Umstand in besonderer Weise zu erkennen. So gehören weibliche Menschen (Femininum) solange zur untersten Kaste, sind «keines von beidem« (Neutrum), bis sie die Geschlechtsreife erlangt haben bzw. bis sie durch eine Heirat ihren gesellschaftlichen Status verändert haben (das Mädchen, das Fräulein, die Frau). Eine vergleichende Darstellung von Kasten- bzw. Genussystemen findet sich bei CLAUDI (1985).

Die drei Numeri Singular, Plural und Dualis stellen vermutlich ebenfalls ein ursprüngliches Merkmal des indoeuropäischen Sprachstammes dar, das in den meisten späteren Sprachen vollständig verloren gegangen ist. Bis auf wenige Ausnahmen, etwa im Griechischen oder im Litauischen, ist es auch bei den Numeri zu einer Vereinfachung des Formenbaus gekommen. Im Germanischen sind Reste des Dualis noch in der 1. und 2. Person des Personalpronomens festzustellen. Nach KRAHE (1972) bezeichnet der Dualis nicht einfach zwei Objekte, sondern bezieht sich auf eine „natürliche Paarigkeit". Die Natürlichkeit der paarigen Objektbeziehung ist dabei entweder direkt gegeben, wie etwa bei paarigen Körperteilen (Beine, Augen) oder die postulierte Zusammengehörigkeit ist durch die gesellschaftlichen Gegebenheiten der jeweiligen Kultur zu begründen.

Der Dualis hat ebensowenig die numerische Bedeutung Zwei, wie auch Singular und Plural nicht von vornherein die anzahlmäßige Bedeutung Eins bzw. Zwei hatten. Vermutlich ist die gegenwärtige Bedeutung der Numeri, mit einer direkten numerischen Aussage, ein sekundäres Merkmal. „Wenn nun aber der Dual nicht von Anfang an ein Numerus zum Ausdruck einer ‚Zahl' war, so darf man fragen, ob nicht auch der Singular und der Plural in ihrer Grundbedeutung anders aufzufassen sind, als wir das heute tun. Wie der Dual die Paarigkeit und nicht die Zwei*zahl* bezeichnete, so können sehr wohl auch Singular und Plural im Anfang etwas anderes gewesen sein als Ausdruck für eine *Zahl*." (KRAHE 1972, 47)

Für diese These führt KRAHE eine Reihe von Beispielen an, von denen die Singularia tantum (Gold, Fleisch, Blut) und die Pluralia tantum (Eltern, Leute, Pfingsten) am deutlichsten die Unabhängigkeit von konkreten Zahlwerten aufzeigen.

ide.	*mātér-	*treies	*néu̯io- / *nóu̯io-	*esti	*bherō
aind.	mātár-	tráyas	náva-	ásti	bhárāmi
griech.	mḗtēr	treîs, tría	néos	estí	phérō
lat.	māter	trēs	novus	est	ferō
lit.	mótyna	trỹs	naũjas	ẽsti	–
abg.	mati	trije	nov	jest	berǫ
russ.	mat	tri	novyj	jest	beru
got.	–	þreis	niujis	ist	baíra
engl.	mother	three	new	is	bear
nhd.	Mutter	drei	neu	ist	(ge)bäre

Abb. 29: Verschiedene Wortgleichungen mit den erschlossenen indoeuropäischen Wortformen (*) und den belegten Entsprechungen verschiedener späterer Sprachen der Wörter für „Mutter", „drei", „neu", „ist" und „(ge-)bären". idg. = indoeuropäisch, aind. = altindisch, griech. = griechisch, lat. = lateinisch, lit. = litauisch, abg. = altbulgarisch, russ. = russisch, got. = gotisch, engl. = englisch, nhd. = neuhochdeutsch (aus SCHMIDT 1984, 32).

		ide.	aind.	griech.	abg.	got.
Sg.	1.	*bherō	bhár-ā-mi	phér-ō	ber-ǫ̌	bair-a
	2.	*bheresi	bhár-a-si	phér-eis	ber-e-ši	bair-i-s
	3.	*bhereti	bhár-a-ti	phér-ei	ber-e-t	bair-i-þ
Dual	1.	*bheroµes	bhár-ā-vaḥ	–	ber-e-vě	bair-ōs
	2.	*bheretes	bhár-a-thaḥ	phér-e-ton	ber-e-ta	bair-a-ts
	3.	*bheretes	bhár-a-taḥ	phér-e-ton	ber-e-te	–
Pl.	1.	*bheromes	bhár-ā-maḥ	phér-o-mes	ber-e-m	bair-a-m
	2.	*bherete	bhár-a-tha	phér-e-te	ber-e-te	bair-i-þ
	3.	*bheronti	bhár-a-nti	phér-o-nti	ber-ǫ-t	bair-a-nd

Abb. 30: Die rekonstruierte Flexion des erschlossenen indoeuropäischen Verbs *bhero = tragen und den altindischen, altgriechischen, altbulgarischen und gotischen Entsprechungen. Auch der Formenbau belegt die genealogische Zusammengehörigkeit des indoeuropäischen Sprachstammes (aus SCHMIDT 1984, 33).

Nach KRAHE (1972) ist davon auszugehen, daß der syntaktische Formenreichtum einer Sprache direkt an die Ursprünglichkeit der jeweiligen Kultur gekoppelt ist. Je höherentwickelt eine Kultur ist, desto einfacher sollten demnach die grammatischen Kategorien aufgebaut sein. Zumindest für die Indoeuropäischen Sprachen ist diese Aussage anscheinend zutreffend.

Auch die Zahl der Kasus wurde im Verlauf der weiteren Entwicklung in den meisten indoeuropäischen Sprachen reduziert. Den Kasus kommt in besonderer Weise die Aufgabe der syntaktischen Abbildung von kognitiven Prozessen zu. Die Repräsentation von Relationen handlungsorientierter Intelligenz, die sich etwa durch »über«, »zwischen« oder »mittels« umschreiben lassen, ist am einfachsten durch verschiedene Kasus zu realisieren. KRAHE (1972) geht auch hinsichtlich der Komplexität des Kasussystems von einem Zusammenhang zwischen Anzahl der Kasus und Ursprünglichkeit der Sprache aus, wobei reduzierte Kasussysteme in fortgeschrittenen Sprachen zu finden sein sollen. Die mögliche Anzahl verschiedener Kasus ist zunächst unbeschränkt, und so sind in einigen kaukasischen Sprachen bis zu 50 bzw. bis zu 95 unterschiedliche Kasus festzustellen. Im Neuhochdeutschen sind von den ehemals acht indoeuropäischen Kasus nur vier übriggeblieben und teilweise ineinander übergegangen (Nominativ, Genitiv, Dativ und Akkusativ). Die Aufgaben der verschwundenen Kasus werden nun von Präpositionen übernommen.

Die Abbildungen 29 und 30 zeigen ähnliche phonologische und morphologische Merkmale verschiedener Sprachen anhand ausgesuchter Wortgleichungen. Solche starken Übereinstimmungen zwischen indoeuropäischen Einzelsprachen sind nur in sehr geringer Anzahl vorhanden. Wenn man jedoch bedenkt, wie groß die Veränderungen in der historischen Entwicklung von Sprachen sind, so muß man diese geringe Zahl von Merkmalen als ausreichend ansehen. Im übertragenen Sinne liegt der Zeitpunkt der »Sprachspaltung« sehr weit zurück.

1.2 Die »Urheimat« der indoeuropäischen Sprachen

Mit Sicherheit läßt sich sagen, daß im Europa des Neolithikums bis zur Kupferzeit noch nicht von einer einheitlichen indoeuropäischen Kultur auszugehen ist. Eine Folgerung hinsichtlich der Art der vorhandenen Sprachen ist damit jedoch nicht unbedingt verbunden. Es ist sogar eher wahrscheinlich, daß umfangreiche Teile der Bevölkerung bereits zu diesem Zeitpunkt altindoeuropäische Sprachen benutzten. Über die kulturelle Entwicklung dieses Teiles der europäischen Bevölkerung in diesem Zeitraum herrscht noch eine mehr oder weniger große Unklarheit. Im folgenden soll eine vor allem von M. GIMBUTAS vertretene Hypothese dargestellt werden. In diesem von 6.500 bis 3.500 v.u.Z. reichenden Zeitraum lebten in dem von GIMBUTAS (1986) „Old Europe" genannten Gebiet Volksstämme, die eine vollkommen andersartige Kultur, Sozialstruktur und Technologie besaßen. „The highest achievements of the Old European civilization were manifested in east central Europe in the 5th millennium B.C. At the apex of its flourishing period, it became a target of the Dnieper-Volga steppe pastoralists and, about one thousand years later, of the North Pontic-North Caucasian pastoralists who virtually transformed it. The winners were warlike and mobile Proto-Indo-Europeans whom, for the sake of convenience, I call »Kurgan« people." (GIMBUTAS 1986, 5)

GIMBUTAS unterscheidet „Old Europe„ von dem späteren Zustand des indoeuropäisierten Europas. Ferner weist sie darauf hin, daß „Old Europe„ nicht mit „alteuropäisch" − dem linguistischen Begriff der vergleichenden Gewässernamenkunde (Hydronymie) für Zentral-Europa, der zweiten Heimat der Indoeuropäer − verwechselt werden darf. Nach GIMBUTAS (1986) sind aufgrund von ^{14}C-Datierungen drei Besiedlungswellen durch die Kurgan-Völker festzustellen: Die erste von 4.400 bis 4.200 v.u.Z., die zweite von 3.400 bis 3.200 v.u.Z. und die dritte von 3.000 bis 2.800 v.u.Z. „Archaeological, mythological, and linguistic evidence speaks for the victory of the patriarchal social structure over Old European matrifocality and probable matrilinearity. The Kurgan people introduced an administrative system centered in hillforts and a new religion with male warrior gods dominating its pantheon (as opposed to the female goddesses as creatresses of Old Europe)." (GIMBUTAS 1986, 5)

Die Entstehung der indoeuropäischen Volksgruppe ist daher nicht als biologische, sondern vielmehr als kulturelle Transformation zu verstehen, die als eigenständige Entwicklung durch die Beeinflussung der sukzessiven Besiedlungsschübe verändert wurde. Die mögliche Situation in Zentraleuropa um 5.000 v.u.Z. bzw. um 3.300 v.u.Z. zeigt Abbildung 31.

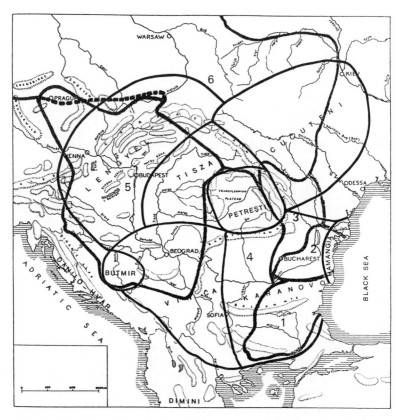

Abb. 31: Die Kultur-Gruppen des „Old Europe" (Lengyel, Tisza, Butmir, Vinca, Petresti, Cucuteni, Karanovo, Hamangia) im 5. Jahrtausend v.u.Z. Die gezackten Grenzen zeigen die neuen Kulturkreise nach der Beendigung der zweiten Besiedlungswelle um 3.300 v.u.Z. (1 = Ezero, 2 = Cernavoda, 3 = Foltesti, 4 = Cotofeni, 5 = Baden, 6 = Globular Amphora) (aus GIMBUTAS 1986, 6).

Die Existenz einer indoeuropäischen Ursprache ist nach wie vor umstritten, und einige Aussagen zur Rekonstruktion des Indoeuropäischen sind zum Teil heute nicht mehr haltbar (SCHMIDT 1984). Die Tatsache der prinzipiellen Verwandtschaftsbeziehung der indoeuropäischen Sprachen untereinander ist sprachwissenschaftlich natürlich unumstritten. Ein neueres Modell der Relation zwischen den indoeuropäischen Einzelsprachen zeigt SCHMID (1978). SCHMID stützt sich dabei zwar auf die Ergebnisse der von KRAHE (1954) entwickelten vergleichenden Gewässernamenkunde (alteuropäische Hydronymie), lehnt jedoch die Vorstellung eines Alteuropäisch, als Bindeglied zwischen dem Indoeuropäischen und den späteren Einzelsprachen, ab. Auch die bislang vergebliche Suche nach der Urheimat der Indoeuropäer erscheint SCHMID (1978) wenig konstruktiv. Nach seinen Untersuchungen entwickelt er ein Modell des indoeuropäischen Sprachstammes, das die geographischen und morphologischen Bezüge der indoeuropäischen Einzelsprachen reflektiert. Lediglich die zeitlichen Dimensionen des Modells sind in der Graphik (vgl. Abbildung 32) nicht dargestellt.

Als einzige Sprache, die in SCHMIDs Kreismodell in konstruktiver Weise die Rolle der Bezugssprache einnehmen kann, erweist sich das Baltische. Eine Einteilung, die auch durch Ergebnisse der alteuropäischen Hydronymie gestützt wird. Das Ziel der weiteren Untersuchungen sollte sein, die Verwandtschaftsbeziehungen detailliert darzulegen und durch eine Vielzahl von Relationen abzusichern, die unabhängig vom Baltischen sind. Die Annahme einer Indoeuropäischen Ursprache scheint somit zusehends an Gewicht zu verlieren. „In diesem Augenblick aber wird der Begriff »Indogermanisch« nur noch im Sinne einer Menge von zeitlich und räumlich geordneten Verwandtschaftsrelationen zwischen zwei oder mehr Sprachen gebraucht, überhaupt nicht mehr in der Bedeutung einer verlorenen, vielleicht doch noch aufzufindenden Grundsprache. Die Einheit Indogermanisch ist somit nur die perspektivische Verlängerung unseres Kegelstumpfes (in Abbildung 32, H.M.M.) bis an seine abstrakte Spitze. Urindogermanisch, Protoindogermanisch und ähnliche Begriffe sind verschiedene Abstraktionsgrade, mit welchen man die auffindbaren Gemeinsamkeiten zusammenfaßt und deren Ausgestaltung von der gewählten Formelsprache abhängig ist. D a s Indogermanische ist eine ähnliche Abstraktion wie d a s Griechische oder d a s Deutsche." (SCHMID 1978, 23f)

Das mit sprachwissenschaftlichen Methoden aus jüngeren Sprachen rekonstruierte Indoeuropäisch erscheint daher zunehmend eher eine hypothetische Extrapolation zu sein als eine reale Sprache, die zu einem bestimmten Zeitpunkt von einer homogenen Gruppe gesprochen wurde. Dennoch zeigt dieser hypothetische Formenkreis des Indoeuropäischen Merkmale auf, welche die späteren und miteinander verwandten Sprachen des indoeuropäischen Sprachstammes in mehr oder minder großer Zahl gemeinsam haben. Fest steht jedoch, daß

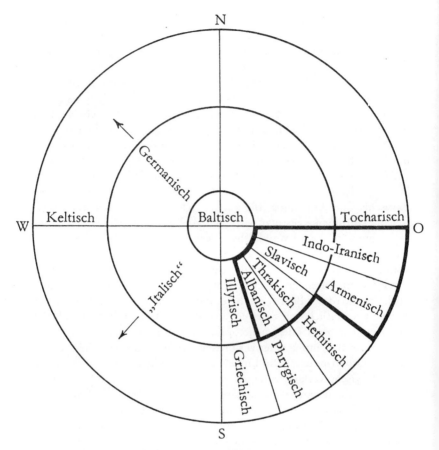

Abb. 32: Die Verwandtschaftsverhältnisse der indoeuropäischen Sprachen in einem konzentrischen Kreismodell. Die Größe der Sektoren ist willkürlich gewählt (aus SCHMID 1978, 10).

es sich auch bei dieser rekonstruierten, möglicherweise bereits aus mehreren Sprachen bestehenden Urform bereits um eine hochentwickkelte Sprache neben anderen hochentwickelten Sprachen aus anderen Sprachstämmen gehandelt hat und nicht etwa um den Archetyp menschlicher Sprache überhaupt. Schon die aus heutiger Sicht ältesten Proto-Formen des indoeuropäischen Sprachstammes gehörten zu den höchstentwickelten Sprachen des *H. sapiens*. In diesem Sinne ist davon auszugehen, daß sich ausnahmslos alle Sprachen – zumindest der letzten 40.000 Jahre – in ihrer grundsätzlichen Leistungsfähigkeit kognitive Prozesse abzubilden nicht prinzipiell voneinander unterscheiden.

Eine Möglichkeit der Gruppierung der indoeuropäischen Einzelsprachen, im Hinblick auf eine Konkretisierung des genealogischen Zusammenhangs, ergibt sich aus der Einteilung in die sogenannten Kentum-Sprachen und Satem-Sprachen, eine Unterscheidung deren Konstruktivität heute allerdings von vielen Autoren angezweifelt wird. Sie betrifft den Wandel der palatalen Verschlußlaute *k̑*, *k̑h*, *g̑*, *g̑h* (Gutturalen) des Indoeuropäischen, die bei den späteren Sprachen entweder erhalten geblieben sind oder in Reibelaute (Frikative) umgewandelt wurden. Diese Unterteilung bezieht sich auf zwei Basisformen des Zahlwortes für »hundert«. Während das indoeuropäische Wort für »hundert« *k̑mtóm* lautet, ist die avestische Form *satəm*. Dementsprechend treten beispielsweise in der Gruppe der Kentum-Sprachen lateinisch *centum*, germanisch *hund* (*k* ist in der nachfolgenden 2. Lautverschiebung zu *h* geworden) und tocharisch *känt* auf, während in der Gruppe der Satem-Sprachen z.B. altindisch *śatám* und russisch *sto* jeweils »hundert« bedeuten (SCHMIDT 1984). Bis zur Entdeckung des Tocharischen und des Hethitischen war diese phonologische Einteilung in Kentum- und Satem-Sprachen deckungsgleich mit dem geographischen Vorkommen dieser Sprachen, was ihr eine besondere Bedeutung zukommen ließ. Die Kentum-Sprachen umfaßten die westindoeuropäischen, die Satem-Sprachen die ostindoeuropäischen Sprachen. Jedoch seit der Entdeckung des Tocharischen und des Hethitischen ist diese Einteilung fragwürdig. Sind doch gerade diese beiden östlichsten Vertreter des Sprachstammes Kentum-Sprachen, was eine Aufhebung der ehemals scharfen Grenzziehung beider Gruppen bedeutete. Hinzu kommt eine Reihe anderer Merkmale, die diese Einteilung nicht unterstützen. Gegenwärtig wird daher diese Einteilung nur als Ausdruck einer historischen Isoglosse betrachtet. Es handelt sich somit um ein Phänomen mit nur geringem Erklärungswert, das in einem nicht näher zu bestimmenden Zeitraum ausgebildet wurde und nicht um die Reflexion eines unmittelbaren genealogischen Zusammenhangs. „Während es eine *Satem*-Gruppe gibt, die an der *Satem*-Isoglosse teilhat, gibt es keine *Centum*-Gruppe." (KELLER 1986, 29)

Abgesehen von der engen Verbindung zwischen der iranischen und der indischen Sprache – Iraner und Inder bezeichneten sich selbst als Arier – sind alle weiteren bislang vorausgesetzten engsten Verwandtschaftsverhältnisse zwischen den indoeuropäischen Sprachen im Sinne einer morphologischen Abstammungslinie nicht abzusichern (KRAHE & MEID 1969). „Andere Gemeinsamkeiten haben zu unterschiedlichen weiteren Gruppierungsversuchen Anlaß gegeben, von denen nur die Annahme einer ehemaligen Einheit des Indischen und Iranischen als gesichert gilt. Die häufig vorausgesetzte vorgeschichtliche baltisch-slawische Einheit ist heute umstritten, und auch die Thesen von der früheren engen zweiseitigen Zusammengehörigkeit des Thrakischen und Phrygischen oder des Italischen und Keltischen lassen sich kaum halten ...“ (SCHMIDT 1984, 34)

Zu den bekanntesten rezenten und historischen Sprachen des indoeuropäischen Sprachstammes gehören im einzelnen: Indisch, Iranisch, Tocharisch, Armenisch, Hethitisch, Phrygisch, Thrakisch, Griechisch, Illyrisch, Albanisch, Italisch, Keltisch, Baltisch, Slawisch und Germanisch (KRAHE 1970, 1985; LOCKWOOD 1979; WENDT 1987). Die geographische Verbreitung der Sprachen des indoeuropäischen Sprachstammes zeigt Abbildung 33.

In den folgenden Abschnitten werden die Charakteristika der jeweiligen Sprachen kurz aufgezeigt. Daran anschließend soll dann die Entwicklung der deutschen Sprache aus dem Germanischen des indoeuropäischen Formenkreises heraus erläutert werden, eine Entwicklung, die gegenwärtig mit dem heutigen Hochdeutsch endet. Einen Überblick über die zeitliche Einteilung der Entwicklung von Teilen des indoeuropäischen Sprachstammes zeigt Abbildung 34.

1.3 Die Sprachen des indoeuropäischen Sprachstammes

In den folgenden Kapiteln sollen nun die wichtigsten Vertreter der bislang bekannten Sprachen des indoeuropäischen Sprachstammes aufgeführt und charakterisiert werden. Neben den im engeren Sinne sprachwissenschaftlichen Erkenntnissen wird versucht, auch einige geschichtswissenschaftliche, archäologische und paläontologische Befunde in die Diskussion zu integrieren. In bezug auf die Entwicklungslinie des Neuhochdeutschen nehmen die nicht-germanischen Sprachen

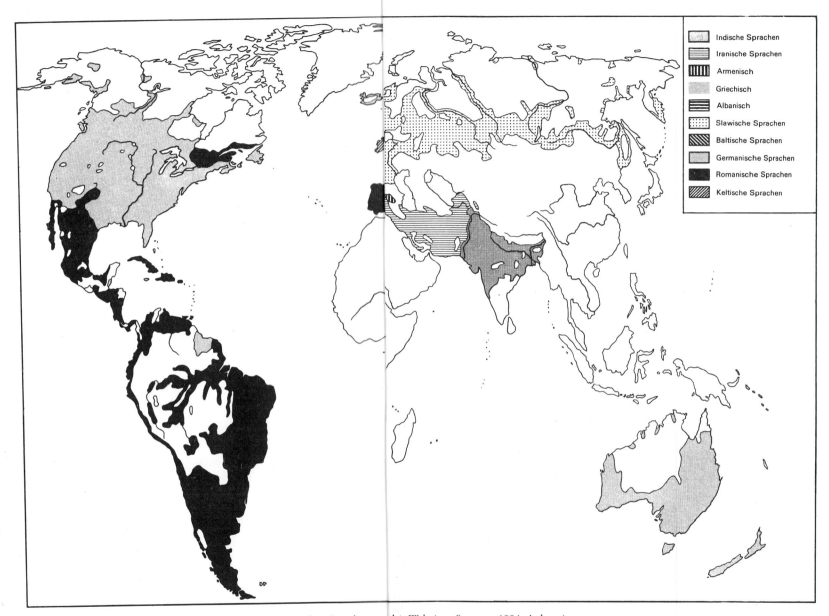

Abb. 33: Die gegenwärtige Verteilung der zum indoeuropäischen Sprachstammder Welt (aus SCHMIDT 1984, Anhang).

Indische Sprachen

Iranische Sprachen

Armenisch

Griechisch

Albanisch

Slawische Sprachen

Baltische Sprachen

Germanische Sprachen

Romanische Sprachen

Keltische Sprachen

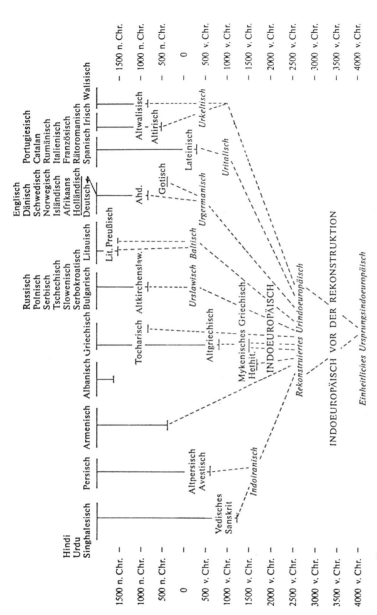

Abb. 34: Übersicht über die zeitliche Struktur der Entwicklung des indoeuropäischen Sprachstammes mit einer Auswahl historischer und moderner Sprachen. Nach KELLER ist die Graphik nicht als Stammbaumdarstellung phylogenetischer Verwandtschaft, sondern lediglich als Form der zeitlichen Strukturierung aufzufassen (KELLER 1986, 32).

des indoeuropäischen Sprachstammes zwar nur eine untergeordnete Rolle ein, dennoch soll auf eine geschlossene Darstellung der Entwicklung aus dem hypothetischen Proto-Indoeuropäischen nicht verzichtet werden. Zum einen wird erst durch die Beschreibung aller Entwicklungslinien des Indoeuropäischen ein allgemeines Verständnis der Stammesentwicklung deutlich, zum anderen zeigen einige Einzelsprachen bestimmte Entwicklungsmechanismen auf, die zur Veranschaulichung evolutionsanaloger Vorgänge in der allgemeinen Sprachentwicklung taugen.

1.3.1 Die indischen Sprachen

Die Entwicklung der indischen Sprache ist in drei größere Abschnitte zu unterteilen, die als das Altindische, das Mittelindische und das Neuindische beschrieben werden. Die ältesten, schriftlichen Überlieferungen der indischen Sprache liegen in Form der sogenannten »Veden« (altindisch *veda-* = „wissen") vor, die umfangreiche Sammlungen religiöser Verse und Strophen darstellen. Für den Rig-Veda, eine Gruppe von 1.028 Götterhymnen, wird ein Alter von 3.000 bis 3.500 Jahren angenommen, was somit die bislang belegte Dauer der schriftlichen Tradierung der Verse wiedergibt. Die mündliche Überlieferung dieser Lieder reicht jedoch mit Sicherheit noch sehr viel weiter zurück. Weiterhin sind der Sāma-Veda, der Yajur-Veda und der Atharva-Veda bekannt sowie mehrere erklärende Texte zu den Liedern, die sogenannten Brāhmanas, die Āranyakas und die Upanisaden.

Die zweite und weitaus bekanntere altindische Sprachform ist das Sanskrit (altindisch *samskrtam* = „das Zurechtgemachte"), eine von indischen Grammatikern, vor allem von Pānini (ca. 400 v.u.Z.) geschaffene Kunst- und Schriftsprache. In Sanskrit sind die ca. 2.500 Jahre alten altindischen Nationalepen Mahābhārata und Rāmāyana sowie unzählige Märchen und Fabeln überliefert (Krahe 1970). Obwohl Sanskrit bereits um 400 v.u.Z. nicht mehr zu den gesprochenen Sprachen gehörte, sind in Indien 1958 noch 292 Bücher in Sanskrit, gegenüber 12.422 Büchern in englischer Sprache, veröffentlicht worden (Wendt 1987).

Das Mittelindische ist auf die volkstümlichen Varianten und Mundarten dieser streng reglementierten Literatursprache (Prākrit) sowie auf die Schriftsprache des südländischen Buddhismus (Pāli) zurückzuführen, dessen älteste Schriften aus dem 3. Jahrhundert v.u.Z. stammen. Aus diesen mittelindischen Dialekten lassen sich die unzähligen Idiome des Neuindischen herleiten, von denen heute das Hindi am verbreitetsten ist. Hindi wurde 1965 als die Amtssprache Indiens erklärt und behauptet sich seither neben der englische Sprache. Es wird heute von über 190 Mio der ca. 750 Mio Einwohner gesprochen.

Eine Besonderheit des Alphabets ist die mögliche Verbindung zweier Grapheme zu einem Graphem mit eigenständiger Bedeutung, den sogenannten Ligaturen, die in großer Anzahl vor allem im Sanskrit vorkommen. Das Sanskrit besitzt drei Genera, drei Numeri und acht Kasus. Für die rekonstruierte indoeuropäische Form *ekwos* (= Pferd) zeigt LOCKWOOD (1979, 247) folgendes Beispielparadigma der Flexion:

	Singular	Plural	Dual
Nominativ	*áśvas*	*áśvās*	*áśvau*
Vokativ	*áśva*	*áśvās*	*áśvau*
Akkusativ	*áśvam*	*áśvāms*	*áśvau*
Genitiv	*áśvasya*	*áśvām*	*áśvayos*
Dativ	*áśvāya*	*áśvebhyas*	*áśvābhyām*
Ablativ	*áśvād*	*áśvebhyas*	*áśvābhyām*
Lokativ	*áśve*	*áśvesu*	*áśvayos*
Instumentalis	*áśvā*	*áśvais*	*áśvābhyām*

1.3.2 Die iranischen Sprachen

Die iranische Sprache ist im wesentlichen auf zwei Dialekte zurückzuführen, das sogenannte Avestische (Ostiran) und das Altpersische (Westiran), das gleichzeitig die persische Hofsprache war. Während das ca. 2.700 Jahre alte Avestische durch religiöse Literatur des Parsismus (ZARATHUSTRA, 6./7. Jh. v.u.Z.) belegt ist, sind die ältesten Beweise des Altpersischen die in Keilschrift verfaßten, ca. 2.500 Jahre alten Felsinschriften der Achänaidenkönige. Auf altpersische Dialekte läßt sich das Pehlevi genannte Mittelpersische zurückführen, mit seinen Dialekten wie etwa das Parthische, das Soghdische oder das Sakische. Das Pehlevi war von ca. 220 bis 650 die Amtssprache der Sassaniden und ist aus dieser Phase reich belegt. Bis zum 9. Jahrhundert zurück ist das Neupersische nachzuweisen, das eine enge Verwandtschaft zum Kurdischen aufzeigt und stark vom Arabischen beeinflußt ist. „Mit der erzwungenen Annahme der Religion und der Schrift der Araber (7. Jh. n. Chr.) durch die Perser ergoß sich eine Flut arabischer Wörter ins Persische. Wenn auch in der neuesten Zeit neue Wörter mit Mitteln und Bestandteilen der persischen Sprache gebildet werden, um arabische Wörter zu ersetzen und neue Begriffe wiederzugeben, so ist auch das heutige Persisch in lexikalischer Hinsicht noch eine ausgesprochene Mischsprache." (WENDT 1987, 214)

Das Neupersische wird gegenwärtig u.a. von ca. 22 Mio Menschen in Persien und von ca. 5,5 Mio Menschen in Afghanistan gesprochen. Das Afghanische, das schriftlose Belutschi (Belutschistan) und die Pamir-Dialekte sind heute wichtige Vertreter der ostiranischen Dialekte.

Die Sprachen der Inder und Iraner, die auch geographisch benachbart waren, sind so nahe miteinander verwandt, daß von einem indoiranischen Komplex innerhalb des Indoeuropäischen ausgegangen wird (KRAHE). Diese Sprachen werden daher auch als arische Sprachen zusammengefaßt, da Inder und Iraner sich selbst Arier nannten.

1.3.3 Die tocharischen Sprachen

Hierbei handelt es sich um eine ausgestorbene Sprache Ostturkestans (Nordwest-China), von deren Existenz Sprachwissenschaftler erst durch Textfunde bei den Ausgrabungen zwischen 1902 und 1914 wissen. An drei Oasenstädten, entlang einer Karavanenstraße, sind zwei stark voneinander abweichende Dialekte einer indoeuropäischen Sprache (Tocharisch A und B) entdeckt worden. Die Texte sind in einem nordindischen Alphabet des indischen Brahmi-Typus auf Palmblättern, Holztafeln und China-Papier verfaßt, welche in dem trockenen Sand des Tarim-Beckens konserviert wurden und so erhalten geblieben sind. Sie lassen sich auf das 6. bzw. 7. Jahrhundert datieren und stellen Sanskritübersetzungen, Briefe und Abrechnungen von Klöstern sowie »Visa« für die Karavanenstraßen dar.

Das Tocharische unterscheidet drei Genera und vier Numeri, da neben Singular und Plural auch noch ein Dual (für zufällige Paare) und ein Paral (für natürliche Paare) auftreten. Abgesehen von den vier Kasus Nominativ, Vokativ, Obliquus (Akkusativ) und Genitiv zeichnet sich das Tocharische durch die Möglichkeit aus, Postpositionen an den Obliquus anzuhängen. Dadurch entstehen weitere Kasus, wie

beispielsweise der Perlativ -sa mit der Bedeutung »quer hindurch«
bzw. »über«. Die rekonstruierte indoeuropäische Form *ekwos ist im
Tocharisch B in folgender Weise vorhanden (LOCKWOOD 1979, 292):

	Singular	Plural
Nominativ	yakwe	yakwi
Obliquus	yakwe	yakwem
Genitiv	yäkwentse	yäkwemts
Perlativ	yakwesa	yakwentsa

1.3.4 Die armenischen Sprachen

Die Urarmenier (Muski) sind vor ca. 2.650 Jahren von Norden her in
das Gebiet um den Wan-See südlich des Kaukasus eingewandert. Das
Altarmenische ist seit dem 5. Jahrhundert in Europa bekannt und in
einer sehr großen Anzahl von Texten überliefert, die zum großen Teil
auch aus dieser Zeit stammen und in einem Alphabet geschrieben
sind, das heute noch benutzt wird. Diese Schriftsprache war auch
noch verbreitet, als sich von ca. 1000 bis 1500 die Umgangssprache
bereits zum Mittelarmenischen verändert hatte. Das Neuarmenische
ist bis zum 15. Jahrhundert zurückzuverfolgen und unterscheidet sich
stark vom Altarmenischen. Der östliche Dialekt des Neuarmenischen
(ohne 2. armenische Lautverschiebung) wird heute von 2,5 Mio Muttersprachlern, d.h. 86% der Bevölkerung der armenischen Sowjetrepublik gesprochen. Den westlichen Dialekt beherrschen ca. 300.000 Menschen außerhalb der UdSSR in Syrien, im Libanon und der Türkei.
   Eine Besonderheit des Altarmenischen ist, daß die Sprache kein
Genus und keine Artikel kennt. Bei den Substantiven und Adjektiven
sind zwei Numeri und sieben Kasus morphologisch repräsentiert,
allerdings ist die Verwendung einiger Suffixe noch nicht völlig geklärt.
Das Verbum existiert in drei flektierten Tempora, Präsens, Imperfekt
und Aorist, welcher auch zur Darstellung des Futur dienen kann. Das
altarmenische Beispielparadigma für »alter (Mann)« zeigt die folgende
Aufstellung mit aspiriertem k^e (LOCKWOOD 1979, 205).

	Singular	Plural
Nominativ	cer	cerk^e
Akkusativ	cer	cers
Lokativ	cer	cers

Genitiv	ceroy	ceroc
Dativ	ceroy	ceroc
Ablativ	ceroy	ceroc
Instrumentalis	cerov	cerovk^e

1.3.5 Die hethitischen Sprachen

Bei Ausgrabungen zu Anfang dieses Jahrhunderts wurden ca. 160 km östlich von Ankara die Überreste eines riesigen und bis dahin unbekannten Reiches entdeckt, das die Ägypter »Heta« und die Babylonier »Hatti« genannt hatten und das vor ca. 3.000 Jahren vollständig zerstört wurde: Hattušaš, die 4.000 Jahre alte Hauptstadt des Hethiterreiches.

Nachdem bereits die Entdeckung des Tocharischen die bis dahin gültigen Theorien der indoeuropäischen Sprachwissenschaft stark beeinflußt hatte, wurde Hethitisch erst nach ausgiebigen Untersuchungen des umfangreichen Textmaterials von den Sprachwissenschaftlern überhaupt als indoeuropäische Sprache akzeptiert. Vor allem die Existenz einer großen Anzahl von hethitischen Wörtern, die ihrem Ursprung nach nicht zum indoeuropäischen Sprachstamm gehören können, führte zu einer Verunsicherung. Für diese Lehnwörter findet LOCKWOOD (1979) folgende Erklärung: Demnach haben die Hethiter den nicht indoeuropäischen Stamm der Hatti unterworfen und deren Hauptstadt Hattušaš unter Beibehaltung des Namens zu ihrer eigenen Hauptstadt gemacht. Der Einfluß der Urbevölkerung von Hatti ist daher für die zahlreichen nichtindoeuropäischen Elemente des Hethitischen verantwortlich.

Das Hethitische liefert die ältesten schriftsprachlichen Zeugnisse der indoeuropäischen Sprachfamilie. Interessant ist, daß diese Sprache zu den schwach flektierenden Sprachen gehört und anscheinend die starke Flexion der indoeuropäischen Sprachfamilie somit ein sekundäres Merkmal sein muß. Aus der Zeit des Höhepunktes des Hethitischen Reiches, von ca. 1.900 v.u.Z. bis zu dessen Zerstörung um 1.200 v.u.Z., sind große Textfunde bekannt. Allein aus den Archiven der Könige sind über 25.000 gebrannte Tontafeln bzw. Tonscherben mit Texten in Keilschrift erhalten, von denen die ältesten Schriften ca. 3.600 Jahre alt sind. Auch hinsichtlich der Textsorten ist der Fund sehr umfangreich, der „verschiedene Fassungen eines Gesetzbuches, königliche Verordnungen, Verträge, Annalen, privaten und diplomatischen Briefwechsel, Gebete, Ritualtexte, Zauberriten, Legenden, Glossare und eine Anleitung für die Dressur von Streitwagenpferden einschloß." (LOCKWOOD 1979, 297)

Das Hethitische verfügt über ein archaisches 8-Kasus-System, mit den beiden Numeri Singular und Plural. Die Kategorie Genus war hier kurz davor zu verschwinden: Es gab nur das Communium (Maskulinum und Femininum) und ein, in der historischen Entwicklung des Hethitischen fortschreitend weniger gebräuchliches Neutrum. Ein Beispielparadigma für *antuhsas* (= Mensch) des älteren Hethitisch zeigt folgende Aufstellung (LOCKWOOD 1979, 307):

	Singular	Plural
Nominativ	*antuhsas*	*antuhses*
Vokativ	*antuhsa*	*antuhses*
Akkusativ	*antuhsan*	*antuhsus*
Genitiv	*antuhsas*	*antuhsas*
Dativ	*antuhsi*	*antuhsas*
Lokativ	*antuhsa*	*antuhsas*
Ablativ	*antuhsaz*	*antuhsaz*
Instrumentalis	*antuhsit*	*antuhsit*

1.3.6 Die phrygischen Sprachen

Phrygisch ist die ausgestorbene Sprache der Phryger, die vor ca. 3.200 Jahren von Europa aus in das anatolische Hochland eingewandert sind und nach der Auflösung des Hethiterreiches große Teile Kleinasiens regierten. Von dieser Sprache sind bislang nur wenige Quellen aus zwei Epochen überliefert. Die älteren Texte – die 25 kurzen Felsinschriften des Grabes von König MIDAS mit einem Alter von ungefähr 2.900 Jahren – sind in einem Alphabet geschrieben, das dem des Griechischen vergleichbar ist. Neben diesem Altphrygischen ist auch ein Textkorpus von ca. 100 Grabinschriften bekannt, das aus dem 2. bzw. 3. Jahrhundert stammt (Neuphrygisch). Ähnlich wie schon beim Tocharischen reicht das Quellenmaterial nicht für eine sprachwissenschaftliche Untersuchung. „Zusätzlich neben den Inschriften sind zahlreiche phrygische Namen und mehrere Glossen auf uns gekommen. Vom sprachwissenschaftlichen Standpunkt aus ist dieses ganze Material jedoch äußerst problematisch. Seine Interpretation wird nicht erleichtert durch die Tatsache, daß die Griechen (die diese Namen und Glossen gesammelt haben) zuweilen die Bezeichnung phrygisch auch auf Völker anwandten, die ethnisch von den eigentlichen Phrygiern verschieden waren." (LOCKWOOD 1979, 201)

1.3.7 Die thrakischen Sprachen

Nach den Indern waren die Thraker das mächtigste und größte Volk innerhalb des indoeuropäischen Sprachstammes, und sie bewohnten neben den Griechen und Illyrern große Teile der Balkanhalbinsel. Das eigentliche Kerngebiet der Thraker entspricht dem heutigen Bulgarien, jedoch weiteten die Thraker ihr Hoheitsgebiet im Verlauf der Geschichte weit aus. Seit dem 8. Jahrhundert v.u.Z. existieren griechische Berichte über die Gruppe der Thraker und Daker. Die Daker waren eine der vielen Stammesgruppen, die im nördlichen Teil des thrakischen Gebiets lebten, dem heutigen Rumänien. Gemessen an dem Einfluß, den die Thraker seit dem 8. Jahrhundert v.u.Z. auf dem Balkan hatten, sind die sprachlichen Relikte äußerst gering. Thrakisch ist heute ausgestorben, und Quellen sind praktisch nicht vorhanden. „Die Sprachdenkmäler des Thrakischen, die eine von Homer bis zum frühen Mittelalter reichende Periode bezeugen, bestehen aus einer großen Anzahl von Eigennamen, einigen Glossen, einer Liste mit Pflanzennamen und zwei Inschriften in griechischen Buchstaben, die auf das 4. oder 5. Jh. zurückgehen und im ganzen 25 Wörter zählen. Ein Quellenmaterial dieser Art schließt eine genaue Untersuchung der Dialekte des Thrakischen aus." (LOCKWOOD 1979, 198f)

Aussagen zur Ethnogenese der Thraker sind bereits in den griechischen Quellen zu finden. „Danach waren die Thraker, ebenso wie die Germanen, Kelten und Skythen, relativ hochwüchsig und von heller Haut- und Augenfarbe und rötlichem Haar. Auch bei der Beschreibung einzelner Thraker, meist Vertretern der militärischen Oberschicht, wird – soweit Angaben über die Pigmentierung vorliegen – die Hellhaarigkeit und Helläugigkeit hervorgehoben ..." (BERNHARD 1986a, 103)

Der Beginn der Ethnogenese der Thraker wird von den meisten Autoren in der frühen Eisenzeit gesehen. Die Vorfahren der späteren Thraker sieht BERNHARD (1986a) in endbronzezeitlichen Populationen, die keine homogene Bevölkerungsgruppe darstellten. „Damit kann als biologisches Substrat des dakisch-thrakischen Ethnos ein relativ langköpfiges, mediterranides Bevölkerungssubstrat betrachtet werden, das seit der Bronzezeit vor allem im Osten des thrakisch-dakischen Siedlungsraumes von robusteren protoeuropiden bzw. protomediterraniden und nordiden Formen überlagert wurde, deren Anteil auch in der sozialen Oberschicht der Thraker und Daker besonders hoch gewesen sein dürfte. Brachycrane Formen sind seit dem Neolithikum in allen anthropologischen Fundserien vertreten. Eine deutliche Zunahme dieser Kurzkopfformen ist seit der Bronzezeit nur im Westen des thrakisch/dakischen Siedlungsraumes, insbesondere in Transsilvanien, zu beobachten, d.h., daß nur ein kleiner Teil der thrakisch/dakischen Bevölkerung den kurzköpfigen Alpinen bzw. Dinariden zuzurechnen ist." (BERNHARD 1986a, 134)

Nach BERNHARD (1986a) verschwinden im Laufe der ersten Jahrhunderte unserer Zeitrechnung zunächst die Daker und nachfolgend auch die Thraker als ethnisch-linguistisch und anthropologisch eigenständige Gruppe, was vor allem auf eine Assimilation und Vermischung mit Römern, Goten und Slawen zurückgeführt wird.

1.3.8 Die griechischen Sprachen

Die ältesten griechischen Quellen sind ca. 3.200 Jahre alt, sie gehören somit zu den ältesten schriftsprachlichen Belegen der indoeuropäischen Sprachen im europäischen Raum. Bis heute sind allein 3.000 unversehrte Tontafeln aus Knossos (entdeckt 1900), Pylos (1934) und Mykene (1952) bekannt, mit Texten die in einer Bilder- und Linearschrift verfaßt sind. Ob die, von M. VENTRIS und J. CHADWICK 1953 vorgelegte Entzifferung der Linearschrift B – einer Silbenschrift mit 89 Zeichen und 130 Bildzeichen – authentisch ist bzw. ob es sich bei dieser Sprache überhaupt um eine Vorstufe des Griechischen handelt, ist nicht unumstritten.

Das griechische Alphabet ist erst seit ca. 2.600 Jahren belegt. Die griechische Sprache kann somit insgesamt über einen Zeitraum von 3.000 Jahren in ihrer Entwicklung verfolgt werden, womit sie eine einzigartige Stellung einnimmt. In vergleichbarer Weise sind nur Texte des Chinesischen über einen ähnlich langen Zeitraum erhalten, die aber wegen der chinesischen Schriftzeichen nur wenig Informationen über die Lautentwicklung enthalten (WENDT 1987).

Die Frage nach dem Zeitpunkt der Entwicklung der griechischen Volksgruppe, der Ethnogenese der Griechen, ist nicht genau zu beantworten. Zum einen ist es prinzipiell sehr schwierig, den Terminus „Griechen" inhaltlich aufgrund von anthropologischen oder kulturellen Phänomenen gegen andere Gruppenbezeichnungen abzugrenzen, zum anderen fehlt es auch an entsprechenden Zeugnissen. Im allgemeinen wird von einem Beginn der Ethnogenese der Griechen in der frühen Bronzezeit (HILLER 1986), eventuell sogar bereits im Neolithikum ausgegangen. In diesem Zeitraum sollen die Urgriechen aus der indoeuropäischen „Urheimat" im südrussischen Raum durch Südosteuropa hindurch, in den Süden der Balkanhalbinsel gezogen sein. Aufgrund des Vorhandenseins der indoeuropäischen Wurzel *dan* (= Flüssigkeit, Wasser) werden die Griechen der Gruppe der sogenannten Danaer zugerechnet, die allesamt Wörter mit dieser Wurzel besitzen. „Wörter mit dieser Wurzel konnten in der Ukraine, Griechenland, Anatolien, Palästina, Indien, Iran etc. festgestellt werden, während man Gruppennamen wie Danawoi, Danuna und Dunyn im Iran, Syrien und Kilikien gefunden hat. Nach den linguistischen Interpretationen müßten also die »Proto«-Griechen eine abgegrenzte Gruppe innerhalb des geographischen Raums der Indogermanen darstellen, der mit der Verbreitung der Kurgan-Kultur identisch wäre". (XIROTIRIS 1986, 51)

Es wird davon ausgegangen, daß im Verlauf der Bronzezeit die Urgriechen in kleinen Gruppen über das heutige Rumänien und Bulgarien das heutige Griechenland sowie auch den Norden Irans und Kleinasien erreicht haben. Vor allem der Weg durch den Balkan soll zu einer gegenseitigen Beeinflussung der kulturellen Techniken und zu einer Vermischung mit den verschiedenen Populationsgruppen geführt haben. Diese Migrationshypothese und ihre zeitliche Struktur geht vorwiegend auf sprachwissenschaftliche Erkenntnisse zurück, deren Grundlage XIROTIRIS (1986) nach einer anthropologischen Untersuchung jedoch bezweifelt, da die oben genannten Beziehungen zwischen den verschiedenen Gruppen und den Urgriechen anthropologisch nicht nachzuweisen sind. „Diese Darstellung, die, wie bei Linguisten üblich, ohne die Einbeziehung von Faktoren, wie die geographische Lage, die Populationsdynamik etc., am grünen Tisch entworfen wurde, läßt sich leicht anhand archäologischer und anthropologischer Befunde widerlegen". (XIROTIRIS 1986, 51)

Nach einer Untersuchung der wenigen und teilweise schlecht datierten Skelettfunde kommt XIROTIRIS zu dem Schluß, daß sich die Wanderungshypothese aufgrund der Ergebnisse des Skelettdatenvergleiches zumindest nicht eindeutig belegen läßt. Hinzu kommt, daß die bisherigen Funde zur Rekonstruktion der kulturellen Entwicklung Griechenlands sich in der Bronzezeit ebenfalls nicht durch Vorläuferformen in eine Urheimat zurückverfolgen lassen. Wenngleich die anthropologischen und archäologischen Daten auch nicht zur endgültigen Klärung der Migrationshypothese führen, so erlauben sie zumindest eine kritische Betrachtung der bisherigen Theorie. „Das Hauptargument ist jedoch nicht die Nichtnachweisbarkeit einer Wanderung, sondern daß die stattgefundenen kulturellen Entwicklungen auch ohne Wanderungsprozesse erklärbar sind." (XIROTIRIS 1986, 52)

Aufgrund der Vormachtstellung, welche die Griechen lange Zeit hegten, hatte die griechische Sprache einen großen Einfluß in Südeuropa und Kleinasien. So sind viele Sprachen (Hethitisch, Thrakisch, Phrygisch) sukzessiv durch die Verkehrssprache Griechisch ersetzt worden. Die vielen Dialekte des Griechischen lassen sich grob in drei große Dialektgruppen einordnen: das Ionisch-Attische, das Archaeische und das Dorisch-Nordwestgriechische (KRAHE 1970). Das Textkorpus des klassischen Griechisch ist bekanntermaßen sehr umfangreich, seine Grammatik in vielen Arbeiten behandelt worden. Nachdem das Attische – die Mundart Attikas und seiner Hauptstadt Athen – sich als Literatursprache durchgesetzt hatte, wurde um 400 v.u.Z. eine einfachere Variante des Attischen zur allumfassenden „allgemeinen Sprache" (Koine) der Griechen. Das heutige Griechisch ist in direkter Linie auf das klassische Griechisch zurückzuführen, wenngleich es auch starken Veränderungen unterworfen ist. „Obgleich sich das heutige Griechisch direkt von dem in der Antike gesprochenen Griechisch herleitet, war die Sprache doch weitreichenden evolutionären Veränderungen unterworfen, und Altgriechisch ist dem Sprecher des Neugriechischen nicht mehr verständlich." (LOCKWOOD 1979, 14)

Das Altgriechische besitzt drei Genera, drei Numeri (Singular, Dual, Plural) und fünf Kasus. Im folgenden ist das Paradigma von *hippos* (= Pferd) aufgeführt (LOCKWOOD 1979, 24):

	Singular	Plural	Dual
Nominativ	*hippos*	*hippoi*	*hippō*
Vokativ	*hippe*	*hippoi*	*hippō*
Akkusativ	*hippon*	*hippous*	*hippō*
Genitiv	*hippou*	*hippōn*	*hippoin*
Dativ	*hippōi*	*hippois*	*hippoin*

1.3.9 Die illyrischen Sprachen

Illyrisch war neben Griechisch und Thrakisch die dritte indoeuropäische Sprache auf der Balkanhalbinsel. Von dieser Sprache sind allerdings keine Inschriften überliefert, und die einzig vorhandenen Glossen und Namen lassen keine linguistischen Analysen zu.

Es existieren schriftliche Quellen aus anderen Sprachen, die von der Existenz des illyrischen Staates und dessen Königen SIRRHAS und BARDILIS im 5./4. Jahrhundert v.u.Z. berichten, der seinen Einfluß im Verlauf der folgenden Jahrhunderte immer weiter ausbreitete. Das Gebiet Illyriens entsprach in etwa dem heutigen Jugoslawien und Albanien. Nach Čović (1986) ist unter dem Begriff »Illyrer« nicht so sehr eine Volksgruppe, sondern vielmehr eine politische Gemeinschaft zu sehen. Am Beginn der Ethnogenese der Illyrer steht jedoch die neolithische Hvar-Lisičići Kultur. „1. Ohne Zweifel besteht ein Kerngebiet des Illyriertums, das ganz im Süden jenes Raumes liegt, den wir konventionell den Illyriern zuschreiben. Dieses Gebiet stimmt annähernd mit dem Territorium des illyrischen Staates zur Zeit seiner größten Entfaltung überein. (...) 2. Die spätere Erweiterung der Begriffe Illyrier und illyrisch kam von außen, zuerst von griechischen und dann von römischen Autoren. Der Inhalt beider Begriffe wurde mit der Zeit mehr geographisch und immer weniger ethnographisch. Daher stellt man mit Recht die Frage: Bis zu welcher geographischen Grenze konnte diese Erweiterung neue Volksgruppen erfassen, die mit den ursprünglichen Illyriern nach Herkunft, Bräuchen und Sprache so verwandt waren, daß wir die Bezeichnung »Illyrier« im erweiterten, aber noch immer »ethnischen«, Sinne des Wortes, auch auf sie anwenden könnten?" (Čović 1986, 58)

In bezug auf die Ethnogenese der Illyrer läßt der Vergleich eines morphologischen Merkmals Rückschlüsse auf die Entwicklung zu. Aufgrund von Untersuchungen des Längen- und Breitenindex von

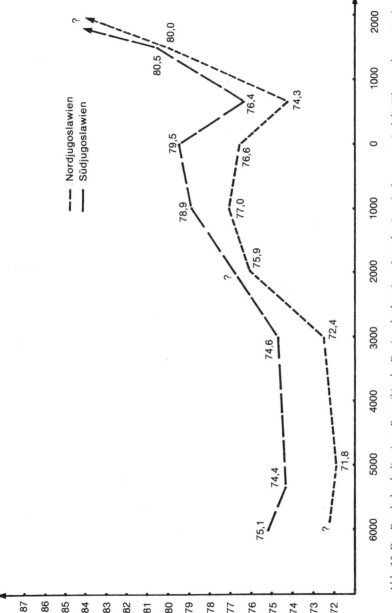

Abb. 35: Der Brachykephalisations-Prozeß in der Region des heutigen Jugoslawien. Aufgetragen sind die Klassen des ermittelten Längen-Breiten-Index der Hirnschädel gegen die Zeit in Jahren (nach Mikić 1986, 84).

Schädeln eisenzeitlicher Skelettfunde der Illyrer ist für diese Gruppe eine gewisse Kurzköpfigkeit (Brachykranisation) festzustellen, wie sie in ähnlicher Weise auch heute noch im südeuropäischen Raum bzw. in Jugoslawien auftritt. Die Ursache für die überdurchschnittliche Häufung dieses Merkmals ist unbekannt. Nach Mikić (1986) läßt sich die Slawisierung der Illyrer anhand des Merkmals der Brachykranie zeitlich zurückverfolgen (vgl. Abbildung 35). Bis zur Einwanderung der Slawen steigt der Längenbreitenindex der Schädel an. Danach fällt er infolge des slawischen Einflusses kurz ab, bevor sich die Brachykranisation weiter fortsetzt. „Dies ist im Mittelalter sicherlich nicht durch eine Zuwanderung neuer kurzköpfiger Bevölkerungen zu erklären. Es ist viel wahrscheinlicher, daß die von Haus aus dolicho- bis mesokranen Slawen den brachykranisierenden Faktoren unterworfen wurden, die schon bei den früheren Bevölkerungen Jugoslawiens wirksam gewesen waren. Eine klare Definition dieser Faktoren ist jedoch leider noch nicht möglich. Es kommen die Höhenlage des Fundortes, die Geomorphologie des Bodens, aber evtl. auch die Ernährung in Frage." (Mikić 1986, 88)

Eine Kausalitätsbeziehung für das morphologische Merkmal ist somit noch nicht aufzustellen.

1.3.10 Die albanischen Sprachen

Albanisch ist die Muttersprache von insgesamt ca. 3,5 Mio Menschen in Albanien und im südlichen Jugoslawien. Des weiteren wird Albanisch auch in Griechenland von ca. 50.000 sowie in Süditalien von ca. 80.000 Menschen mit zum Teil stark abweichenden Dialekten gesprochen.

Die erste urkundliche Erwähnung der »Albaner« stammt von Ptolemaios um 150, die älteste Quelle des Albanischen ist eine Taufformel aus dem Jahre 1462. Die schriftsprachlichen Zeugnisse des Albanischen offenbaren einen vielfältigen Wandel der zu den unterschiedlichen Zeiten benutzten Schriftsysteme. „Das Albanische wurde in einer Vielzahl von Alphabeten geschrieben: dem lateinischen, dem griechischen, gelegentlich dem kyrillischen und, unter türkischem Einfluß, dem arabischen. Außerdem wurden im vorigen Jahrhundert zwei nationale Schriften − allerdings nur für Handschriften − verwendet. Die eine, nach ihrem Erfinder Büthakukje benannt, entstand um 1840 und stellte offensichtlich eine Weiterentwicklung der zeitgenössischen griechischen Schrift dar. Die andere wurde um 1850 in Elbasan benutzt; der Ursprung dieser Elbasani-Schrift ist unbekannt, sie ist jedoch wesentlich älter als die Büthakukje. 1908 wurde in Monastir das moderne lateinische Alphabet für verbindlich erklärt." (LOCKWOOD 1979, 214f)

Das Albanische zeichnet sich durch drei Genera und sechs Kasus aus, wobei das Genus Neutrum fast nicht mehr gebräuchlich ist und die Kasus nicht alle durch Suffixe angezeigt werden. Bei einigen Substantiven hat der Plural ein anderes Genus als der Singular.

1.3.11 Die italischen Sprachen

Im allgemeinen werden alle indogermanischen Dialekte der Apennin-Halbinsel als Italisch zusammengefaßt, nach BEINHAUER (1986) hat es jedoch eine anthropologische Gemeinschaft der Italiker anscheinend zu keinem Zeitpunkt gegeben. Der Begriff des Italischen ist daher gegenwärtig ausschließlich sprachwissenschaftlich und nicht anthropologisch zu begründen. „Es ist letztlich nicht beweisbar (im Sinne einer begründeten Hypothese) .., daß »die Italiker« der Sprachwissenschaft bestimmten archäologisch definierten Kulturgruppen oder Formengruppen entsprechen (dies gilt vor allem für Zeiten ohne schriftliche Überlieferung). Da zudem − und dies ist nach dem oben Gesagten von grundlegender Bedeutung − das »Indogermanische« oder »Indoeuropäische« eine »Kunstsprache« ist, die aus bekannten Sprachen und Sprachresten *in die Zeit zurück definiert* wird .., kann es als klassifikatorisch wirksames historisches Merkmal, zudem oft noch mit Anspruch auf »Ethnos«-Eigentümlichkeit .., aus fundamental-methodologischen Gründen nicht anerkannt werden. Wie die Sprachwissenschaft derzeit zu dieser Problematik steht, ist mir nicht bekannt, aber archäologisch-prähistorisch hat es »die Italiker« nicht gegeben." (BEINHAUER 1986, 140)

In der Sprachwissenschaft handelt es sich bei dem Italischen um eine Sprache mit sehr vielen Mundarten, die in zwei stark voneinander abweichende Großgruppen einzuteilen sind: das Latino-Faliskische und das Oskisch-Umbrische. Durch die fortschreitende Vormachtstellung der Römer in Latium vor ca. 2.500 Jahren sowie deren nachfolgende Beherrschung der Alten Welt zu Beginn unserer Zeitrechnung wurde die in der Umgebung von Rom gesprochene Mundart des Italischen (Latein) zur Weltsprache. Alle anderen italischen Dialekte sind mehr oder weniger erloschen bzw. haben keine große Bedeutung erlangt.

Das lateinische Alphabet geht auf den chalkidischen Typus des griechischen Alphabets zurück, den die Etrusker von griechischen Einwanderern übernommen haben. Das klassische Latein zerfiel in den ersten Jahrhunderten unserer Zeitrechnung wiederum in zahlreiche Dialekte, die in fünf Sprachgruppen zusammengefaßt und als romanische Sprachen bezeichnet werden: Das Italienische, das Iberische, das Gallische, das Rätoromanische und das Rumänische.

Obwohl es seit über 1.500 Jahren keine lateinischen Muttersprachler mehr gibt, wurde eine Kunstform des Latein von verschiedenen gesellschaftlichen Gruppen benutzt und ist heute noch in einigen Kirchen in Gebrauch. Vor allem durch die Auswirkungen der Kolonialpolitik sind die Weiterentwicklungen der lateinischen Sprache auf der ganzen Welt verbreitet. So wird Französisch beispielsweise in Kanada (ca. 8 Mio Sprecher), in Nord- und Äquatorialafrika, auf Haiti und Polynesien gesprochen. Spanisch und Portugiesisch (Iberisch) sind z.B. in Südamerika verbreitet. Italienisch wird gegenwärtig von ca. 65 Mio Menschen in Italien sowie durch Kolonialisierung auch in Äthiopien, Somalia und Libyen gesprochen.

Im klassischen Latein werden drei Genera, zwei Numeri und sechs Kasus unterschieden. Die Flexion des lateinischen *equus* (= Pferd) zeigt folgendes Paradigma (LOCKWOOD 1979, 61):

	Singular	Plural
Nominativ	*equus*	*equī*
Vokativ	*eque*	*equī*
Akkusativ	*equum*	*equōs*
Genitiv	*equī*	*equōrum*
Dativ	*equō*	*equīs*
Ablativ	*equō*	*equīs*

1.3.12 Die keltischen Sprachen

Zur Gruppe der Kelten werden eine große Anzahl verschiedener Stämme zusammengefaßt, die nur durch bestimmte Kulturformen miteinander verbunden waren. Eine politische Gemeinschaft aller zum keltischen Kulturkreis gehörenden Stämme war zu keiner Zeit vorhanden. Die Kelten waren über große Teile Europas verteilt und besiedelten z.B. Britannien, Gallien sowie Gebiete in Kleinasien und auf der Iberischen Halbinsel (vgl. Abbildung 36).

Seit dem 6. Jahrhundert v.u.Z. sind die Kelten in griechischen Quellen erwähnt, wobei es nicht bekannt ist, warum Griechen und Römer die irischen und britannischen Kelten nicht als Kelten benannten und nur die restlichen Kelten „Κελτοί" („Γαλάται") bzw. „Galli„ nannten. „Unklar bleibt aber, warum die Bewohner Irlands und großer Teile Britanniens im Altertum niemals mit einem dieser Namen bezeichnet wurden, obgleich sie zweifelsfrei keltisch sprachen und, wie am Beispiel der Druiden ersichtlich, sogar als Hort gewisser, offenbar

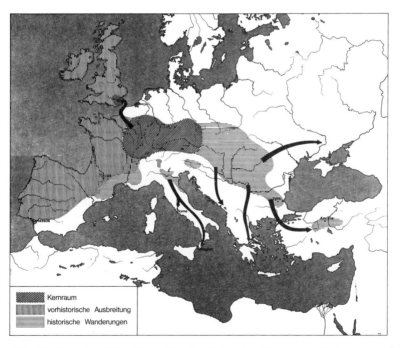

Abb. 36: Das eigentliche Kerngebiet der Kelten im Altertum und ihre spätere Ausbreitung (aus FISCHER 1986, 218).

zentraler keltischer Traditionen galten. Es ist letztlich die sehr un-
gleichmäßige, vielfach höchst bruchstückhafte Quellenlage, die uns
die Lösung solcher Fragen verwehrt, wie sie uns auch eine einfache
Bestimmung dessen erschwert, worin eigentlich das allen Kelten Gemeinsame bestand, das sie alle verbunden hat. Die antiken Zeugnisse
keltischer Sprache, freilich fast ausschließlich Personen-, Orts- und
Gewässernamen, verraten eine erstaunliche Übereinstimmung zwischen der Iberischen Halbinsel und Kleinasien, Britannien, Gallien
und Oberitalien sowie den Donauländern; noch im 4. Jahrhundert
n. Chr. bemerkte der Kirchenvater Hieronymos auf Grund eigener
Erfahrung, daß im kleinasiatischen Galitien die gleiche Sprache wie
im Trierer Land gesprochen werde." (FISCHER 1986, 209)

Trotz der Unklarheit, zu welchem Zeitpunkt die Ethnogenese der
Kelten begonnen hat und welches biologische Substrat der Volksgruppe zugrundeliegt, erscheint es ziemlich sicher, daß es im 6. Jahrhundert v.u.Z. eine Region mit einer homogenen keltischen Kultur,
Religion und Sprache gegeben hat, die bereits auf eine vieljährige
Geschichte zurückblicken konnte. „Kulturell könnte man im 6. vor-
christlichen Jahrhundert an den sogenannten Westkreis der Jüngeren
(oder Späten) Hallstatt-Kultur denken, der sich von Ostfrankreich
über ganz Süddeutschland einschließlich des Schweizer Mittellandes
bis in die angrenzenden Regionen Oberösterreichs und Böhmens er-
streckte. In diesem Gebiet läßt sich auch eine gewisse Dichte keltischer
Orts-, Berg- und Gewässernamen mit vergleichsweise alten Formen
erweisen, und im gleichen Gebiet finden sich im späteren 5. und im 4.
Jahrhundert auch die Zeugnisse der charakteristischen frühkeltischen
Kunst ..." (FISCHER 1986, 217)

Einen weiteren Hinweis liefern die Ergebnisse einer paläontologi-
schen Untersuchung, bei der es sich um eine Auswertung von Daten
keltischer Skelettserien der Mainzer Datenbank für prähistorische
Anthropologie handelt. Interessanterweise kommt KLUG (1986) nach
einer Untersuchung verschiedener Merkmale von 504 männlichen Ske-
letten zu dem Ergebnis, daß – obwohl die Kelten sich in andere
Regionen Europas ausbreiteten und die altansässigen Bevölkerungen
zum Teil assimilierten – die Serien der Skelette dennoch über ein
homogenes Verteilungsmuster von Merkmalen verfügen. Mit Einschränkungen gilt dies jedoch nicht für Britannien und Irland, die
einer gewissen Isolation ausgesetzt waren. Auch in der Sprache der

Kelten ist eine solche Zweiteilung festzustellen. So ist das Keltische in das Inselkeltische, das auf den Britischen Inseln und Irland gesprochen wurde, und in das Festlandkeltische zu unterteilen. Das Festlandkeltische war um 200 v.u.Z. in weiten Teilen Europas verbreitet, so besiedelten Kelten um 500 v.u.Z. die Iberische Halbinsel (Keltiberisch) sowie Italien (Gallisch) und gelangten um 400 v.u.Z. auch auf den Balkan sowie für kurze Zeit nach Griechenland (Galatisch). Reziprok zur Ausbreitung des Lateinischen ist das Festlandkeltische jedoch um 100 quasi ausgestorben, ohne große Quellen zu hinterlassen. Die Rekonstruktion kann sich daher nur auf einige Glossen, einige gallische Inschriften und die Erforschung der Wechselwirkung des Keltischen mit den noch vorhandenen Sprachen stützen. Das Inselkeltische ist in das P-Keltische, zu welchem das Walisische, das Kornische und das Bretonische gezählt wird, und in das Q-Keltische zu unterteilen, zu dem das Irisch-Gälische (= Goidelisch), das Schottisch-Gälische und das Gälische der Isle of Man (Manix) gerechnet wird. Vor allem das Altirische (um 800) und das Mittelwalisische (1100 bis 1400) sind durch schriftsprachliche Aufzeichnungen belegt, wobei das irische Goidelisch in einzigartigen Schriftzeichen, dem sogenannten Ogam-Alphabet geschrieben ist. Die Zahl der Muttersprachler dieser keltischen Sprache geht ständig zurück. Kornisch ist seit ca. 200 Jahren ausgestorben, die letzten Muttersprachler des Manx sind um 1930 gestorben.

Das Altirische hat drei Genera, drei Numeri und ein 5-Kasus-System, dessen syntaktischen Oberflächenphänomene jedoch nicht alle durch Suffixe repräsentiert sind. Die folgende Aufstellung zeigt die Flexion der altirischen Form *ech* (= Pferd) (LOCKWOOD 1979, 103):

	Singular	Plural	Dual
Nominativ	*ech*	*eich*	*ech*
Vokativ	*eich*	*eochu*	*ech*
Akkusativ	*ech n-*	*eochu*	*ech*
Genitiv	*eich*	*ech n-*	*ech*
Dativ	*eoch*	*echaib*	*echaib*

1.3.13 Die baltischen Sprachen

Auf das Baltische lassen sich das heutige Litauische und das heutige Lettische zurückführen, wobei die ältesten schriftsprachlichen Belege

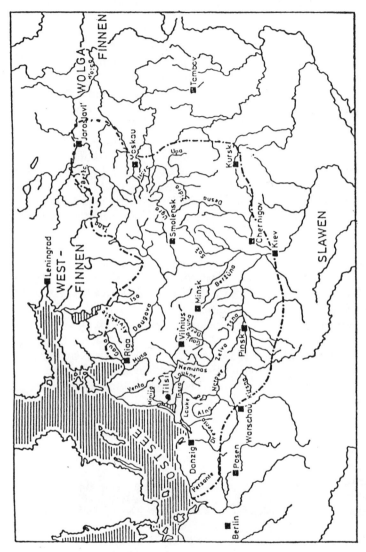

Abb. 37: Der rekonstruierte Verbreitungsraum des Baltischen aufgrund eines Vergleiches von Orts- und Gewässernamen (aus OZOLS 1986, 341).

beider Sprachen weniger als 500 Jahre alt sind. Der dritte Vertreter der baltischen Sprachen ist das um 1700 ausgestorbene Altpreußisch, die Sprache der baltischen Preußen (Borussen), von der Textmaterial nur in Form zweier Katechismen (von 1545 und 1561) und einiger Vokabulare, wie z.B. das Elbinger Vokabularium aus dem 14. Jahrhundert, erhalten sind. Völlig unklar ist die Struktur der anderen baltischen Sprachen, wie etwa die des ausgestorbenen Kurischen, von dem nahezu nichts bekannt ist. Aufgrund von vergleichenden Untersuchungen der Orts- und Gewässernamen (Hydronymie) ist eine ungefähre Ausdehnung des baltischen Sprachraumes zu erschließen (vgl. Abbildung 37).

Litauisch sprechen gegenwärtig ca. 2,6 Mio Menschen in Litauen — das seit 1940 eine Sowjetrepublik mit Russisch und Lettisch als Amtssprache ist — und ca. 0,4 Mio Litauer im Ausland. Lettisch wird von ca. 1,5 Mio Menschen gesprochen, die seit 1940 ebenfalls Sowjetbürger sind, und das ebenfalls vom Russischen zusehends verdrängt wird.

Das Litauische verfügt über zwei Genera, drei Numeri und sieben Kasus. Die indoeuropäische Form *ekwos ist nicht im Litauischen erhalten, das archaische Flexionssystem wird aber im folgenden Paradigma von *dievas* (= Gott) deutlich (LOCKWOOD 1979, 163f):

	Singular	Plural	Dual
Nominativ	diẽvas	dieva͠i	dievù
Vokativ	diẽve	dieva͠i	—
Akkusativ	diẽva	dievùs	dievù
Genitiv	diẽvo	dievũ	—
Dativ	diẽvui	dieváms	dievám
Lokativ	dievè	dievousè	—
Instrumentalis	dievù	dieva͠is	dievam͠

1.3.14 Die slawischen Sprachen

Zu den slawischen Sprachen gehört eine Vielzahl von Sprachen, die in drei Großgruppen (Ost-, West- und Südslawisch) mit je drei Untergruppen zu unterteilen ist. Das Ostslawische beinhaltet das Großrussische, das Kleinrussische (Ukrainisch) und das Weißrussische. Die wichtigsten Vertreter des Westslawischen sind das Polnische, das Tschechische und das Slowakische, während zu den südslawischen Sprachen das Slowenische, das Serbokroatische, das Mazedonische und das Bulgarische gerechnet werden. In Bulgarisch, genauer gesagt in Altbulgarisch (Kirchenslawisch) ist die älteste Quelle des Slawischen verfaßt: eine Bibelübersetzung aus dem 9. Jahrhundert. Es wird davon ausgegangen, daß zu Beginn unserer Zeitrechnung alle Slawen eine nicht überlieferte Ursprache (Gemeinslawisch) gesprochen haben, der das überlieferte Altbulgarisch sehr nahe kommen muß.

Die ersten archäologischen Beweise für die Existenz des Volksstammes der Slawen sind auf das 1. bis 2. Jahrhundert datiert und lassen als einen der späteren Kernpunkte des frühen Slawischen die weitere Umgegend des heutigen Minsk in Betracht kommen, während die Urheimat der Slawen im Bereich des heutigen Ungarn bzw. der Tschechoslowakei zu sehen ist. Die ältesten schriftsprachlichen Zeugnisse späterer slawischer Sprachen sind relativ jung. Russisch ist aus dem 11. Jahrhundert, Serbisch aus dem 12. Jahrhundert, Tschechisch aus dem 13. Jahrhundert und Polnisch aus dem 14. Jahrhundert überliefert. Die sprachwissenschaftliche Unterteilung in Ost-, West- und Südslawisch ist aus anthropologischer Sicht allerdings nicht zu stützen. Insgesamt ist von archäologischer und anthropologischer Seite nicht allzuviel über die Ethnogenese der Slawen bekannt, und die frühesten Funde sind − auch wegen der in dieser Kultur verbreiteten Brandbestattung − auf das 6. Jahrhundert zu datieren. „Die ältesten zur Verfügung stehenden slawischen Skelette stammen aus dem 7. Jahrhundert, und zwar aus den ethnisch gemischten slawisch-awarischen und slawisch-bulgarischen Begräbnisstätten. Hier erfassen wir die Slawen nach einer mehr als hundertjährigen Symbiose mit den autochthonen Populationen im Kontakt mit ganz fremden Ethnien außereuropäischer Herkunft ..." (STLOUKAL 1986, 326f)

Nach STLOUKAL (1986) sind die Anfänge der Ethnogenese der Slawen auf die ersten zwei Jahrhunderte v.u.Z. zu datieren. Die Ethnogenese war jedoch bereits abgeschlossen, als 600 bis 800 Jahre später slawische Gruppen die großen Wanderungen unternommen haben (vgl. Abbildung 38).

Anders als nach den sprachwissenschaftlichen Unterscheidungen kommt auch MIKIĆ (1986) nach einer anthropologischen Untersuchung zu dem Schluß, daß zwischen den Ost-, Süd- und Westslawen keine wesentlichen anatomischen Unterschiede bestehen. „Das bemerkenswerteste an diesem umfassenden Vergleich slawischer Serien ist, daß

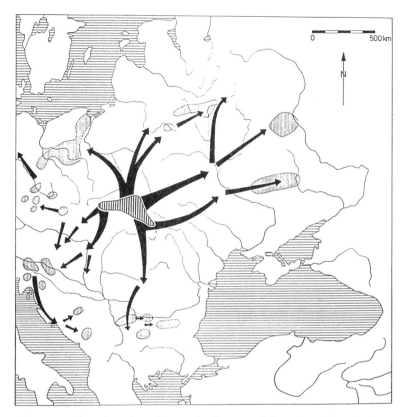

Abb. 38: Die hypothetische Urheimat der Slawen und die spätere Migration (aus STRUVE 1986, 317).

keine geographische Gliederung in Ost-, West- und Südslawen nachweisbar ist. Es läßt sich auch keine Kerngruppe in der slawischen
Bevölkerung erkennen. (...) Die Befunde sprechen für eine starke
anthropologische Homogenität aller altslawischen Bevölkerungen. Die
Gliederung der Slawen in drei große ethnische bzw. geographische
Untergruppen, nämlich in West-, Ost- und Südslawen, die vorwiegend
auf linguistischen Kriterien beruht, findet damit keine Entsprechung
im anthropologischen Datenmaterial." (MIKIĆ 1986, 337ff)

Die slawischen Sprachen werden von einem beträchtlichen Teil der
Weltbevölkerung gesprochen. So wird Großrussisch (Russisch) von ca.

150 Mio Muttersprachlern vertreten und ist Amtssprache von über 250 Mio Menschen. Als Beispiel für eine slawische Sprache soll das Altbulgarische dienen. Das Altbulgarische (Kirchenbulgarisch) besitzt drei Genera, drei Numeri und sieben Kasus, wie folgende Darstellung der Deklination von *gradu* (= Stadt) zeigt (Lockwood 1979, 190):

	Singular	Plural	Dual
Nominativ	*gradŭ*	*gradi*	*grada*
Vokativ	*grade*	*gradi*	*grada*
Akkusativ	*gradŭ*	*grady*	*grada*
Genitiv	*grada*	*gradŭ*	*gradu*
Dativ	*gradu*	*gradomŭ*	*gradoma*
Lokativ	*gradě*	*graděchŭ*	*gradu*
Instrumentalis	*gradomĭ*	*grady*	*gradoma*

1.3.15 Die germanischen Sprachen

Wie auch schon bei den Kelten handelt es sich bei den Germanen nicht um Angehörige einer politischen Gemeinschaft im Sinne eines einzigen Stammes, sondern vielmehr um eine Gruppe vieler einzelner Stämme, die jedoch durch große kulturelle und auch anthropologische Ähnlichkeiten miteinander verbunden waren. Ebenso ist auch die von G. J. Caesar (100 – 44 v.u.Z.) beschriebene Grenze (Rhein) zwischen den Kelten und den Germanen eher als das Produkt seines eigenen politischen Wirkens denn als reale Trennungslinie zwischen beiden Kulturkreisen zu sehen. Nach Ament (1986) ist die Kurzformel linksrheinisch = Keltisch und rechtsrheinisch = Germanisch nicht mit archäologischen Befunden in Übereinstimmung zu bringen.

Das biologische Substrat der späteren Germanen bilden die Gruppen des Jastorf-Kreises, eisenzeitliche Kulturgruppen aus Südskandinavien und Ostmitteleuropa sowie spätlatène Populationen der Oppida-Kultur („Rest-Kelten") (Amment 1986). Als eigentliche Kernzelle sind vor allem Angehörige der Jastorf-Kultur zu sehen, man versteht darunter „die Gesamtheit der archäologischen Gruppen, die in der Zeit von etwa 600 v. Chr. bis zur Zeitwende den Raum des heutigen Nord- und Mitteldeutschland, ferner Jütlands und Fünens einnahmen. Die Aller und der Unterlauf der Weser bilden die Grenze nach Südwesten." (Ament 1986, 249)

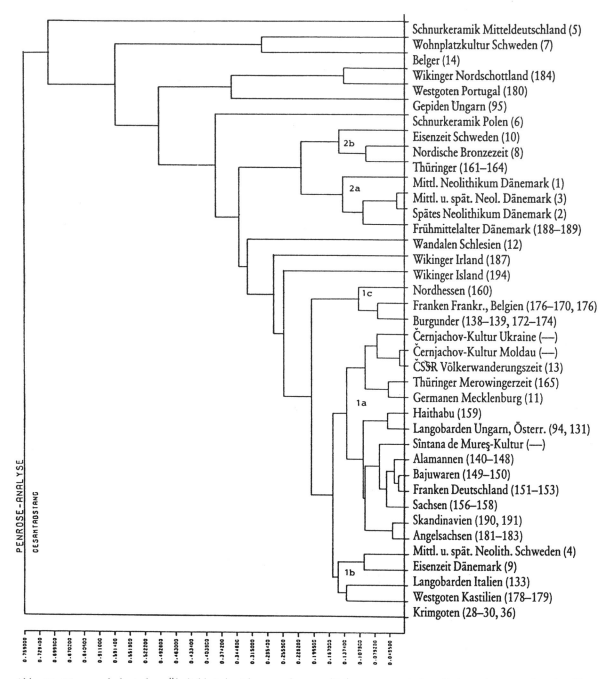

Abb. 39: Die morphologischen Ähnlichkeitsbeziehungen der verschiedenen germanischen Skelettserien untereinander. Das Dendrogramm zeigt das Ergebnis einer multivariaten Analyse (Clustering) von Fundserien aus dem Differenzierungsraum der Germanen. Die Cluster 1 und 2 liegen relativ eng beieinander, und Teilcluster 1a beinhaltet alle westgermanischen Stämme. Relativ weit entfernt von allen anderen Gruppen sind z.B. die Krimgoten, die Cepiden und auch die nordschottischen Wikinger (aus BERNHARD 1986b, 278).

BERNHARD (1986b) sieht die ursprünglichsten Vorläufer der Germanen in den Angehörigen der Trichterbecher-Kultur (ca. 3000 v.u.Z.) und der Einzelgrab-Kultur. Die Neolithisierung ist in Skandinavien später als in Mittel- und Südeuropa eingetreten, und die älteste neolithische Kultur im südskandinavischen Raum ist die Trichterbecher-Kultur, deren Gruppen nach Süden hin bis in den norddeutschen Raum ansässig waren. In Skandinavien existierten in der Folgezeit mesolithische und neolithische Kulturen nebeneinander. Nach BERNHARD ist nun seit dem Ende des mittleren Neolithikums in Skandinavien die Entstehung der Einzelgrab-Kultur zu beobachten, die zu der mitteldeutschen Schnurkeramik-Kultur eine enge Verwandtschaft zeigt. Im allgemeinen wird davon ausgegangen, daß die Trichterbecher-Kultur und die Einzelgrab-Kultur gemeinsam die Basis der späteren Bronze-Zeit Nordeuropas bilden. Nach einer metrischen Untersuchung von Skelettserien kommt BERNHARD (1986b) zu dem Schluß, daß die Schnurkeramiker − die lange Zeit als Vorläufer der Germanen anerkannt waren − nicht ausschließlich das biologische Substrat sein können. „Für die Frage der Ethnogenese der Germanen ist von besonderem Interesse die anthropologische Stellung der Fundserien der neolithischen Trichterbecher-Bevölkerung und der Schnurkeramiker, aus deren Verschmelzung nach Auffassung der Vor- und Frühgeschichte das Bevölkerungssubstrat der späteren Germanen hervorgegangen sein soll. (...) Nach der Clusteranalyse weisen die Trichterbecher-Serien wesentlich engere morphologische Beziehungen zu den germanischen Gruppen auf als die Schnurkeramiker, d.h., daß offenbar die Trichterbecher-Bevölkerung biologisch einen wesentlich stärkeren Anteil an der Ethnogenese der Germanen besitzt als die wahrscheinlich dünne Oberschicht der Schnurkeramiker." (BERNHARD 1986b, 280)

Wie dieses Beispiel zeigt, sind die Erkenntnisse der historischen Sprachwissenschaft, der Geschichtswissenschaft und der Anthropologie bzw. der Paläobiologie oftmals nicht miteinander in Deckung zu bringen. Andererseits reichen die Beweise einer Disziplin auch nicht aus, um die anderen Theorien zu falsifizieren.

Die Ergebnisse der Clusteranalyse zeigt Abbildung 39. Hierbei handelt es sich um ein mathematisch erzeugtes Abstandsdiagramm, das aufgrund eines Vergleichs mehrerer Merkmale die Ähnlichkeiten der verschiedenen Skelettserien in einem Dendrogramm darstellt.

Nach AMENT (1986) sind die Germanen als kulturelle Gruppe („Germanentum") nicht sehr viel älter als die ersten Berichte über sie. Im Einklang damit stehen auch die Zeitpunkte der ersten schriftsprachlichen Belege des Germanischen und die Tatsache, daß das basale Phänomen zur Konstituierung der germanischen Sprache (1. Lautverschiebung) im 1. Jahrhundert v.u.Z. noch nicht abgeschlossen war. „Wir suchen den Ursprung der Germanen nicht in grauer Vorzeit und irgendwo im Norden, sondern in Mitteleuropa mit Einschluß des südlichen Skandinavien und in einem von schriftlichen Quellen durchaus schon erhellten Zeitraum. (...) Angesichts des polyethnischen Ursprungs der Germanen ist es müßig, nach der germanischen Sozialverfassung, nach der germanischen Religion usw. als von alters her zugrundegelegten Einrichtungen zu fragen. Der Begriff »urgermanisch« ist kaum noch zu verwenden; der Begriff »gemeingermanisch« dürfte vor allem für die Ergebnisse des Ausgleichsprozesses zutreffen. (...) Der direkte Kontakt mit den Römern als den Trägern einer Hochkultur stellt eine wichtige Rahmenbedingung, eine Art Katalysator für die Ethnogenese der Germanen dar. Nicht zuletzt am römischen Gegenbild hat sich das Germanentum geformt, nicht zuletzt an der von Caesar etablierten Rheingrenze hat es sein Profil gewonnen." (AMENT 1986, 254)

Der älteste schriftsprachliche Beleg des Germanischen ist der sogenannte »Helm von Negau«, der im Jahre 1811 in der Unteren Steiermark, im heutigen Jugoslawien gefunden wurde. Die Inschrift HARIXASTITEIVA /// IP oder IL konnte bislang nicht eindeutig übersetzt werden. Nach KELLER (1986), der eine Untersuchung von VAN TOLLENAERE zitiert, handelt es sich bei dem Fund um den Helm eines römischen Auxiliaristen, der seinen Namen, den Namen seines Vaters und seine Einheit in den Helm ritzte. Zu lesen wäre der Text wie folgt: „HARIGASTI TEI (filii) V(exillarius) oder V(exillatio) A(larum) III IL(lyricarum), d.h. »(gehörend dem) Heergast, Teus' Sohn; Abteilung gebildet aus drei illyrischen Schwadronen« oder vielleicht »Standartenträger der dritten illyrischen Schwadron«." (KELLER 1986, 66f)

Das Alter des Helmes geben LOCKWOOD (1979) und KRAHE (1970) mit ca. 2.300 Jahren an, während MEID (Anmerkung in KRAHE 1970) von einem Alter von 2.000 Jahren und KELLER (1986) von 1.900 Jahren ausgeht. Zu Beginn u.Z. treten dann rasch weitere Schriften auf,

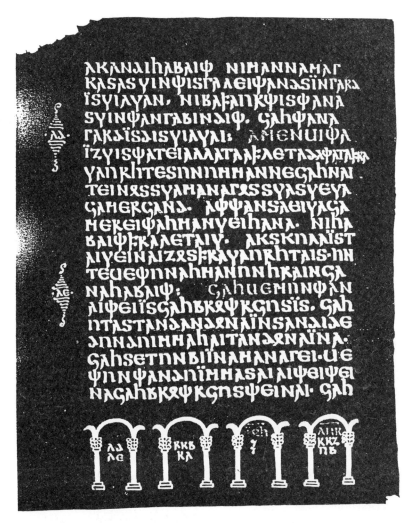

Abb. 40: Eine Seite der aus dem 4. Jahrhundert stammenden Bibel des westgotischen Bischofs WULFILA (311-383) (aus SCHILDT 1984, Anhang).

von denen die gotische Bibelübersetzung des WULFILA aus dem 4. Jahrhundert am wichtigsten ist (vgl. Abbildung 40).

In der Schriftsprache benutzen alle Germanen, abgesehen von den Goten, das lateinische Alphabet, welches sie von norditalienischen Völkern übernommen hatten. Die germanischen Sprachen sind in zwei Hauptgruppen zu unterteilen, zum einen in das West- und Südgermanische und zum anderen in das Nord- und Ostgermanische. Das Nordgermanische ist bis ca. 800 in einer relativ einheitlichen Sprache (Urnordisch) durch Runeninschriften belegt, wie Abbildung 41 zeigt.

ᛖᚲ   ᚺᛚᛖ�წᚨᚷᚨᛊᛏᛁᛉ   ᚺᛟᛚᛏᛁᚾᚷᚨᛉ   ᚺᛟᚱᚾᚨ   ᛏᚨწᛁᛞᛟ

ek hlewagastiR holtingaR horna tawido

Abb. 41: Die spätere gemeingermanische Runeninschrift des „GoldenenHorns von Gallehus" (Dänemark), das um 400 angefertigt wurde. Die Inschrift bedeutet: Ich, Schutzgast, Holtes Sohn, machte das Horn (aus v. POLENZ 1978, 25).

In der Zeit von 800 bis 1200 spaltete sich das Urnordische, die Sprache der Nordgermanen, in eine westnordische Gruppe (Norwegisch, Isländisch) und eine ostnordische Gruppe (Dänisch, Schwedisch). Das Ostgermanisch, die Sprache der Goten, der Burgunder, Wandalen u.a. ist hingegen ausgestorben. Bei der Völkerwanderung der Goten, die Spanien, Italien, Afrika und Kleinasien erreichten, ist es jedoch zu Wechselwirkungen mit den jeweiligen Sprachen gekommen, die heute noch nachweisbar sind. Zur zweiten Hauptgruppe des Germanischen, die durch das West- und das Südgermanische vertreten ist, gehört das Englische, das Friesische und das Deutsche. Schriftsprachlich belegt ist das Englische (Altenglisch bzw. Angelsächsisch) und das Deutsche (Althochdeutsch) seit dem 8. Jahrhundert, das Friesische hingegen erst seit dem 13. Jahrhundert durch einzelne Versdichtungen.

Die germanischen Sprachen verfügen über eine hohe Anzahl von Muttersprachlern. Gegenwärtig gibt es ca. 5 Mio dänische, ca. 4 Mio norwegische und ca. 8,5 Mio schwedische Muttersprachler, Isländisch sprechen ca. 0,2 Mio Menschen. Englisch wird in Großbritannien, in Nordamerika, Australasien und Indien von mehr als 320 Mio Men-

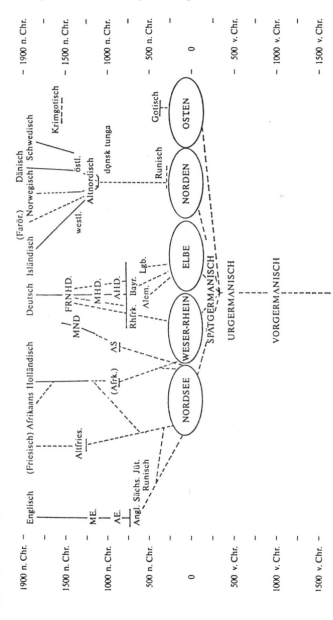

Abb. 42: Einige der wichtigsten germanischen Sprachen und die Zeitpunkte ihrer Herausbildung (aus KELLER 1986, 48).

schen gesprochen. Friesisch ist in der Form des Westfriesischen in der
niederländischen Provinz Friesland bei ca. 0,25 Mio Menschen und
als Nordfriesisch bei ca. 5.000 Menschen (Föhr, Niebüll) erhalten
geblieben. Niederländisch wird von ca. 13 Mio Niederländern und ca.
6 Mio Belgiern gesprochen und hat eine Kreolensprache (Afrikaans)
hervorgebracht, die von ca. 5 Mio Südafrikanern gesprochen wird und
die seit 1925 zweite Landessprache Südafrikas ist. Deutsch sprechen ca.
110 Mio Menschen, vorwiegend in Deutschland (BRD, DDR), in
Österreich, der Schweiz und Elsaß-Lothringen.

Die germanischen Sprachen werden somit insgesamt von ca. 450
Mio Muttersprachlern gesprochen. Einen Überblick über die zeitliche
Strukturierung der Entwicklung der wichtigsten germanischen Spra-
chen zeigt Abbildung 42.

Als Beispielparadigma für eine germanische Sprache soll das Goti-
sche dargestellt werden, das über drei Genera, zwei Numeri und vier
Kasus verfügt, wie die folgende Aufstellung für *stains* (= Stein) zeigt
(Lockwood 1979, 152):

	Singular	Plural
Nominativ	*stains*	*stainos*
Akkusativ	*stain*	*stainans*
Genitiv	*stainis*	*staine*
Dativ	*staina*	*stainum*

Im weiteren Verlauf soll nun die Entwicklung der deutschen Sprache
aus dem Kreis des Gemeingermanischen innerhalb der indoeuropäischen Sprachen beschrieben werden. Wie für evolutionäre Prozesse
üblich, handelt es sich hierbei nicht um eine teleologische Entwicklung,
sondern vielmehr um eine evolutionäre Entwicklungslinie, die in ihrem
Verlauf auch eine Vielzahl von Sackgassen aufweist und die parallel
zu den anderen, gleichrangigen Entwicklungslinien der restlichen germanischen Sprachen verläuft.

Darstellungen der Geschichte der deutschen Sprache finden sich bei
Bach (1970), v. Polenz (1978), Sonderegger (1979), Schildt (1984),
Schmidt (1984), Eggers (1986a, 1986b), Keller (1986) und Wolff
(1986).

2. Die Entwicklung der deutschen Sprache

Aufgrund weniger archäologischer Funde wird davon ausgegangen, daß vor ca. 4.000 Jahren das heutige Südnorwegen, Südschweden, Dänemark und der Norden Deutschlands von Volksgruppen bewohnt wurden, deren kulturelle Wurzeln vor allem in der endneolithischen Trichterbecher-Kultur und der eisenzeitlichen Jastorf-Kultur zu suchen sind. Zu welchem Zeitpunkt diese Kulturen in die Gebiete gelangten ist unklar, doch zumindest bei der Jastorf-Kultur könnte es sich auch um autochthone Gruppen handeln. In der Folgezeit begann eine allmähliche Verlagerung der Protogermanen nach Süden hin, und um 1000 v.u.Z. erreichten sie bereits Weser und Oder. Um 750 v.u.Z. besiedelten germanische Stämme das Gebiet zwischen Rhein- und Weichselmündung, und um 500 v.u.Z. erreichten die Germanen die deutschen Mittelgebirge. Die eigentliche Konstituierung der germanischen Volksgruppe dürfte jedoch erst kurz vor Beginn unserer Zeitrechnung vollzogen worden sein (vgl. Abbildung 43).

Erst für den Zeitraum zu Beginn unserer Zeitrechnung liegen schriftliche Beschreibungen der germanischen Stämme vor. Die römischen Historiker G. PLINIUS (23–79) und C. TACITUS (ca. 55–120) teilen die germanischen Stämme in Gruppen ein, die von den neuzeitlichen Historikern übernommen werden. In Anlehnung an die jeweiligen Wohnsitze der Germanen werden daher Elbgermanen, Oder-Weichselgermanen, Nordgermanen, Nordseegermanen und Weser-Rheingermanen unterschieden. Die vermuteten Verwandtschaftsbeziehungen zwischen den Urgermanen und Deutschen, Angelsachsen und Niederländern zeigt Abbildung 44.

Die Oder-Weichselgermanen werden den Nordgermanen gegenüber auch als Ostgermanen bezeichnet, während die Elb-, Nordsee- und Weser-Rheingermanen auch als Westgermanen zusammengefaßt werden. Die geographische Verbreitung der einzelnen germanischen Stämme im heutigen Deutschland zeigt Abbildung 45.

Bei der Rekonstruktion der Entwicklungsgeschichte der germanischen Stämme ergeben sich die gleichen Probleme wie bei der Rekon-

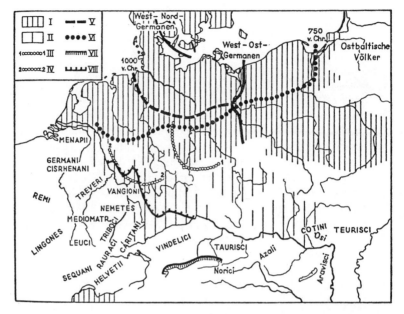

Abb. 43: Die Verbreitung der germanischen Stämme zu Beginn unserer Zeitrechnung.
I   = Das Siedlungsgebiet der Germanen um 50 v.u.Z.
II   = Die Ausbreitungsgebiete bis ca. 100 u.Z.
III   = Die südlichste Ausbreitung der suebisch-erminonischen Stämme der Germanen um 600 v.u.Z.
IV   = Desgl. um 750 v.u.Z.
V   = Die südlichste Ausbreitung der Germanen um 1000 v.u.Z.
VI   = Desgl. um 750 v.u.Z.
VII   = Die Nordgrenze der Alpenillyrer.
VIII = Limes (aus BACH 1970, 53).

struktion der Entwicklung der verschiedenen Sprachen. Es ist eigentlich unmöglich, zur Beschreibung dynamischer und diachroner Prozesse der Stammesbildung mit statischen Begriffen wie »Alemannen« oder »Goten« zu operieren. Auch hier zeigt sich eine starke Diskrepanz zwischen der abstrakten Genealogie der germanischen Stammesentwicklung und der tatsächlich vollzogenen, dynamisch-fluktuierenden Historie von einzelnen Individuen. „Wir haben gesehen, daß die Prozesse der Stammesbildung, Eingliederung und Aufgliederung, Auswei-

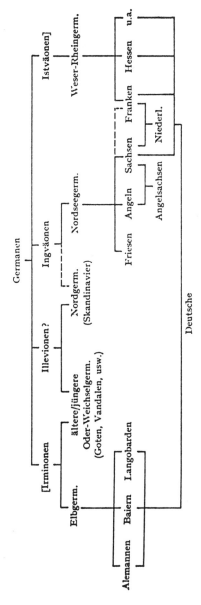

Abb. 44: Die hypothetischen Beziehungen zwischen den germanischen Stämmen (aus VAN RAAD & VOORWINDEN 1973, 35).

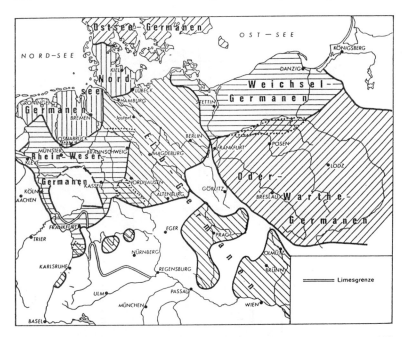

Abb. 45: Die Verbreitungsgebiete der verschiedenen Germanenstämme um 100 v.u.Z. bis ca. 200 (aus Wegstein 1985, 1752).

tung und Abspaltung, ständig im Fluß sind, daß ältere Gebilde lange neben jüngeren weiterbestehen und daß wir mit Schwebelagen zu rechnen haben, in denen das Alte nicht mehr voll wirksam ist, das Neue sich aber noch nicht durchgesetzt hat. Daraus ergab sich, daß eine für alle Zeit gültige Zuordnung einzelner Gruppen zu bestimmten Stämmen, einzelner Stämme zu bestimmten Stammesgruppen aus dem hier nicht adäquaten Bedürfnis nach Klassifikation entsprungen ist und notwendig die wahren Verhältnisse verzerren muß." (Wenskus 1977, 573)

Im allgemeinen wird davon ausgegangen, daß im 3. Jahrhundert aus elbgermanischen Stämmen die Alemannen (Alamannen) und die Baiern hervorgegangen sind, während sich weser-rheingermanische und nordgermanische Stämme zum Stamm der Franken zusammengeschlossen haben. Auch hier ist festzustellen, „daß beim ersten Auftreten »der« Alamannen noch von einem Stamm im Rechtssinne keine Rede sein kann." (Wenskus 1977, 503) Die Entstehungsgeschichte der Alemannen und Baiern ist völlig unklar, eine Darstellung des Zusammenhangs findet sich bei WENSKUS (1977).

Aufgrund der Wanderungen und der damit verbundenen räumlichen Entfernung einzelner Sprechergruppen haben sich zu diesem Zeitpunkt die verschiedenen germanischen Mundarten bereits soweit voneinander entfernt, daß von etwa 300 an von der Existenz germanischer Einzelsprachen ausgegangen wird, da zu dieser Zeit die 1. (= germanische) Lautverschiebung bereits abgeschlossen ist. Die Gruppe der westgermanischen Stämme besetzten den deutschen und nordwesteuropäischen Raum, die Nordgermanen behielten ihre südskandinavischen Wohngebiete und besiedelten den äußersten Norden Deutschlands. Die Ostgermanen hingegen wanderten um 400 – verstärkt durch den Einbruch der Hunnen – nach Süden, wobei die Wandalen Nordafrika erreichten, die Burgunder Gallien besiedelten und die Goten in zwei Gruppen ganz Südeuropa durchquerten. Vor allem die weitere Entwicklung der Goten ist durch die „Wandersage" belegt, gerade in letzter Zeit aber werden verschiedene Abläufe der Stammesentwicklung der Goten diskutiert. Selbst die Herkunft der Goten und deren Urheimat ist umstritten. Nach der üblichen Darstellung sind die Goten kurz vor Beginn unserer Zeitrechnung aus Südskandinavien in die weitere Umgegend des heutigen Danzig (Weichselmündung) gezogen. Um 200 kam es dann zur Spaltung der Goten in die Ost- und Westgoten. Die Ostgoten bewohnten bis 433 die Gegend nördlich der Krim und zogen dann zum Mittelmeer, in die Gebiete des heutigen Italien/Österreich/Jugoslawien. Die Westgoten hingegen zogen um 200 zunächst in das heutige Rumänien und wanderten ab 375 an der gesamten Mittelmeerküste entlang nach Westen, durch die Gebiete des heutigen Griechenland und Jugoslawien bis nach Süditalien und dann wieder nach Norden bis zum heutigen Südfrankreich (419) und das heutige Spanien, das sie um 460 erreichten. Die detaillierten Wanderungen der Goten zeigt Abbildung 46.

Weder diese Wanderungen sind als abrupte und homogene Prozesse zu verstehen, noch waren die Goten selbst eine homogene Volksgruppe. Die Wanderungen sind vielmehr als über einen langen Zeitraum verteilte und durch vielerlei Anlässe ausgelöste Einzelphänomene anzusehen. Darüber hinaus ist auch davon auszugehen, daß es im Verlauf der Gotenwanderung zu einer Überlagerung der ursprünglichen Goten durch die Bevölkerungen der besiedelten Gebiete gekom-

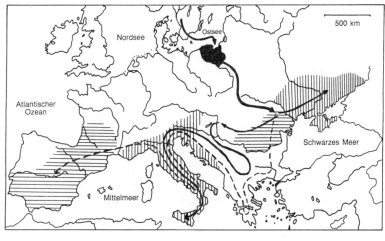

Abb. 46: Die Wanderungen der Goten ■■■ = Goten ▥▥ = Ostgoten ▤▤ = Westgoten.

men ist. Einen wesentlichen Grund für die stete Wanderschaft der Goten führt WENSKUS an: „In Pannonien reichten die von Ostrom gezahlten Jahrgelder den Goten nicht aus. Ihre Könige waren genötigt, zum Unterhalt ihrer eine riesige Gefolgschaft darstellenden Reiterscharen ‚die Nachbarstämme ringsherum auszuplündern'. Die Bevölkerung Pannoniens scheint damals bereits so dezimiert gewesen zu sein, daß die notwendigen Kolonnen aus den benachbarten Landschaften als Gefangene eingebracht werden mußten. Dennoch konnte das Land die starke unproduktive Herrenschicht, der nach Jordanes Get. LVI 283 schon lange der Krieg die einzige Erwerbsquelle war, nicht ernähren. Auf den Druck ihrer Leute hin beschlossen die Könige Thiudemir und Widimir, in die Balkanhalbinsel bzw. nach Italien einzubrechen." (WENSKUS 1977, 481f)

Die Spur der Wandalen verliert sich im 6. Jahrhundert, die der Burgunder im 7. Jahrhundert, und das Reich der Goten auf der Iberischen Halbinsel wurde 711 zerstört, als die Araber in das heutige Spanien einfielen.

Ebenfalls im Verlauf der Völkerwanderung eroberten die Langobarden im 5. Jahrhundert Norditalien, während ein Teil der Sachsen gemeinsam mit Angeln und Jüten das südliche England eroberten.

Den größten Einfluß besaß das wachsende fränkische Reich, das jedoch 511 geteilt wurde; 887 löste sich das westfränkische Reich (Frankreich) vollständig vom ostfränkischen Teil. Auch die Entstehungsgeschichte des ostfränkischen Stammes ist ebenfalls nicht als ein solitärer Prozeß der Genese zu verstehen, zumal das Gebiet der Franken lange Zeit von Thüringern bewohnt wurde. WENSKUS (1977, 540f) geht davon aus, „daß einheimische thüringische Bevölkerungselemente in größerer Zahl als bisher angenommen an dieser fränkischen Kolonisation beteiligt gewesen sein müssen und daß die Ausdehnung des Namens »Franken« nur ein »politisches Ereignis« war ...“. Die politi-

Abb. 47: Die deutschen Sprachgebiete im 10./11. Jahrhundert (aus SCHMIDT 1984, 62).

sche Zugehörigkeit von Teilen der Alemannen und Thüringern kann nicht allein der Grund für die selbstgewählte Bezeichnung „Franken" sein, vielmehr ist die Bezeichnung Franken als »die Freien« zu deuten. „Uns scheint, als ob weniger die politische Eingliederung in das Frankenreich die Südthüringer und Nordalamannen zu Franken machte. Die Baiern, Alamannen und Sachsen sind ja auch nicht zu Franken geworden – trotz ihrer Eingliederung. Auch hier dürfte der Name »Franken« auf die Siedler auf fränkischem Königsgut übertragen worden sein. Vielleicht schwang auch schon die Bedeutung des »Freien« in diesem Namen mit. Um so verständlicher, daß diese Siedler den Frankennamen besonders betonten und daß ihr Land so zum Frankenland schlechthin wurde." (WENSKUS 1977, 541)

Am Ende des 1. Jahrtausend bewohnten daher vier germanische Stämme mit sehr unterschiedlichen Dialekten den deutschen Sprachraum: die Sachsen, die Franken, die Baiern und die Alemannen (Schwaben). Weiterhin ist es bei der Spaltung des fränkischen Reiches um 840 zur Bildung des Herzogtums Lothringen gekommen, dessen nicht romanisierte östliche Hälfte den fränkischen Dialekt im weiteren Verlauf beibehalten hat. Die geographische Verbreitung der germanischen Stämme um 1000 zeigt Abbildung 47.

2.1 Die Entwicklung des Althochdeutschen aus dem Gemeingermanischen

Die Ausgliederung des rekonstruierten Gemeingermanischen, einer erschlossenen „Urform" aller germanischen Sprachen, muß spätestens um 500 v.u.Z. abgeschlossen gewesen sein. Dies bedeutet, daß zu dieser Zeit der Differenzierungsprozeß der indoeuropäischen Sprachen eine Sprachengruppe hervorgebracht hatte, die allesamt typische Merkmale der späteren germanischen Sprachen aufweisen. Eine annähernde Periodisierung der germanischen Vorstufen ist jedoch bislang nicht erreicht worden, und so behalten Aussagen zum Ur-, Proto-, Früh- oder Gemeingermanischen ihren spekulativen Charakter. „Ältere und umfassendere Sprachphasen, zumal ein ungegliedertes »Urgermanisch«, sind in zusammenhängenden Denkmälern nicht erhalten. Ein dialektfreies »Urgermanisch« hat es übrigens niemals gegeben, und man tut – um Mißverständnissen zu entgehen – besser, diesen

Ausdruck ganz zu vermeiden; richtiger spricht man für die »vorliterari-
schen« Perioden von »Alt-, Früh- (oder a.u. auch Gemein-) Germanisch«." (KRAHE & MEID 1969, 40)
Eine weiterführende Darstellung findet sich bei RAMAT (1981). Im
folgenden sollen einige wesentliche Ereignisse der Entstehung des
Germanischen exemplarisch dargelegt werden.

2.1.1 Die germanische Lautverschiebung

Die 1. oder germanische Lautverschiebung geht im wesentlichen auf
die im Jahre 1822 veröffentlichte Entdeckung von J. GRIMM
(1785 – 1863) zurück, daß sich in der Entwicklung der germanischen
Sprachen bestimmte Laute gesetzmäßig verändert haben. Der Zeitpunkt der Lautverschiebung ist nach RAMAT (1981) zwischen 400 und
200 v.u.Z. anzusetzen. Nach SCHMIDT (1984) sind beim Wandel des
Indoeuropäischen zum Germanischen folgende Veränderungen eingetreten. Die stimmlosen Verschlußlaute (Tenues) p, t, k und die stimmlosen behauchten (aspirierten) Verschlußlaute ph, th, kh sind zu den
stimmlosen Reibelauten (Frikativen bzw. Spiranten) f, $\flat$, χ geworden
(vgl. Abbildung 48).
Es blieben p, t und k in den Verbindungen sp, st und sk erhalten,
und t wurde nach k und p nicht verändert. Die stimmhaften Verschlußlaute bh, dh und gh wurden zu den stimmhaften Reibelauten b, d, g

ide. p	>germ. f	z. B.	gr. $\pi\alpha\tau\eta\varrho$	— got. $fadar$
t	>	$\flat(th)$	ai. $bhráta$	— got. $br\bar{o}\flat ar$
k	>	h	lat. $capio$	— got. $hafjan$
k^u	>	h^u	lat. $quod$	— got. $hw\mathrm{\varrho}$

ide. b	>germ. p	z. B.	lit. $dub\grave{u}s$	— got. $diups$
d	>	t	lat. duo	— got. $twai$
g	>	k	lat. $augeo$	— got. $aukan$
g^u	>	k^u	gr. $\gamma\upsilon\nu\acute{\eta}$	— got. $qin\bar{o}$

ide. bh	>germ. b/b	z. B.	ai. $bhr\acute{a}t\bar{a}$	— got. $br\bar{o}\flat ar$
dh	>	d/d	ai. $mádhyah$	— got. $midjis$
gh	>	g/g	lat. $(g)hostis$	— got. $gasts$
g^uh	>	g^u	ide. $*seng^uh$	— got. $siggwan$ (lies: sing wan)

Abb. 48: Verschiedene Beispiele für die germanische Lautverschiebung (aus SCHILDT
1984, 39).

und später zu den stimmlosen Verschlußlauten *b*, *d* und *g*, wie folgende Beispiele zeigen.

Altindisch: *bhrātar-*	Gotisch: *brôþar* (= Bruder)
Altindisch: *dvárah*	Gotisch: *daúrôns* (= Tür)
Griechisch: *khórtos*	Gotisch: *gards* (= Haus, Familie)

Des weiteren wurden die stimmhaften Verschlußlaute *b*, *d* und *g* zu den stimmlosen Verschlußlauten *p*, *t* und *k*, wie folgende Aufstellung zeigt.

Griechisch: *b̲aitē*	Gotisch: *p̲aida* (= Rock)
Altindisch: *d̲váu*	Gotisch: *t̲wai* (= zwei)
Altindisch: *yugám*	Gotisch: *juk̲* (= Joch)

Einige Unregelmäßigkeiten des Lautwandels konnte GRIMM jedoch nicht erklären, wenngleich er eine verborgene Systematik dieser Unregelmäßigkeiten vermutete und sie „Grammatischer Wechsel" nannte. Beispiele für den grammatischen Wechsel sind folgende Wörter für »Vater«, »Sieben« und »Schwiegermutter«.

Lateinisch: *pat̲er*	Gotisch: *fad̲ar*
Lateinisch: *septem*	Gotisch: *sib̲*
Lateinisch: *soc̲rus*	Gotisch: *swig̲ar*

Die Gesetzmäßigkeit wurde erst 1877 von K. VERNER (1846 – 1896) entdeckt (VERNERsches Gesetz, Abbildung 49).

VERNER erkannte, daß der springende Wortakzent des Indoeuropäischen die Wechsel der inlautenden *d/t*, *f/b* und *h/g* bewirkt. War die Silbe vor den Tenues betont, wurden die Tenues zu stimmlosen Spiranten. „... wenn der Akzent auf eine den Lauten *p*, *t*, *k*, *k^u* folgende

$$\acute{}\, f -, \acute{}\, þ -, \acute{}\, \chi - \qquad > \quad \acute{}\, f -, \acute{}\, þ -, \acute{}\, \chi - \qquad\qquad\qquad stl.: stl.$$
$$- f \acute{}, - þ \acute{}, - \chi \acute{} \qquad > \quad - b \acute{}, - d \acute{}, - g \acute{} \qquad\qquad \big\}\ stl.: sth.$$
$$\acute{}\, - f -, \acute{}\, - þ -, \acute{}\, - \chi - > \acute{}\, - b -, \acute{}\, - d -, \acute{}\, - g -$$

Abb. 49: Die gesetzmäßige Verschiebung der germanischen Laute in Abhängigkeit von den Akzentverhältnissen (VERNERsches Gesetz) (aus SCHMIDT 1984, 44).

Silbe gelegt wurde, d.h., wenn keine Wurzelbetonung vorlag, wurde aus ihnen nicht ... *f*, *þ*, *h*, *h*^{u}, sondern sie wandelten sich zu *ƀ/b*, *đ/d*, *g/g*, *g*^{u}/*g*^{u}. (SCHILDT 1984, 39f)

Infolge des freien Akzents des Indoeuropäischen, der auch innerhalb von Flexionsendungen wechselte, konnten die Veränderungen nach dem VERNERschen Gesetz nur auf einen Teil der Wortformen einwirken (Grammatischer Wechsel). Die durch die germanische Lautverschiebung entstandenen stimmlosen Reibelaute *f*, *þ* und *χ* sind im Neuhochdeutschen als *f*, *d* und *h* vorhanden. Die durch das VERNERsche Gesetz entstandenen stimmhaften Reibelaute *ƀ*, *đ* und *g* wurden zunächst zu stimmhaften Verschlußlauten und sind im Neuhochdeutschen nach der 2. Lautverschiebung als *b*, *t* und *g* vorhanden. Der Differenzierungsdruck, der die im Germanischen neugebildeten stimmlosen Reibelaute in eine stimmlose und eine stimmhafte Variante teilte, war dermaßen starr, daß auch der »alte« stimmlose Spirant *s* differenziert wurde. Das dadurch entstandene stimmhafte *s* wurde später zum *z*. Infolge des grammatischen Wechsels stehen daher im Neuhochdeutschen *f* − *b*, *d* − *t*, *h* − *g* und *s* − *r* nebeneinander, wie folgende Aufstellung zeigt (SCHMIDT 1984):

darben − bedürfen

gedeihen − gediegen

kiesen − erkoren

Eine weiterführende Darstellung findet sich bei SCHRODT (1976). Die völlige Ablehnung dieser GRIMMschen Zweistufentheorie, mit einer ca. 1.000-jährigen Trennung von germanischer und althochdeutscher Lautverschiebung, wurde in letzter Zeit von VENNEMANN (1984) vorgeschlagen. VENNEMANN geht von einer einfachen urgermanischen Lautverschiebung aus, die in der Folgezeit zu einer Verzweigung in Hochgermanisch (Hochdeutsch) und Niedergermanisch (alle restlichen germanischen Sprachen) führte. Diskutiert wird dieser Ansatz in MOULTON (1986) und PENZL (1986).

Eine weitere wichtige Veränderung betrifft die Akzentuierung. Im Indoeuropäischen war der Akzent vermutlich vorwiegend musikalisch und frei (Tonhöhenmodulation) und wahrscheinlich ein wichtiges phonematisches Merkmal. „Der idg. Wortakzent war seiner Stellung nach grundsätzlich frei, d.h. er konnte nach bestimmten Regeln auf

Silben aller Art (Wurzelsilben, Wort- und Stammbildungselementen, auch auf Flexionsendungen) stehen. Was die Betonungsart betrifft, so muß das Idg. – und zwar zu verschiedenen Zeiten – beide Möglichkeiten, die musikalische und die dynamische Betonung, gekannt haben." (KRAHE & MEID 1969, 48)

Im Germanischen hingegen ist der dynamische Akzent (Exspirationsstärke) überwiegend und liegt fest auf der Wurzel- oder Anfangssilbe. Dies bewirkte in der Folge die Abschwächung der akzentlosen (End-) Silben. „Den überkommenen idg. Akzent hat das Germanische grundlegend verändert: es hat die Möglichkeit des »freien« Akzentes völlig aufgegeben und ihn festgelegt auf die jeweils erste Silbe eines Wortes (Anfangsbetonung oder Initialakzent). Diese Regelung kann jedoch noch nicht in der allerältesten Periode des Germanischen eingetreten sein, denn das Vernersche Gesetz ... setzt noch das Vorhandensein der altidg. Betonungsweise voraus." (KRAHE & MEID 1969, 48)

SCHILDT (1984) sieht in dem Merkmal des dynamischen Akzentes eine wichtige Ursache für die Entwicklung vom synthetischen Sprachsystem der Vorstufen zum analytischen Sprachbau des Germanischen. „Den Übergang von einem freien (d.h. nicht an eine bestimmte Stelle fixierten) musikalischen Akzent zu einem dynamischen Akzent der Intensität in fester Position hat das Germ. gemein mit anderen westeuropäischen Sprachen wie Oskisch-Umbrisch, Irisch, dem vorgeschichtlichen Latein ... und dem Französischen unter den romanischen Sprachen. Dadurch tritt eine wesentliche Funktionsänderung des Akzents ein: aus einem bedeutungtragenden Element im morpho-semantischen Bereich (vgl. ital. *amo* »ich liebe« vs. *amò* »er liebte« und *meta* »Ziel« vs. *metà* »Hälfte«) wird ein Grenzsignal, das den Beginn oder das Ende von Wörtern anzeigt. Erst in jüngerer Zeit hat der Akzent, zumindest in einigen Fällen, in den germ. Sprachen wieder eine semantische Funktion wiedergewonnen (vgl. engl. *the súbject* vs. *to subjéct*)." (RAMAT 1981, 17)

Im Zusammenhang mit der »neuen« Akzentuierung im Germanischen ist auch die Entstehung des Stabreimes und die Alliterationsdichtung zu sehen.

Die westgermanischen Sprachen (Althochdeutsch, Altsächsisch, Altenglisch und Altfriesisch) zeigen gegenüber dem Gemeingermanischen wichtige Veränderungen, von denen die sogenannte westgermanische Gemination (Konsonantenverdopplung) die markanteste ist.

Die Gemination tritt vor *j* und selten vor *w*, *r*, *l*, *m*, *n* auf, wie folgende Aufstellung zeigt.

Gotisch: *satjan* Angelsächsisch: *settan*
Altfriesisch: *sett* Altsächsisch: *settian*
Althochdeutsch: *sezzen* (*t* wurde in der 2. Lautverschiebung zu *z*)

Diese westgermanische Konsonantenverdopplung muß zwischen 300 und 500 vollzogen worden sein, da die nach England abwandernden Angeln und Sachsen diese Veränderung bereits durchgeführt hatten. Bei der Bezeichnung Westgermanisch handelt es sich nicht um eine einheitliche Stammessprache, sondern um eine systematisch zu begründende Gruppenbezeichnung. „Was man als Westgermanisch bezeichnet, ist eine aus den westgerm. Einzelsprachen rekonstruierte gemeinsame Vorstufe. Im Grunde handelt es sich jedoch nur um eine Anzahl gemeinsamer Unterschiede zwischen dem Urgermanischen und den westgerm. Einzelsprachen. Eine westgerm. Spracheinheit hat es wohl nie gegeben, ebensowenig wie eine westgerm. Stammeseinheit. Nur die Annahme, daß während einiger Jahrhunderte eine Verkehrsgemeinschaft zwischen den westgerm. Stämmen bestanden hat, ist berechtigt." (VAN RAAD & VOORWINDEN 1973, 37)

Innerhalb der westgermanischen Sprachgruppe lassen sich das heutige Englische, das Friesische und das Niederländische vom Deutschen durch mehrere Merkmale voneinander unterscheiden. VAN RAAD & VOORWINDEN (1973, 38) zeigen die fünf wichtigsten Unterschiede (Ingväoismen):

1. Der Nasalausfall vor Spiranten, beispielsweise neuhochdeutsch *sanft* vs. neuenglisch *soft*.
2. Die Metathesis des *r*, beispielsweise neuhochdeutsch *brennen* vs. neuenglisch *burn*.
3. Die Erhaltung des *w* vor *r* im Anlaut, beispielsweise neuhochdeutsch *ringen* vs. niederländisch *wringen*.
4. Die Pronominalformen ohne *-r* im Auslaut, beispielsweise neuhochdeutsch *der* vs. niederländisch *de*.
5. Das Personalpronomen neuenglisch *he*, niederländisch *hij*.

Die im heutigen deutschsprachigen Raum verbliebenen germanischen Stämme der Alemannen, Baiern, Sachsen und Franken (s. Abbildung

47) sprachen sehr unterschiedliche germanische Dialekte, waren sie doch aus unterschiedlichen Regionen mit eigenständiger Sprachentwicklung eingewandert. Durch kriegerische und friedliche Kontakte untereinander hat sich jedoch langsam im 6. Jahrhundert eine einheitliche Sprache bilden können, das sogenannte Althochdeutsch (BRAUNE & EGGERS 1987; SONDEREGGER 1987). Dieses frühe Deutsch ist nicht überliefert, es existieren lediglich ca. 30 Runeninschriften mit unterschiedlichen Alphabeten (vgl. Abbildung 50).

Im Gegensatz zu den meisten anderen Sprachen, bei denen der Name der Sprache mit dem Namen des Stammes identisch ist (Slawen und Slawisch, Kelten und Keltisch usw.), ist die Bedeutung des Namens Deutsch bzw. *theodiscus* umstritten. Die Bezeichnung Deutsch geht dabei auf die kunstlateinische Form *theodiscus* zurück, deren ältester Beleg aus dem Jahre 786 stammt. „In einer Nachricht über eine angelsächsische Synode aus dem Jahre 786 heißt es, dort seien die Beschlüsse einer vorausgegangenen Kirchenversammlung ‚tam latine quam theodisce‘, d.h. ‚sowohl lateinisch wie auch in der Volkssprache‘, verlesen worden.“ (SCHMIDT 1984, 80)

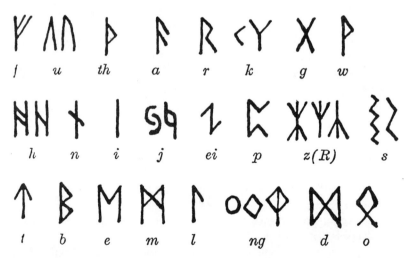

Abb. 50: Das sogenannte ältere Futhark, die von allen germanischen Stämmen benutzten Runenzeichen. Der Name bezieht sich auf die ersten sechs Zeichen der Aufstellung (aus KRAUSE 1970, 15).

Die Form *theodiscus* verschwindet endgültig um 1050, und bereits seit ca. 1000 findet sich bei L. NOTKER (ca. 950 – 1022) *diutiscum* (= auf deutsch). In dem um 1100 entstandenen Annolied erscheint das Wort *diutisch* für *Diutischiu liute* bzw. *Diutschi man* für »Deutsche« und *Diutschiu lant* für »Deutschland«. Gänzlich geklärt ist die Entwicklung und vor allem die Etymologie des Namens »Deutsch« jedoch nicht (EGGERS 1970, SONDEREGGER 1979, SCHMIDT 1984).

2.1.2 Die althochdeutsche Lautverschiebung

Nach der endgültigen Auskopplung der germanischen Sprachen aus dem indoeuropäischen Sprachenkreis durch die 1. (= germanische) Lautverschiebung bewirkte die 2. (= althochdeutsche) Lautverschiebung eine starke Veränderung des Althochdeutschen gegenüber den restlichen germanischen Sprachen. Die Ursache für diesen Lautwandel, der vom alemannischen Raum ausging, ist ungeklärt. Um ca. 500 wurden die in der 1. (germanischen) Lautverschiebung neu entstandenen stimmlosen Verschlußlaute *p*, *t*, *k* zu *pf*, *(t)z*, *kch* und zu *ff*, *zz*, *kh*. Nach SCHMIDT (1984, 68f) ist der Lautwandel wie folgt zu beschreiben:

Die Verschiebung von *p*, *t*, *k* zu *pf*, *(t)z*, *kch* (bzw. *ch*)

Im Anlaut:

Gotisch: *pund*	Althochdeutsch: *pfunt* (= Pfund)
Gotisch: *tiuhan*	Althochdeutsch: *ziohan* (= ziehen)
Gotisch: *kaúrn*	Altoberdeutsch: *chorn* (= Korn)

In der Gemination:

Angelsächsisch: *æppel*	Althochdeutsch: *apfuli* (= Apfel)
Altsächsisch: *settian*	Althochdeutsch: *setzen* (= setzen)
Altsächsisch: *wekkian*	Althochdeutsch: *wecchan* (= wecken)

Im In- und Auslaut nach *l*, *r*, *m*, *n*:

Gotisch: *hilpan*	Althochdeutsch: *hëlpfan* (= helfen)
Gotisch: *haírtô*	Althochdeutsch: *hërza* (= Herz)
Altsächsisch: *holt*	Althochdeutsch: *holz* (= Holz)
Altsächsisch: *wërk*	Altoberdeutsch: *wërch* (= Werk)

Die Verschiebung von *p*, *t*, *k* zu *ff*, *zz*, *hh* (bzw. *ch*)

Im Inlaut zwischen Vokalen:

Altsächsisch: *slâpan*   Althochdeutsch: *slâffan* (= schlafen)
Altsächsisch: *ëtan*   Althochdeutsch: *ëzzan* (= essen)
Altsächsisch: *makôn*   Althochdeutsch: *machôn* (= machen)

Im Auslaut nach Vokalen:

Altsächsisch: *ik*   Althochdeutsch: *ih* (= Ich)
Altsächsisch: *fôt*   Althochdeutsch: *fuoz* (= Fuß)
Altsächsisch: *skip*   Althochdeutsch: *skif* (= Schiff)

In bezug auf den Sprachwandel waren die Auswirkungen der 2. Lautverschiebung sehr drastisch, da es kaum Wörter gab, die nicht von ihr betroffen waren. Hinzu kommt, daß nicht das gesamte deutsche Sprachgebiet in gleicher Weise die Lautverschiebung erlebte. Nur der spätere hochdeutsche Sprachraum (Oberdeutsch und Mitteldeutsch) wurde von dem Lautwandel unterschiedlich stark erfaßt, der niederdeutsche Sprachraum (Altniederfränkisch und Altsächsisch) blieb von dieser Entwicklung hingegen fast unberührt. Dadurch entstehen drei große Dialektgruppen des Deutschen, die in Abbildung 51 dargestellt werden.

Vollständig vollzogen wurde die Lautverschiebung nur im Oberdeutschen (Alemannisch, Bairisch). Dies führte zu starken Unterschieden der deutschen Dialekte, die ja auch schon vor der 2. Lautverschiebung große Unterschiede aufwiesen. Die Grenzlinie zwischen den Gebieten mit/ohne Lautverschiebung, die sogenannte *ik/ich* Linie, hat sich seither mehrfach verschoben. „Heute beginnt sie westlich von Krefeld, überschreitet bei Ürdingen den Rhein (daher wird sie auch Ürdinger Linie genannt) und verläuft dann weiter in Richtung Wupper – Rothaargebirge – Vereinigung von Fulda und Werra zur Weser – Eichsfeld-Oberharz – Saalemündung – Mündung der Schwarzen Elster – Nordrand des Spreewalds (– Oder-Spree-Kanal)." (SCHMIDT 1984, 69)

Eine weiterführende Darstellung findet sich bei HÖFLER (1958) und SCHÜTZEICHEL (1976).

2.1.3 *i*-Umlaut – Monophthongierung – Diphthongierung

Eine weitere Veränderung des Althochdeutschen bewirkten die folgenden Lautwandel: der *i*-Umlaut des Nord- und Westgermanischen, die Monophthongierung und die Diphthongierung. Der *i*-Umlaut ist eine

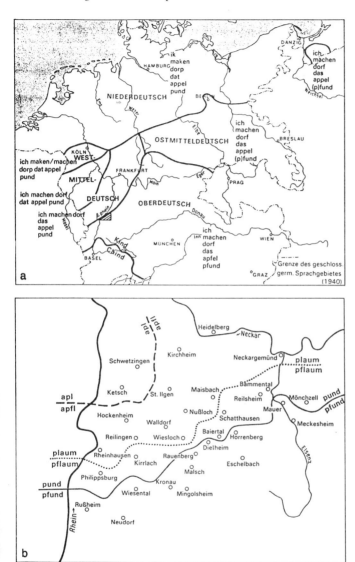

Abb. 51: a. Die unterschiedlich starke Beeinflussung der deutschen Dialekte durch die 2. Lautverschiebung und die sich daraus ergebende geographische Verbreitung. b. Ausschnittvergrößerung von a, die deutlich macht, wie die Grenze des Sprachwandels zwischen einzelnen Dörfern verläuft (aus KÖNIG 1985, 64).

Assimilation in der Folge der 1. Lautverschiebung und ist zwischen 650 und 850 eingetreten. Er bewirkte die Palatalisierung des hochtonigen *a* zu *e* bei folgendem *i* oder *j*, dessen Vollzug im Oberdeutschen jedoch deutlich schwächer war. Ein Beispiel für diese Lautverschiebung sind die Formen für »Gast/Gäste«.

Germanisch: *gast / gesti*   Althochdeutsch: *gast / gesti*

Im 7. Jahrhundert hat sich die Monophthongierung von Norden her über den deutschen Sprachraum ausgebreitet und bewirkte den Wandel von *ai/ei* zu *ê*. Nachdem diese erste Phase im 8. Jahrhundert bereits abgeschlossen war, kam es dann erst zur Monophthongierung von *au/ou* zu *ô*, die im 9. Jahrhundert vollzogen war.

Gotisch: *maiza*   Althochdeutsch: *mêro* (= mehr)
Gotisch: *dauþus*   Althochdeutsch: *tôd* (= Tod)
Gotisch: *tauh*   Althochdeutsch: *zôh* (= er zog)

Bei der althochdeutschen Diphthongierung handelt es sich um den Wandel infolge der Lautverschiebung von *ê* zu *ia*, von *ia* zu *ie* und von *ô* zu *uo*, die sich im Verlauf des 8. und 9. Jahrhunderts vom Rheinfränkischen nach Süden hin ausbreitete. Dabei vollzog sich die Diphthongierung nur in den hochtonigen Stammsilben, während die Nebensilben die Monophthonge beibehalten haben.

Gotisch: *hêr*   Althochdeutsch: *hiar* (= hier)
Gotisch: *brôþar*   Althochdeutsch: *bruoder* (= Bruder)
Gotisch: *fôtus*   Althochdeutsch: *fuoz* (= Fuß)
Gotisch: *gôps*   Althochdeutsch: *gout* (= gut)

Auch bei diesem Umwandlungsprozeß handelte es sich nicht um einen zeitgleichen Vorgang, sondern der Wandel von *ia* zu *ie* hat erst in der Mitte des 9. Jahrhunderts begonnen, als die erste Diphthongierung schon fast abgeschlossen war.

2.2 Die Entwicklung des Mittelhochdeutschen

Die Entwicklung des Deutschen vom Althochdeutschen bis zur (amtlichen) Gegenwartssprache läßt sich in drei große Abschnitte einteilen:

die Phase des Althochdeutschen, die Phase des Mittelhochdeutschen und in die Phase des Neuhochdeutschen. Die detaillierte Periodisierung der deutschen Sprachentwicklung wird von den Autoren unterschiedlich vorgenommen, so daß unterschiedliche Einteilungen verwendet werden (vgl. Abbildung 52).

Ähnlich wie schon beim Althochdeutschen handelt es sich auch beim Mittelhochdeutschen nicht um eine einheitliche Sprachform. So ist auch nicht davon auszugehen, daß alle mittelhochdeutschen Mundartsprecher sich gegenseitig verstanden haben; eine Situation, wie sie ja heute ebenfalls gegeben ist, wenn zwei extreme Dialektsprecher des gegenwärtigen Deutsch aufeinandertreffen. Beim Mittelhochdeutschen handelt es sich um einen hochdeutschen (geographisch) Dialekt, der zeitlich (= Mittel-) zwischen dem Althochdeutschen und dem Neuhochdeutschen steht. Entgegen der umgangssprachlichen Mundartenvielfalt ist die relative Konstanz der überlieferten (früh-) mittelhochdeutschen Quellen darauf zurückzuführen, daß sich die zeitgenössischen Dichter darauf geeinigt haben, nur mundartfreie (mittelhochdeutsche) »Hochsprache« zu benutzen, um sich ein möglichst

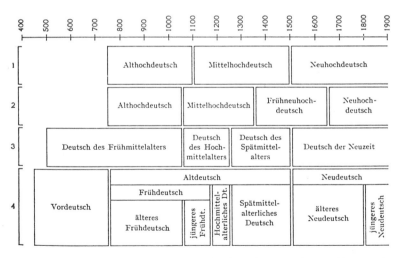

Abb. 52: Die wichtigsten Periodisierungen der deutschen Sprachentwicklung nach verschiedenen Autoren: 1. J. Grimm; 2. L.E. Schmitt, W. Schmidt, H. Eggers; 3. P.v. Polenz, 4. H. Moser (aus van Raad & Voorwinden 1973, 47).

großes Publikum zu sichern bzw. möglichst überall verstanden zu werden. „Daß die höfischen Dichter sich bewußt vor provinziellen Reimen hüteten, ist uns von dem aus dem Niederdeutschen stammenden, aber hd. dichtenden Albrecht v. Halberstadt ausdrücklich bezeugt. Solche Erscheinungen lassen sich bei einer ganzen Reihe mhd. Dichter nachweisen. Ein Alemanne, der etwa den bequemen Reim *kam: nam oder gān: hān* verwendete, mußte auf die Kritik bairischer Leser gefaßt sein, in deren Dialekt *kom: nam, gēn: hān* nur einen höchst unreinen Reim ergab. So sehen wir denn bei Hartmann v. Aue, daß er die *kam*-Reime anfangs unbedenklich verwendet, sie aber später mit Konsequenz meidet. Auch sonst sind primäre Mundartmerkmale, die sich vom Ahd. bis zur Gegenwart nachweisen lassen, in der höfischen Dichtung gemieden worden. So läßt sich für Hartmann oder für Walther v. d. Vogelweide an keinem sprachlichen Merkmal etwas über ihre engere landschaftliche Herkunft feststellen." (v. POLENZ 1978, 56)

Diese Literatursprache der höfischen Dichtung (ca. 1170 – 1300) stützte sich im wesentlichen auf das Nordalemannische und das Ostfränkische. Die Schrift der Werke des WALTHER VON DER VOGELWEIDE (ca. 1170 – 1230), des HARTMANN VON AUE (ca. 1160 – 1210) und des ALBRECHT VON HALBERSTADT ist jedoch nicht einheitlich. So kann das Phonem *öu* schriftsprachlich als *ou, ov, eu, ew, ŏ, ŏu* oder als *öv* erscheinen.

Neben der höfischen Literatursprache hatte auch der niederdeutsche Dialekt des Lübecker Raumes – das sogenannte Mittelniederdeutsch – eine starke Position im frühmittelalterlichen Deutsch. Dieser Dialekt war die Sprache der Hanse, die mit dem ganzen nordeuropäischen Raum Geschäftsbeziehungen hegte und dessen Zentrum Lübeck war. In der Blüte der Hanse, von ca. 1350 bis 1500, war Niederdeutsch – in der Form des Mittelniederdeutschen – der allgemeine Dialekt in Norddeutschland und zudem eine weitverbreitete Geschäftssprache, der im restlichen Deutschland im alltäglichen Gebrauch nur eine Vielzahl von Mundarten und mundartgefärbten Schreibsprachen gegenüber stand. Der wirtschaftspolitische Einfluß der Hanse garantierte daher die immer stärker werdende Bedeutung des Mittelniederdeutschen. „Die Schreibsprache der seit der Zeit um 1300 im Hansebund politisch und wirtschaftlich führenden Stadt Lübeck erlangt für das hansische Schriftwesen besondere Bedeutung. (...) Durch ihre Bedeutung für den hansischen Schriftverkehr steigt die Schreibsprache der führenden Hansestadt zu überregionaler Geltung auf. Das lübeckische Mittelniederdeutsch wird zum internationalen Kommunikationsmittel im nördlichen Mitteleuropa, im Baltikum, in Skandinavien und in den Kontoren. Die überregionale Geltung des lübischen Mittelniederdeutschen bewirkt seine Normierung: um 1400 bildet sich in Lübeck eine festere Form heraus. Für die Zeit um 1400 ist eine deutliche Verminderung sprachlicher Doppelformen, ein Variantenabbau, festzustellen ..." (PETERS 1987, 73f)

Es ist daher eine beidseitige Beeinflussung festzustellen, zum einen bewirkte die politische Situation der Hanse die Verbreitung der Sprache Lübecks, zum anderen wirkte die internationale Benutzung der Sprache normierend auf die Sprache zurück (URELAND 1987; PETERS 1985, 1987).

Parallel zur weiteren Entwicklung des Deutschen nahm der ehemals starke Einfluß der lateinischen Sprache zusehends ab. So sind die Urkunden der Kanzleien um 1300 im südalemannischen Raum bereits teilweise in Deutsch verfaßt (MOSER 1985). KÖNIG (1985) gibt für diesen Zeitraum ein Verhältnis deutsch-lateinischer Urkunden von 2.500 zu 500.000 an. In der Folgezeit bevorzugten immer mehr Territorialfürsten Hochdeutsch als Kanzleisprache. Der von amtlicher Seite jeweils verwendete Dialekt einer Region war dabei auch von zufälligen Ereignissen abhängig. So ist an der mundartlichen Färbung einzelner Schriftsprachen zu erkennen, daß im Einzelfall der Geburtsort des jeweiligen Kanzleischreibers für die Schriftsprache einer ganzen Region verantwortlich war. „Die sprachlichen Kennzeichen der regionalen mnd. Schreibsprachen sind weithin identisch mit denen der Sprache der größeren Kanzleien im jeweiligen Sprachraum ... Sprachliche Variation ist unter anderem auf Grund der Schreiberpersönlichkeiten − Herkunft, Bildung, Geübtheit -, der Textarten und der Adressaten möglich." (GESENHOFF & RECK 1985, 1280f)

Proportional zum Einfluß der Städte, Fürsten oder Bischöfe, welche die Kanzleien unterhielten, verhielt sich die Stärke der Sprachnormierung durch die verwendeten Mundarten. Über Anzahl und Verbreitung weiterer Mundarten ist nicht sehr viel bekannt. „Die sprachliche Wirklichkeit des frühmittelalterlichen Deutsch lebt in seinen Mundarten; doch wissen wir von ihnen nicht allzu viel. Im Grunde kennen wir nur einzelne Klosterdialekte, die wir in Ermangelung anderer Quellen − und gewiß vielfach nicht zu Recht − mit der Mundart des Gebiets gleichsetzen, in dem das Kloster liegt ..." (TSCHIRCH 1983, 135)

In der weiteren Entwicklung vollzogen sich im Mittelhochdeutschen weitere wichtige phonematische Veränderungen, so ist die Ausbreitung des *i*-Umlautes im Neuhochdeutschen weiter fortgeschritten. Er wurde nun auch vor *hs* und *ht*, vor *i* und vor *i* sowie vor *j* in der übernächsten Silbe vollzogen (SCHMIDT 1984, 83), wie folgende Aufstellung zeigt.

Althochdeutsch /   Mittelhochdeutsch

a	→ *ä*	*nahti / nähte (Nächte)*
o	→ *ö*	*mohti / möhte (möchte)*
u	→ *ü*	*wurfil / würfel (Würfel)*
â	→ *æ*	*gibârida / gebærde (Gebärde)*
û	→ *iu (ü)*	*hûsir / hiuser (Häuser)*
uo	→ *üe*	*guotî / güete (Güte)*
ou	→ *öu (eu)*	*frouwen / vröuwen (freuen)*

Bereits im 11. Jahrhundert hatte sich der Wandel von *sk* nach *sch* vollzogen, der sich von Süden nach Norden ausbreitete, sich im Niederdeutschen jedoch nicht durchsetzen konnte.

Althochdeutsch: *scôni* Mittelhochdeutsch: *schœne* (= schön)
Althochdeutsch: *waskan* Mittelhochdeutsch: *waschen* (= waschen)

Nach SCHMIDT (1984, 84) setzt sich seit dem 13. Jahrhundert von Südwesten her der Wandel von *s* zu *sch* (vor *l*, *m*, *n*, *w*, *p*, *t* und nach *r*) durch.

slange → *schlange*	*kirse* → *kirsche*	*smalz* → *schmalz*
snabel → *schnabel*	*sne* → *schne*	*smerz* → *schmerz*

Des weiteren kam es zu regionalen Unterschieden. In den Verbindungen *sp* und *st*, z.B. bei *sprechen, stechen*, schlägt sich dieser Wandel graphematisch nicht nieder. Während dieser Wandel im Norden nicht vollzogen wurde (*s-techen, s-prechen*), sind hingegen im Südwesten *st* und *sp* auch im In- und Auslaut betroffen. So wird beispielsweise *s* in *Hast* wie »Hascht« und in *Lust* wie »Luscht« ausgesprochen.

Eine weitere Veränderung betrifft die stimmhaften Konsonanten *b*, *d*, *g*, die im Auslaut stimmlos gesprochen wurden (Auslautverhärtung).

Althochdeutsch: *wîb*   Mittelhochdeutsch: *wip* (Genitiv *wîbes*)
Althochdeutsch: *rad*   Mittelhochdeutsch: *rat* (Genitiv *rades*)

Die stärksten Veränderungen bewirkte die im Mittelhochdeutschen weiter fortschreitende Abschwächung der vollklingenden Endsilbenvokale, die letztlich eine Folge des Wandels vom freien indoeuropäischen Akzent zur Stammsilbenbetonung des Germanischen ist. Beispielsweise führte die Abschwächung zu einer Verminderung der mittelhochdeutschen Präfixe:

ga- und *gi-* wurden zu ge-   *ur-* und *ir-* wurden zu *er-*
fur- und *fir-* wurden zu *ver-*   *ant-* und *int-* wurden zu *ent-*

Nachdem im Althochdeutschen der *i*-Umlaut zur Abschwächung *a* → *e* geführt hatte (Primärumlaut), wurden in der Folgezeit auch alle anderen Vokale palatisiert (Sekundärumlaut).

Nach EGGERS ist es um 1350 zu den entscheidenden Veränderungen in der Schriftsprache gekommen, die letztlich den Wandel zur neuhochdeutschen Schriftsprache manifestieren. „Deshalb sehen wir um die Mitte des 14. Jhs. die entscheidende Grenze, von der ab eine neue kontinuierliche Entwicklung zur heutigen, nhd. Schriftsprache einsetzt." (EGGERS 1985, 1296)

2.3 Die Entwicklung des Neuhochdeutschen

Im 14. und 15. Jahrhundert hatte sich Deutsch als Kanzleisprache durchgesetzt, und das Niederdeutsche ist gleichzeitig mit dem Niedergang der Hanse fast vollständig bedeutungslos geworden. Parallel zur Ausweitung des Deutschen wurde die lateinische Sprache zusehends verdrängt. So sind 1520 noch ca. 90 % aller Bücher, um 1570 ca. 70 % und im Jahr 1740 nur noch ca. 30 % aller Bücher in lateinischer Sprache verfaßt worden. Das sich in dieser Phase entwickelnde Deutsch ist durch seine Verwendung verändert worden. Vor allem der richtungsweisende Einfluß der Drucker auf das (Früh-) Neuhochdeutsche ist unumstritten, da erst zu diesem Zeitpunkt Texte durch den Buchdruck einem größeren Leserkreis zugänglich gemacht werden und so eine normative Kraft ausüben konnten. Diese Neuerungen setzten sich jedoch nur allmählich durch. Erst die Möglichkeiten dieser relativ einfachen Herstellung von Drucken führte zu einer weiten Verbreitung von Texten (GIESECKE 1990). Obwohl Inkunabeln weitaus billiger waren als Handschriften, waren Druckerzeugnisse allerdings nicht für jeden erschwinglich. Nach SODMANN (1987) kostete beispielsweise ein 300-seitiges gebundenes Exemplar von J. REUCHLINS Vocabularius (Basel, 1482) ca. 2 ⅓ rheinische Gulden, der damalige Gegenwert von ca. 95 Kilogramm Rindfleisch.

In der Hansestadt Lübeck waren in der Zeit von 1473 bis 1525 insgesamt neun Drucker tätig, die hunderte von Büchern verlegten, den Bedarf an Druckerzeugnissen insgesamt jedoch nicht decken konnten. Zum Vergleich, in Venedig waren zu dieser Zeit ca. 150 Drucker ansässig, die ca. 4.500 Drucke verlegt haben (SODMANN 1987). Eine Übersicht über die Druckorte im niederdeutschen Sprachraum zeigt Abbildung 53.

Im deutschen Sprachraum existierten lange Zeit mehrere druckersprachliche Formen nebeneinander. „Im 16. Jh. konkurrierten noch mehrere druckersprachliche Formen, je nach Druckort und Verleger, miteinander. Man unterscheidet, allerdings mit vielen Überschneidungen, einen südostdt. Typus (Wien, Ingolstadt, München) von einem schwäbischen (Augsburg, Ulm, Tübingen), einem oberrheinischen (Straßburg, Basel), einem schweizerischen (Zürich), einem westmitteldeutschen (Mainz, Frankfurt, Köln), einem ostfränkischen (Nürnberg, Bamberg) und einem ostmitteldeutschen (Leipzig, Wittenberg). Aber der Drang nach der sprachlichen Einheit, d.h. nach weitreichender Verkäuflichkeit, war stärker als der Lokalstolz der Verfasser und des engeren Leserkreises. So ging Basel schon vor der Reformation und Zürich bereits 1527 zu den Diphthongen über, obwohl in diesen Städten noch heute sowohl in Mundart als auch Umgangssprache die alten Monophthonge gesprochen werden (vgl. *Schwīzerdütsch*)." (v. POLENZ 1978, 86f)

In bezug auf den Lautbestand sind wesentliche Veränderungen im Vokalismus, beispielsweise die veränderten Phonemdistributionen, die in der Folge Diphthongierungen und Monophthongierungen bewirkten.

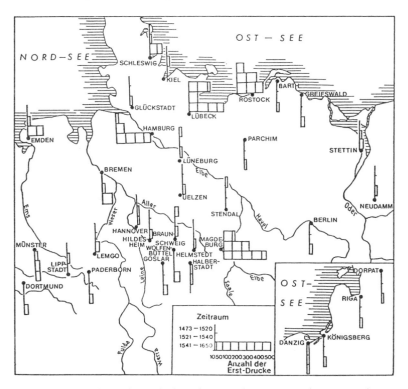

Abb. 53: Die Druckorte des niederdeutschen Sprachraumes zwischen 1473 und 1650 und die Anzahl der jeweiligen Erst-Drucke in drei Zeitphasen (aus GESENHOFF & RECK 1985, 1283).

	Mittelhochdeutsch	Neuhochdeutsch
î → ei	*mîn*	*mein*
	wîse	*weise*
û → au	*mûl*	*Maul*
	hûs	*Haus*
iu → eu	*niuwez*	*neues*

Für die Entstehung der deutschen Gemeinsprache ist, in Verbindung mit den Möglichkeiten des Buchdrucks, auch das schriftsprachliche

Wirken M. Luthers (1483 – 1546) maßgeblich. Während jedoch bis vor einiger Zeit noch die These vertreten wurde, daß Luther einer der »Schöpfer« der deutschen Sprache sei, wird sein Einfluß gegenwärtig realistischer eingeschätzt. „Die alte Auffassung von Luther als »Schöpfer« der deutschen Sprache ist längst verlassen. Anfangs übernimmt er einfach die ostmitteldeutsche Schreibsprache seiner Landschaft. Aber auch der Hypothese, das Ostmitteldeutsche/Meißnische sei die alleinige Grundlage für die deutsche Schriftsprache, wird heftig widersprochen. In vielen Einzelheiten ist nachgewiesen, daß das Sprachgut anderer Sprachlandschaften in das Neuhochdeutsche eingegangen ist. Trotz dieser berechtigten Einwände darf man daran festhalten, daß die mitteldeutsche Schreibsprache in Thüringen-Sachsen im 2. Viertel des 16. Jhs. und vor allem in den Lutherdrucken 1530 – 46 der neuhochdeutschen schriftlichen Form näher steht als Sprachdenkmäler aus anderen Gegenden derselben Zeit." (Bach 1985, 1442)

Luthers Verdienst besteht daher nicht so sehr darin, eine »Hochsprache« kreiert zu haben, sondern ist vielmehr darin begründet, die Bibelübersetzung in einer Sprache vorgenommen zu haben, die um ihn herum bereits gesprochen wurde. „denn man mus nicht die buchstaben jnn der Lateinischen sprachen fragen / wie man sol Deudsch reden / wie diese Esel thun / Sondern man mus die mutter jhm hause / die Kinder auff der gassen / den gemeinen man auff dem marckt drümb fragen / vnd den selbigen auff das maul sehen / wie sie reden / vnd darnach dolmetschen / ..." (Luther (Sendbrief vom Dolmetschen), zit. in Schmidt 1984, 108)

In der Folgezeit fand Deutsch als Publikationssprache eine immer stärker werdende Verbreitung. Während um 1430 der Mainzer Kurfürst noch den Verkauf deutschsprachiger theologischer Schriften auf der Frankfurter Messe verboten hatte, verfaßten A. Dürer 1525 oder Theophrastus von Hohenheim (gen. Paracelsus) im Jahre 1536 ihre Schriften bereits auf deutsch. „Daß er seine medizinischen Vorlesungen in Basel in dt. Sprache abhielt, rechtfertigte Paracelsus mit der Notwendigkeit, *daß die arzney in erkantnus des gemain man komme, und die wahrheit dürffe nur gut Teutsch reden.*" (Schildt 1984, 128)

Die Schriften Luthers weisen noch keine einheitliche Sprachform auf, vor allem in der Orthographie ist eine stetige Entwicklung zu beobachten. So schreibt Luther „ergetzen", „zwelff", „fieng", „gieng", „zabbeln". Die *cz* und *tz* im Anlaut wurden nur allmählich durch *z* ersetzt (*tzeitt* → *zeitt*), die Auslautverdopplung war aber noch lange Zeit üblich (z.B. in *leutt, tranck, wolff*) (SCHMIDT 1984, 106). „Luthers eigene Orthographie war dem Nhd. noch sehr fern. Er stand noch auf dem Höhepunkt der Verwilderung im willkürlichen Setzen von überflüssigen Buchstaben (*vnnd* »und«, *auff* »auf«, *yß* »iß«).“ (v. POLENZ 1978, 88f)

Weiterhin hat Luther eine nicht unerhebliche Zahl von deutschen Neologismen und Sprichwörtern geschaffen, die nur zum Teil lateinische Formen ersetzten und die heute noch gebräuchlich sind, wie z.B. »Machtwort«, »geistreich«, »Feuereifer« oder »wer anderen eine Grube gräbt, fällt selbst hinein«.

Die ersten Versuche, eine allgemeingültige Rechtschreibnorm zu entwickeln, gehen auf F. FRANGK (»Orthographia«, 1531) und auf H. WOLF (»De Orthographia Germanica«, 1578) zurück. Eine weitere Normierung des Gemeindeutschen wird 1663 durch die Arbeiten J. G. SCHOTTELs erreicht, in denen er nach allgemeinen Regelsätzen für ein Gemeindeutsch sucht. Beispielsweise regelte er „das Wuchern von Konsonantenverbindungen oder Doppelkonsonanten, die seit dem Schwinden phonemischer Geminaten funktionslos geworden waren (z.B. *auff, Gedancken, eintzig, todt* usw. im 16. und 17. Jh.) und die Regelung, daß *v* nur noch für Konsonanten verwendet werden darf (vgl. Luthers *vnnd* für *und* ...).“ (v. POLENZ 1978, 103)

Im weiteren Verlauf der Entwicklung des Deutschen hat sich eine Reihe von Grammatikern um die deutsche Sprache bemüht. Die 1. Orthographische Konferenz fand 1876 in Berlin statt, und 1880 wurde das »Orthographisches Wörterbuch der deutschen Sprache« von K. DUDEN für die deutsche Rechtschreibung verbindlich, das 1986 in der 19. Auflage erschienen ist.

Eine Darstellung der Entwicklung zur gegenwärtigen Rechtschreibnorm des Deutschen findet sich bei BRAMANN (1987). Einen Überblick über die verschiedenen Theorien zur Entstehung der deutschen Schriftsprache gibt BESCH (1987).

III. Die Evolution der Sprache

1. Die evolutive Entwicklung der Interaktionsprozesse

In den vorausgegangenen Kapiteln wurden die Grundlagen der Evolution, die Entwicklung des Menschen und die Bedingungen der stammesgeschichtlichen Kognitions- und Sprachentwicklung sowie die Entwicklung des indoeuropäischen Sprachstammes und der deutschen Sprache dargelegt. In diesem Kapitel soll nun gezeigt werden, daß die menschliche Sprache nicht abrupt entstanden ist, sondern daß die Sprachfähigkeit des Menschen in ein Entwicklungskontinuum der Evolution eingebunden ist.

Zu den grundlegenden Ausstattungsmerkmalen der Lebewesen gehört die Fähigkeit zur Kommunikation. Alle Lebewesen sind in der Lage, aus ihrer Umwelt Informationen aufzunehmen oder Informationen an die Umwelt abzugeben. Die im konkreten Einzelfall auftretende Komplexität dieser Nachrichtenübermittlung kann jedoch außerordentlich schwanken. Einfache Einzeller verfügen über weit weniger Mittel zur Kommunikation als etwa die bereits höher entwickelten Insekten. Aber selbst die höchst evoluierten sozialen Insekten besitzen immer noch einfachere Kommunikationsmöglichkeiten als die niedersten Säugetiere. Das vorläufige Endglied in der aufsteigenden Reihe einer fortschreitend komplizierter werdenden Kommunikation bei Lebewesen ist der Mensch. Die Kontinuität innerhalb der Kommunikationsentwicklung ist nicht offensichtlich. Die Art und Weise des Informationsaustausches zwischen Bakterien einerseits und zwischen Menschen andererseits zeigt auf den ersten Blick keine Gemeinsamkeiten. Entwicklungsgeschichtlich läßt sich jedoch von der einfachen Informationsübermittlung bei Einzellern bis hin zu einer sprachlichen Unterhaltung zwischen zwei Menschen ebenso eine Verbindung herstellen, wie es auch in bezug auf die stammesgeschichtliche Entwicklung der beiden Organismen eine Verbindung gibt. Die Entwicklung der

Psychogenese unterliegt prinzipiell den gleichen Gesetzmäßigkeiten wie die Entwicklung der Biogenese. Allerdings stehen die Einzeller ebensowenig am Anfang der evolutiven »Kommunikationsentwicklung«, wie sie auch nicht am Anfang der Entwicklung des Lebens stehen. Vielmehr müssen die Anfänge der Kommunikation in der *unbelebten Materie* gesucht werden, so wie auch die Anfänge der Entwicklung des Lebens (Biogenese) in der unbelebten Materie zu suchen sind. Sowohl die Entstehung des Lebens als auch die Entstehung der Kommunikation haben ihre Ursachen im Bereich der unbelebten Materie bzw. sind ein evolutives Phänomen der allgemeinen Eigenschaften der Materie.

In ähnlicher Weise, wie es bereits in Kapitel I.4 für die Entwicklung des Menschen und für die Entwicklung der Kognition dargelegt wurde, kommt es auch in der Entwicklung der unterschiedlichen Kommunikationsformen zu qualitativen Sprüngen innerhalb einer kontinuierlichen Höherentwicklung. Um diese qualitativen Unterschiede zu manifestieren, wird in dieser Arbeit von einer Dreistufigkeit in der Komplexität der Informationsübermittlungsprozesse ausgegangen. Diese drei Formen der Informationsübermittlung sollen unter dem allgemeinen Begriff »Interaktionsprozesse« zusammengefaßt werden. Die **drei Typen von Interaktionsprozessen** sind im einzelnen: die **Interaktion**, die **Kommunikation** und die **Sprache**. Wobei unter Kommunikation nicht die *sprachliche* Kommunikation zu verstehen ist, sondern ausschließlich *außersprachliche* Informationsübermittlung bei Mensch und Tier, wie beispielsweise ein Informationsaustausch über Intentionsbewegungen (Drohgebärden, Gesichtsausdruck) oder Lautäußerungen, die aufgrund ihres Signalcharakters lediglich ein bestimmtes Verhalten auslösen. Der Begriff Sprache bezieht sich ausschließlich auf Interaktionsprozesse mit einer Lautsprache, die darüber hinaus auch ein Bewußtsein voraussetzt (siehe Sprachfähigkeit, Kapitel I.4.2) und zu der gegenwärtig allein der Mensch fähig ist. Der grundlegende Interaktionsprozeß in dieser Stufenfolge ist die Interaktion, zu der alle Objekte und Systeme der realen Welt fähig sind.

In den folgenden Abschnitten werden die aufeinander aufbauenden drei Stufen der bisher möglichen Interaktionsprozesse aufgeführt und charakterisiert. Die kontinuierlich verlaufende Entwicklungsreihe der Interaktionsentwicklung mit drei emergenten Stufen (unter funktionellen Gesichtspunkten) soll exemplarisch an einer Reihe von unterschiedlichen Interaktionsprozessen aus dem Bereich der unbelebten und belebten Materie beschrieben werden. Während die kommunikativen Leistungen höherer Säugetiere und die Sprache des Menschen bislang Gegenstand einer Fülle von Untersuchungen waren und als hinreichend bekannt gelten dürfen, ist die Plausibilität der Annahme einer Interaktion bzw. Kommunikation bei unbelebter Materie bzw. einfachsten Organismen nicht ohne weiteres offensichtlich. Das Schwergewicht der Darstellung in dieser Arbeit liegt daher in dem Bereich der untersten Entwicklungsstufen der Interaktionsprozesse. Es soll vor allem die Unhaltbarkeit der willkürlichen Grenzziehung zwischen Kommunikation einerseits und Phänomenen der Physik andererseits, also zwischen Lebewesen und unbelebter Materie, aufgezeigt werden. Nach der Auflösung dieser Grenze ist im weiteren Verlauf die Entstehung der Sprache als weiterer Schritt einer fortschreitenden Komplexitätssteigerung der Interaktionsprozesse zu verstehen.

1.1 Die Interaktion von Materie

In der Entwicklung der Interaktionsprozesse nimmt die physikalische Interaktion der Materie die unterste Stufe ein. Die Interaktion der Materie bzw. zwischen Objekten tritt in vielfältiger Weise auf, wie die folgenden Beispiele kurz andeuten sollen. Es gehört zu den Alltagserfahrungen, daß sich physikalische Körper gegenseitig nicht durchdringen können, da sich Atome und Moleküle ab einem gewissen Punkt der Annäherung heftig abstoßen. Andererseits üben sie aber auch Anziehungskräfte aufeinander aus, die wiederum zu einer Anlagerung und Konformationsänderung der Moleküle führen können. Im folgenden sollen nun einige Beispiele für die Interaktion von Materie aufgeführt werden. So werden in der chemischen Kinetik chemische Gleichgewichtsreaktionen beschrieben, bei denen die Reaktanten eine reversible Verbindung untereinander eingehen und wieder lösen und deren Gleichgewichtszustand von äußeren Faktoren und von Eigenschaften der Umwelt (z.B. der Umgebungstemperatur) beeinflußt wird. Ein ähnliches Beispiel für Interaktion bieten chemische Reaktionen, die durch Anwesenheit einer nicht essentiellen Substanz (Katalysator) katalysiert werden, indem über extrem kurzlebige Zwischenprodukte die Aktivierungsenergie der Reaktion gesenkt wird, der Katalysator nach der Reaktion jedoch wieder in unveränderter Form vorhanden ist. In gleicher Weise verhält es sich bei dem Phänomen der Fokussierung von Lichtstrahlen, die parallel in eine Sammellinse eintreten und im weiteren Verlauf im Brennpunkt gebündelt werden. Hier bewirken die Eigenschaften des Lichts in der Interaktion mit Eigenschaften des Glases bzw. denen des Systems »Linse« das räumliche Verhalten der Fokussierung.

Aufgrund der Entstehung und Entwicklung von Materie (Standardmodell der Kosmologie) ist auch in bezug auf diese allgegenwärtige Interaktion von Materie eine Entwicklungsreihe zu beobachten (RUDER 1987, GEIBEL 1987). Im Bereich der unbelebten Materie stehen in einer der untersten Ebenen der Interaktion die vier Wechselwirkungen zwischen atomaren Teilchen: Die sogenannten starken Wechselwirkungen, die schwachen Wechselwirkungen, die elektromagnetischen Wechselwirkungen und die Gravitationskraft (Massenanziehung). Am Phänomen der Massenanziehung ist die permanente und unvermeidbare Interaktion zwischen Objekten am einfachsten zu verdeutlichen.

Ähnlich wie bei einem elektrischen Feld bewirkt die Existenz einer schweren Masse über die Massenanziehung ein vektoriell beschreibbares Gravitationsfeld. Die Stärke des Feldes nimmt mit zunehmender Entfernung vom Massekörper ab, und innerhalb des Gravitationsfeldes wird durch die Existenz einer zweiten schweren Masse (mit eigenem Gravitationsfeld) eine Gravitationskraft zwischen beiden Massen verursacht. Die Gravitation ist eine der schwächsten Kräfte, und so steht die Gravitationskraft z.B. zur (elektrischen) Coulombschen Kraft zweier Protonen im Verhältnis von $1 : 8,4 \cdot 10^{-37}$. Trotz der geringen Stärke dieser Kraft fehlt es nicht an anschaulichen Beispielen für die Wirkung der Massenanziehung. Allgemein bekannt ist etwa die Kraft, mit der ein auf der Erdoberfläche stehender Mensch die Erde anzieht bzw. die Erde einen Menschen anzieht, das sogenannte Körpergewicht dieses Menschen. Als Wirkung der Gravitation ebenso vertraut sind die durch Mond und Sonne verursachten Gezeiten der Weltmeere.

Die systemtheoretische Verbindung der Kommunikation zwischen Lebewesen einerseits und der Interaktion zwischen physikalischen Objekten andererseits ist nun durch den gesetzmäßigen Zusammenhang und die Unvermeidbarkeit der Massenanziehung gegeben, wie folgendes Gedankenbeispiel zeigen soll. Zwei Lebewesen könnten die Massenanziehung durchaus als Kommunikationskanal einfachster Art benutzen und die Stärke der Kraft als Information auswerten. Voraussetzung wäre, daß der gesetzmäßige Zusammenhang (Gravitationsgesetz) sowie die Größe der eigenen Masse im Zentralnervensystem der Lebewesen abgebildet ist, also in der Stammesgeschichte erworben oder in der Ontogenese erlernt wurde. Ein solches Lebewesen könnte durch die Perzeption (Wahrnehmung) der Massenanziehung und durch eine Entfernungsbestimmung die Masse des anderen Lebewesens berechnen oder (bei identischen Massen der Lebewesen) die Entfernung des zweiten Lebewesens bestimmen. Für solche Lebewesen würde demnach die Stärke der Massenanziehung eine Information bedeuten. In diesem Fall hätten zwei Lebewesen mittels Gravitation kommuniziert, da beide über Informationen des anderen verfügen. Eine permanent vorhandene physikalische Eigenschaft erhält somit lediglich dadurch den Status »Information«, als die beteiligten Objekte diese Eigenschaften auswerten.

Völlig identische Verhältnisse liegen nun vor, wenn zwei Objekte der unbelebten Materie, z.B. zwei Steine, über die physikalische Massenanziehung miteinander interagieren. Im Prinzip ist der Informationsgehalt dieser Interaktion mit der im vorherigen Beispiel identisch, jedoch sind Steine selbstverständlich nicht in der Lage, diese Information als solche wahrzunehmen, eine Adaptationsleistung zu zeigen und somit zu kommunizieren. Lediglich die aktive Auswertung von Interaktionsprozessen entscheidet somit über die Frage, ob kommuniziert wurde. Die in beiden Fällen abgelaufenen physikalischen Vorgänge sind prinzipiell identisch. In bezug auf die Interaktionsprozesse befinden sich Steine im Bereich der untersten Stufe.

Diese Art der Betrachtungsweise von Interaktionen der Materie ist auch bei dem Vorgang der folgenden chemischen Reaktion der Substanzen $AB + C \rightarrow AC + B$ möglich, bei der die Substanz C die Verbindung AB aufbricht und dann mit A eine stärkere Verbindung AC eingeht, während B frei wird. Die chemische Reaktion ist natürlich auf die Wirkung von Kräften zurückzuführen. Der in diesem Zusammenhang jedoch interessierende Aspekt der besonderen Sichtweise betrifft die Verhaltensleistung der Atome, die voraussehende Quasi-Perzeption. Die Frage muß lauten: »Wie können die Substanzen A und C von ihrer Nachbarschaft wissen und eine Verbindung miteinander eingehen, kurz bevor die Substanzen A und B zerfallen?«. Auch in diesem Beispiel wird in gewisser Weise Information zwischen den einzelnen Substanzen *vermittelt*, die zu der beschriebenen chemischen Reaktion führt. Die Frage vermag das zumeist nur für biologische Systeme interpretierte Phänomen der *Perzeption* zumindest zu problematisieren. Es ist durchaus möglich, den Begriff der Perzeption von Umwelteigenschaften in gewisser Weise auch auf unbelebte Systeme zu übertragen. Der Unterschied zwischen der Interaktion von Objekten und der Kommunikation von Lebewesen – im einfachsten Fall von Kommunikation, sozusagen im Grenzbereich zwischen beiden Phänomenen – ist nur graduell. Einfachste Kommunikationsprozesse bei Lebewesen unterscheiden sich von Interaktionen der Materie lediglich durch die *spezielle Form der Perzeption* der Interaktionsprozesse durch Organismen. Nur aufgrund der *allgemeinen Lernfähigkeit* und der Möglichkeit zur *Adaptationsleistung* des offenen Systems »Lebewesen« sind die Interaktionsprozesse von Organismen als Kommunikation zu bezeichnen. Im Bereich der unbelebten Materie hingegen unterscheiden sich wiederum die Interaktionsprozesse komplexer unbelebter Systeme kaum von einfachen Kommunikationsprozessen bei Organismen, dennoch ist hier von einer Interaktion zu sprechen.

Die oben aufgeführten Beispiele zeigen, daß der Begriff der Information in diesem Zusammenhang nur eine untergeordnete Bedeutung erlangt. Alle real existierenden Körper interagieren miteinander, da es gar nicht möglich ist, nicht mit seiner Umwelt in einer Wechselbeziehung zu stehen. Gleichzeitig läßt die individuelle Ausprägung der jeweiligen Interaktionen Rückschlüsse auf die miteinander Interagierenden zu. Die Art und Weise der Interaktionen steht somit in direktem Zusammenhang mit den Eigenschaften ihres Verursachers. Jede existierende Form gibt damit zu jedem Zeitpunkt eine Fülle von Informationen ab, somit können alle an die Existenz eines Objektes gekoppelten Veränderungen der Umwelt den Status einer Information erhalten. Es ist lediglich so, daß die meisten dieser Informationen nicht aktiv aufgenommen und ausgewertet werden, was aber nichts an ihrer prinzipiellen Tauglichkeit ändert. Zwischen Information und Nicht-Information zu unterscheiden bedeutet daher nichts anderes, als eine subjektive und nicht zu rechtfertigende Wertung von Interaktionsprozessen vorzunehmen, die sich an dem Kriterium »Lebendigkeit« orientiert. Dieses Kriterium ist jedoch nicht zu objektivieren.

Der Begriff der Information hat in der Nachrichtentechnik durchaus seine Berechtigung, da es in speziellen Problemsituationen durchaus darauf ankommt, die Informationsmenge und den Informationsfluß zwischen Einheiten technisch beschreibbar und kontrolliert zu handhaben. In bezug auf den Zusammenhang von Interaktion, Kommunikation und Sprache ist der Informationsbegriff zunächst unwichtig. Er erscheint als eine völlig willkürliche Grenzziehung in einem Kontinuum von Interaktionsprozessen. Nur wenn **lebende** Systeme Interaktionsprozesse wahrnehmen, wird üblicherweise von Informationsaufnahme gesprochen, lediglich die Art der Perzeption (Wahrnehmung) entscheidet somit, ob etwas als Information oder nur als Rauschen beurteilt wird. Bedenkt man nun den fließenden Übergang zwischen Interaktion von Biomolekülen und Perzeption bei Lebewesen, wird die Schwierigkeit dieser Beurteilung deutlich. Weiterhin ist es innerhalb der Biologie überhaupt nicht möglich, eindeutige Kriterien für »Leben« anzugeben. Dies alles zeigt, daß es sich bei dem Begriff der Information durchaus um einen nützlichen Terminus handelt, der bei der technischen Bewältigung alltäglicher Probleme seine Berechtigung hat, der aber für die Beurteilung von Interaktionsprozessen nicht hinzugezogen werden kann.

Die bisherigen Theorien zum Prozeß der Biogenese zeigen, in welcher komplizierten Weise komplexe Systeme der unbelebten Materie (Moleküle) miteinander interagieren. Als Beispiele dienen etwa die Kondensationsreaktionen zu Biopolymeren oder die Formierung der Mikrosphären als eine komplizierte Verschachtelung von quasi physikalisch perzipierten Eigenschaften der Umgebung sowie Eigenschaften der eigenen Struktur. Weiterhin sind nach WEISS (1981) anorganische Systeme (Schichtsilikate) in der Lage, ein physikalisches Verhalten zu zeigen (Replikation), das im Bereich der belebten Materie ohne Zweifel als Ergebnis eines sehr einfachen Kommunikationsprozesses gelten könnte. „Das Prinzip der Replikation und Selbstvervielfachung ist eine allgemeine Eigenschaft bestimmter makromolekularer Systeme; es ist nicht auf das Nucleinsäure-Protein-System beschränkt." (WEISS 1981, 853)

„Wenn die Replikation eine allgemeinere Eigenschaft bestimmter makromolekularer Systeme ist, könnte das DNA-Protein-System eine besonders perfekte Realisation dieses Prinzips sein, allen anderen weit überlegen hinsichtlich der maximalen Replikationsgeschwindigkeit, der Entropieproduktion und der Anpassung an die sich durch die chemische Evolution verändernde Umwelt und deshalb von allem Leben, das wir kennen, ausschließlich verwendet." (WEISS 1981, 844)

Bereits ein physikalisches System kann daher durch einen komplizierten Verbund von beeinflußbaren Eigenschaften seiner Komponenten sein eigenes physikalisches Verhalten in der Interaktion mit anderen Systemen verändern. Daher sind im physikalischen Verhalten von Molekülsystemen die ersten Ereignisse zu beobachten, die bei Organismen bereits als Kommunikation bezeichnet werden. Die Kommunikation zwischen Lebewesen ist die Fortführung der Interaktion von Materie auf einer höheren Stufe. Beide Interaktionsprozesse sind auf die systemimmanenten Eigenschaften der Materie und auf Mechanismen der natürlichen Technologie (Evolution) zurückzuführen. Sie sind somit durch die allgemein gültigen evolutiven Prozesse zu beschreiben.

1.2 Die Kommunikation von Lebewesen

Die kontinuierliche Entwicklungsgeschichte der Interaktionsprozesse vollzieht ihren ersten qualitativen Sprung mit der Biogenese. Nach der Entstehung der Materie und ihrer weiteren unabhängigen Entwicklung, entsteht durch die Biogenese in relativ kurzer Zeit ein nächsthöheres qualitatives Plateau der Interaktionsprozesse: die Kommunikation. Die Entwicklung der im vorherigen Abschnitt beschriebenen Interaktion der Materie hört jedoch nicht auf, sondern setzt sich auch innerhalb der belebten Materie weiter fort. Es existieren seither zwei unabhängige, jedoch aufeinander aufbauende Entwicklungslinien der Interaktionsprozesse. Die im Detail unscharfe Grenzlinie zwischen der 1. Stufe (Interaktion) und der 2. Stufe (Kommunikation) verläuft dabei beispielsweise zwischen den Vorgängen bei der physikalischen Replikation von Schichtsilikaten einerseits und der DNS-Replikation bei Organismen andererseits. Innerhalb der allgemeinen Evolution verläuft parallel zur Entwicklung der Organismen die eigenständige Entwicklung der Kommunikation. Um eine aufsteigende Reihe von Interaktionsprozessen bei Organismen aufzuzeigen, sollen im folgenden die Kommunikation zwischen biologischen Makromolekülen, die Kommunikation zwischen Phagen und Bakterien, die Kommunikation zwischen Insekten und die Kommunikation zwischen Säugetieren bis hin zur Kommunikation beim Menschen beschrieben werden.

1.2.1 Kommunikation bei biologischen Makromolekülen

Zu den einfachsten Formen der Kommunikation bei Lebewesen gehören die Vorgänge zwischen biologischen Makromolekülen, wie sie etwa im genetischen Material zu finden sind. Das Genom, das genetische Material eines Organismus, hat im wesentlichen zwei Aufgaben zu leisten: Einerseits die Herstellung eines eigenen Doppelgängers durch die identische Reduplikation und andererseits die Aufbaufunktion der Proteine des Körpers. Die dazu notwendige Kommunikation zwischen biologischen Makromolekülen soll hier exemplarisch an einem kurzen Ausschnitt der Proteinproduktion, der sogenannten Proteinbiosynthese, verdeutlicht werden. Die Proteinsynthese läuft dabei in zwei Phasen ab, der Transkription und der Translation.

	Transkription		Translation	
DNS	───────────►	m-RNS	───────────►	Protein

Stark vereinfacht läßt sich der Vorgang wie folgt beschreiben:
Träger der genetischen Information ist die Desoxyribonukleinsäure (DNS), eine Folge von Makromolekülen in Form zweier schraubig gewundener Stränge (Doppelhelix). Zunächst wird durch ein Enzym die schraubige Struktur der zwei DNS-Stränge gelöst. Nur einer der beiden Stränge, der codogene Strang, dient als Matrize für die nun zu synthetisierende Messenger-Ribonukleinsäure (m-RNS), die anschließend die Botenfunktion übernimmt und die Information der DNS den Ribosomen übermittelt. Der DNS-Strang wird abgelesen und dabei die m-RNS aus freien Nukleotiden synthetisiert (Transkription). Die m-RNS überbringt im weiteren Verlauf die genetische Information von der DNS zu den Ribosomen, also denjenigen Zellbestandteilen, die die eigentliche Proteinbiosynthese vollziehen (vgl. Abbildung 54). Bei diesem Vorgang ist der Zeichensatz beschränkt, die Menge der möglichen Informationen aber nahezu unbegrenzt.

Die Transkription beginnt an einem bestimmten Punkt der DNS und läuft von dort in eine vorgegebene Richtung weiter. Ist eine funktionelle Einheit der DNS transkribiert, bewirken Stoppsignale auf der DNS über den sogenannten ϱ-Faktor die Beendigung des Vorgangs. So werden unterschiedlich lange m-RNS Ketten mit dem Code zur Herstellung von unterschiedlich langen Polypeptiden synthetisiert, die

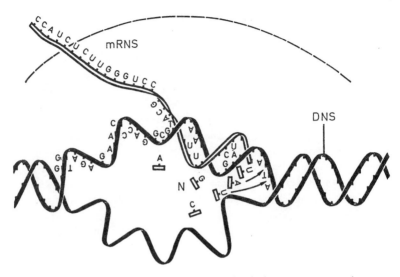

Abb. 54: Der Vorgang der Transkription: Der durch das Enzym RNS-Polymerase aufgespleißte Doppelstrang der DNS mit nur teilweise eingezeichneten Nukleotiden und ihren Basen Adenin, Cytosin, Guanin und Thymin (A, C, G und T). Aus den freien Nukleotiden (N) wird die Messenger-Ribonukleinsäure (m-RNS) in Form einer Matrize längs des codogenen DNS-Strangs synthetisiert und die Information weitergegeben (aus HADORN & WEHNER 1986, 79).

beispielsweise bei dem Bakterium *Escherichia coli* aus 1.000 bis 2.000 Nukleotiden bestehen. Jeweils drei Nukleotide der m-RNS mit ihren Basen bilden dabei ein Codon, die kleinste bedeutungstragende Einheit der Proteinsynthese (Triplett-Code). Wäre jeweils nur eine der vier verschiedenen Basen allein für eine Aminosäure verantwortlich, könnten lediglich vier Aminosäuren codiert werden. Eine Codierung durch Zweiergruppen würde nur $4^2 = 16$ der 20 verschiedenen Aminosäuren abdecken. Erst der Triplett-Code ist numerisch in der Lage, die 20 Aminosäuren zu codieren ($4^3 = 64$) (vgl. Abbildung 55).

Im weiteren Verlauf der Proteinbiosynthese müssen nun die m-RNS Matrizen zu den Ribosomen gelangen und muß in der Reihenfolge des Codes, der Zusammenbau der Aminosäuren zu Proteinen erfolgen. Nachdem eine m-RNS Kette sich zu den Ribosomen hinbewegt hat, werden die Aminosäurenbausteine gemäß der Instruktion der m-RNS

Z w e i t e   B a s e

		U	C	A	G		
		Phe	Ser	Tyr	Cys	U	
		Phe	Ser	Tyr	Cys	C	
	U	Leu	Ser	*Stop*	*Stop*	A	
		Leu	Ser	*Stop*	Trp	G	
		Leu	Pro	His	Arg	U	D r i t t e
		Leu	Pro	His	Arg	C	
	C	Leu	Pro	Gln	Arg	A	
		Leu	Pro	Gln	Arg	G	
E r s t e B a s e		Ile	Thr	Asn	Ser	U	B a s e
		Ile	Thr	Asn	Ser	C	
	A	Ile	Thr	Lys	Arg	A	
		Start	Thr	Lys	Arg	G	
		Val	Ala	Asp	Gly	U	
		Val	Ala	Asp	Gly	C	
	G	Val	Ala	Glu	Gly	A	
		Val	Ala	Glu	Gly	G	

Abb. 55: Der genetische Code: Die 64 möglichen Tripletts (Codons) der vier Basen (U, C, A, G) der m-RNS und die von ihr codierten Aminosäuren. So bewirkt beispielsweise das m-RNS Triplett »ACA« die Synthese von Tyrosin, das Triplett »CGC« die Synthese von Arginin usw. Die Dreierkombination »AUG« wirkt als Startsignal (Startcodon), die Kombinationen »UAA«, »UGA« und »UAG« sind Terminalpunkte (Stopcodon). Die Abkürzungen stehen für folgende Aminosäuren: Phe = Phenylalanin, Leu = Leucin, Ile = Isoleucin, Val = Valin, Ser = Serin, Pro = Prolin, Thr = Threonin, Ala = Alanin, Tyr = Tyrosin, His = Histidin, Gln = Glutamin, Asn = Asparagin, Lys = Lysin, Asp = Asparaginsäure, Glu = Glutaminsäure, Cys = Cystein, Trp = Tryptophan, Arg = Arginin, Gly = Glycin.

Tripletts aneinandergereiht und miteinander verbunden. Ein Transportsystem in Form der Transfer-Ribonukleinsäure (t-RNS) hat spezifische Aminosäuren angekoppelt und transportiert diese so zu den Ribosomen. Hier werden die unterschiedlichen Aminosäuren gemäß der m-RNS codierung zu unterschiedlichen Proteinen verbunden (vgl. Abbildung 56).

Ein bestimmtes Stück DNS bestimmt daher mittels seines »Abdruk-kes« auf der m-RNS die Reihenfolge der Aminosäurenkette am Ribo-

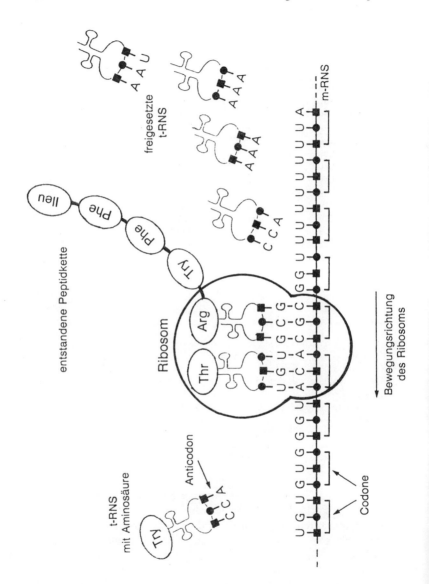

som und somit die Herstellung eines bestimmten Proteins, welches dann beispielsweise als Strukturprotein, als Enzym oder als regulatorisches Protein funktioniert. Lediglich vier Basen bilden daher den für alle Organismen gültigen universellen genetischen Code, nach welchem alle Lebewesen ihre speziellen Aminosäureketten codieren und den sie als Bauplan für den gesamten Organismus an ihre Nachkommen weitergeben. Allerdings ist seit 1979 bekannt, daß Mitochondrien geringfügige Abweichungen im genetischen Code aufweisen, und neuerdings sind auch bei verschiedenen Einzellern (z.b. *Paramecium*) Abweichungen festgestellt worden (PREER, PREER, RUDMAN & BARNETT 1985). Diese Ciliaten benutzen nur noch eines der drei Stopcodons als Terminalpunkt, zwei dieser Kombinationen codieren die Aminosäure Glutamin. Bei den Ciliaten ist offenbar an dieser Stelle gewissermaßen ein genetischer Dialekt entstanden. Dennoch kann von der Universalität des genetischen Codes ausgegangen werden, da beispielsweise die spezielle genetische Produktionsanweisung einer Pflanze oder eines Fisches mit dem Translationsmechanismus des Menschen das gleiche Protein hervorbringen würde. In gleicher Weise hat JERNE (1985) eine Analogie zwischen einer generativen Grammatik und dem Immunsystem beschrieben, in dem mit beschränkten Mitteln eine unendliche Anzahl von möglichen Antikörpern codiert werden kann. „I find it astonishing that the immune system embodies a degree of complexity that suggests some more or less superficial, though striking, analogies with human language and that this cognitive system

---

Abb. 56: Das stark vereinfachte Modell der Proteinbiosynthese. Zunächst wird der DNS-Doppelstrang gespleißt und von einem Strang durch die m-RNS ein komplementärer Abdruck erzeugt (vgl. Abbildung 54). Der genetische Code geht dabei auf eine Folge von jeweils drei Nukleotiden mit ihren Basen zurück (m-RNS Triplett, Codon). An einem Ribosom werden nun die, von der t-RNS transportierten und aufgrund von Adaptermolekülen spezifisch angekoppelten Aminosäuren zu einer Kette zusammengefügt. Die Reihenfolge der Aminosäure ergibt sich durch die Beachtung der komplementären Nukleotidsequenzen zwischen der m-RNS und der t-RNS. So ergibt beispielsweise ein DNS Triplett in Abb. 54 GCG das m-RNS Triplett CGC, welches am Ribosom die Aminosäure Arginin codiert, indem nur eine t-RNS mit dem komplementären Triplett GCG angelagert werden kann. t-RNS mit dem Triplett GCG kann ihrerseits nur die Aminosäure Arginin geladen haben.

has evolved and functions without the assistance of the brain." (JERNE 1985, 1059)

Die in diesem Abschnitt beschriebenen Interaktionsprozesse zwischen biologischen Makromolekülen stehen an der Basis der Kommunikation bei Lebewesen. Es handelt sich somit um die einfachsten biologischen Kommunikationsformen, die sich jedoch eindeutig von den Interaktionen der unbelebten Materie unterscheiden. Alle weiteren und höher evoluierten Kommunikationsprozesse der Lebewesen sind letztlich nur auf die leistungsfähigere Abbildung der Umwelteigenschaften der Organismen zurückzuführen. Eine geringfügig höhere Entwicklungsform der Kommunikation als bei unbelebter Materie ist bei den Viren zu finden, die sich an der Grenze zwischen Biomolekülen und Organismen befinden.

1.2.2 Kommunikation bei Viren

Im folgenden Abschnitt soll am Beispiel eines Virus eine, im Vergleich zu den Biomolekülen höhere Kommunikationsform dargestellt werden. Wenngleich Viren auch nicht die phylogenetische Vorstufe von Organismen sind, so stehen sie dennoch an der Schwelle zwischen belebter und unbelebter Materie. Sie besitzen zwar viele Merkmale des Lebendigen, gelten aber nur als eine Form von verselbständigtem Zellbestandteil, da Viren obligatorische Parasiten sind und sich nur in lebenden Zellen vermehren können. Insofern sind Viren in besonderer Weise geeignet, eine Verbindung zwischen den Interaktionsprozessen von belebter und unbelebter Materie aufzuzeigen, da sie selbst an dieser Schwelle stehen.

Viren bestehen im einfachsten Fall aus Nukleinsäure – DNS oder RNS als Träger der Erbinformation – und einer einfachen Proteinhülle. Sie verfügen weder über einen Energiestoffwechsel noch können sie selbstständig Proteine synthetisieren. Sie sind lediglich als infektiöse Nukleinsäurepakete zu betrachten. Die bislang bekannte Variationsbreite der Anzahl der Gene von Viren, reicht von drei Genen bei dem Qβ-Phagen bis zu 250 Genen beim Pockenvirus. Zum Vergleich, die Fruchtfliege (*Drosophila*) besitzt schätzungsweise 80.000, die Hausmaus (*Mus*) schätzungsweise 5 Mio Gene pro Genom.

Am Beispiel eines Phagen (Virus, der ausschließlich Bakterien befällt) soll nun ein Vorgang geschildert werden, bei dem in einem kommunikativen Prozeß Informationen in eine Richtung übertragen werden. Der Phage T4 besteht aus einem DNS-haltigen »Kopf«, einer schraubigen »Röhre« mit einer Endplatte und Klauen sowie sechs ausklappbaren Röhrenfäden. Die Injektion der DNS in das Wirtsbakterium (*Escherichia coli*) wird durch die Kontraktion der Röhre erreicht (vgl. Abbildungen 57 und 58).

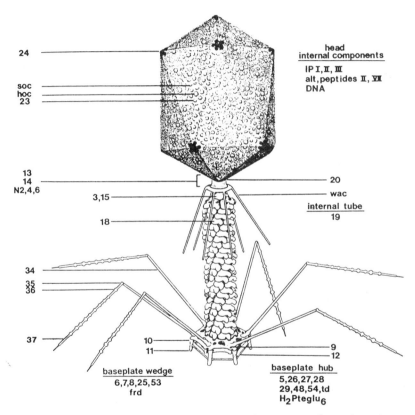

Abb. 57: Schematische Darstellung des Bakteriophagen T4. Jede Struktur des Phagen besteht aus speziellen Proteineinheiten, die sich von selbst zu den entsprechenden geometrischen Gebilden zusammenlagern. Die Zahlen bezeichnen diejenigen Gene der Phagen-DNS, die die jeweiligen Proteine codieren (aus EISERLING 1983, 13).

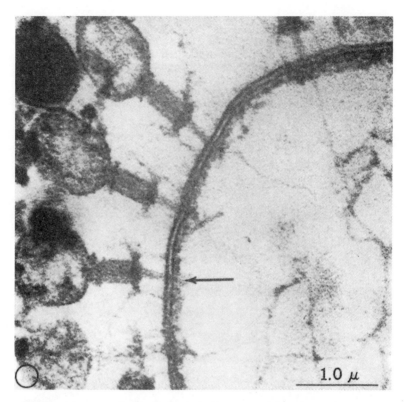

Abb. 58: Elektronenmikroskopische Aufnahme von Bakteriophagen des Typs T4. Die Phagen sitzen an der Zellwand eines Bakteriums (*Escherichia coli*). Der Pfeil zeigt auf die injizierte Kanüle der kontrahierten Röhre des Phagen. Die dünnen Fäden (ø = 2 nm) sind die Phagen-DNS, die Phagenlänge beträgt ca. 2,5 μm (aus FRAENKEL-CONRAT 1974, 161).

Im Verlauf der Virusinfektion prallt ein T4 zunächst passiv auf ein *E. coli,* und die Röhrenfäden leiten den Anheftungsvorgang ein, indem sie bestimmte Rezeptorstellen auf der Oberfläche des Bakteriums erkennen. Nachdem die Endplatte befestigt ist, bewirkt ein Enzym die Auflösung der Bakterienzellwand an der Kontaktstelle der Endplatte. Durch die Kontraktion der Röhre wird die Röhrenkanüle durch die Zellmembran gedrückt und der 55 μm lange DNS-Faden in das Bakterium injiziert. Nach dem Ausstoß der DNS bleibt nur noch die leere

Eiweishülle des Phagen übrig. Der gesamte Bewegungsvorgang der
Kontraktion ist auf Konformationsänderungen der Eiweismoleküle
zurückzuführen, die ausgelöst werden, wenn an chemischen Rezeptoren bestimmte Verbindungen eingegangen werden. Der Vorgang ist
nicht mit den Formen einer reversiblen Bewegung bei anderen Lebewesen (z.B. Muskelbewegung) zu vergleichen, er ist lediglich als Entspan-
nung eines metastabilen Zustandes von Proteinmolekülen zu verstehen. Dennoch ist der Bewegungsablauf des Phagen als eine modellhafte
Vorstufe einer angeborenen Verhaltensleistung bzw. eines Reflexes bei
»echten« Lebewesen anzusehen.

Bereits einige Minuten nach der Infektion des Bakteriums wird die
Synthese bakterieneigener DNS gestoppt und das Steuerprogramm
des Bakteriums gestört. Durch die dem Bakterium aufgezwungene
Information der Phagen-DNS wird der Bakterienstoffwechsel angeregt
und Nährstoffe (Glucose, Salze usw.) werden verstärkt aus dem umge-
benden Medium aufgenommen. Da die Nukleinbausteine des Informa-
tionsträgers DNS unspezifisch sind, wird durch die Phagen-DNS auch
die Bakterien-DNS zerstört und deren Bausteine somit für die neue
Aufgabe verfügbar gemacht. Unter Benutzung großer Fertigungskapa-
zitäten und Ressourcen beginnt das Bakterium nun die fremden Phagenproteine und Nukleotide zu synthetisieren. Die Phagenproteine
formieren sich zu leeren Phagen, die neuproduzierte Phagen-DNS rollt
sich zusammen und gelangt in die Phagenköpfe. Nach 25 bis 30
Minuten hat das Bakterium unter der Anleitung des genetischen Codes
der Phagen-DNS mit seinem eigenen Stoffwechsel ca. 100 bis 200 neue
Phagen synthetisiert. Der letzte Punkt des Arbeitsprogramms bewirkt
die Befreiung der produzierten Phagen, indem das Bakterium durch
das Steuerprogramm der anfänglich injizierten Phagen-DNS ein Enzym
aufbaut, welches die eigene Bakterienzellwand auflöst (vgl. Abbildung
59).

Zwei Aspekte der oben geschilderten Phagenvermehrung sollen nun
exemplarisch als kommunikativer Vorgang beschrieben werden, bei
dem zwei unterschiedlich komplexe, adaptive Verhaltensleistungen
auftreten: der Eingriff in das Steuerzentrum des Bakteriums und die
Selbstorganisation der Phagenbausteine („Self-Assembly"). Mit der 50
μm langen DNS-Doppelhelix hat der Phage ca. 200 Gene in das
Bakterium eingebracht. Die spezielle Anordnung der vier organischen
Basen Adenin, Thymin, Cytosin und Guanin, die universell in der

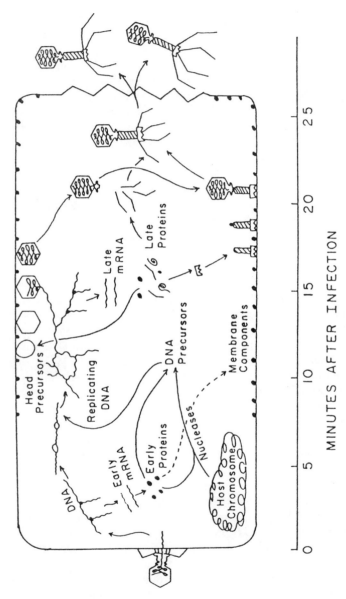

MINUTES AFTER INFECTION

Abb. 59: Die schematische Darstellung der Infektion eines Bakteriums durch einen T4-Phagen: Bindung, Penetration, Injektion und Phagenvermehrung. Im Wirtsbakterium werden von der injizierten DNS m-RNS Matrizen erstellt und an unterschiedlichen Membrankomponenten des Bakteriums werden die verschiedenen Proteine synthetisiert, welche sich dann selbsttätig zu kompletten Bakteriophagen zusammensetzen. Erst nach dem Verlassen des Bakteriums werden die Phagen aktiv (aus GUTTMAN & KUTTER 1983, 9).

DNS eines jeden Organismus Verwendung finden (genetischer Code), bewirkt die zerstörerische Phagenproduktion des Bakteriums durch das Bakterium selbst. Aufgrund der universellen Gültigkeit des genetischen Codes ist das Stoffwechselsystem des Bakteriums nicht in der Lage, die Akzeptanz des Phagenbauplans zu verhindern. Des weiteren besitzt der genetische Code der vier Basen nicht nur eine universelle Gültigkeit, sondern ist auch in der Lage, unendlich viele Informationen abzubilden (vgl. Abbildung 60).

Der zweite kommunikative Aspekt betrifft die Selbstorganisation der einzelnen Phagenbausteine. Darunter ist der quasi selbsttätige Zusammenbau von einzelnen Makromolekülen zu einem System zu verstehen. Diese Art der Selbstorganisation findet sich auch bei anderen biologischen Strukturen, beispielsweise bei Aktin- und Myosinfilamenten, Flagellen und bei Ribosomen. Es bedarf lediglich eines geeigneten Milieus in bezug auf den pH-Wert und die Temperatur, und die einzelnen Proteine lagern sich von selbst zu komplexen Systemen zusammen. Es ist daher möglich, makromolekulare Bausteine des Phagen in vitro zusammenzuführen und so ein funktionsfähiges Gesamtsystem, ein komplettes Virus, zu erhalten. So wie ein verdrilltes Gummiband nach einer Dehnung wieder in eine (allerdings zufällige) Struktur zurückschnappt, so konstituieren sich in ähnlicher Weise komplette Phagen aus den entsprechenden Proteinen selbständig. Die Ursache für diese autoplastische Adaptation liegt in inter- und intramolekularen Kräften der Proteine. Wechselwirkungen in Form der sogenannten nicht-kovalenten Kräfte — wie Dispersionskräfte, elektrostatische Wechselwirkungen, hydrophobe Kräfte und Wasserstoffbrücken — gehören zum Eigenschaftsinventar der strukturierten Untereinheiten der Proteine. Lassen die Umweltbedingungen es zu, bewirken und ermöglichen diese strukturiert auftretenden Interaktionen der Proteine nur eine einzige Form der Anlagerung eines Proteins an ein bestimmtes anderes Protein.

Einzelne Proteine lagern sich zu produzierenden funktionellen Maschinerien an, wie etwa zu Ribosomen (Zellorganelle, die Proteine synthetisiert) oder zu den hier beschriebenen parasitischen Phagen. In diesem Beispiel kommt es aufgrund der strukturierten Wirkung von Interaktionen der untersten Stufe von Materie zur Produktion von funktionellen, sich selbst reproduzierenden Systemen (Phagen). Es wird eine adaptive Verhaltensleistung von Makromolekülen erbracht,

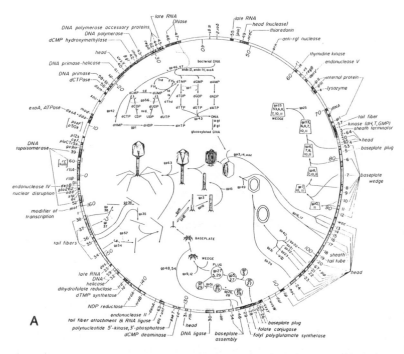

Abb. 60: A. Die Genkarte des Bakteriophagen T4. Der Ring zeigt die bisher identifizierten Orte der Gene der Phagen-DNS mit ihren Genprodukten wie „late RNA", „head" oder „baseplate assembly" und der Reihenfolge ihres Zusammenbaues. Die gesamte genetische Information des Phagen T4 ist in Form von 166.000 Basenpaaren codiert (aus MATHEWS, KUTTER, MOSIG & BERGET 1983, ii).

die nur durch einen kommunikativen Vorgang zu beschreiben ist. In dem unscharfen Grenzbereich zwischen belebter und unbelebter Materie treten somit Ereignisse auf, die sowohl durch Interaktion als auch durch Kommunikation adäquat beschrieben werden können.

1.2.3 Neurale Kommunikation – Hormonale Kommunikation – Pheromone

Die nächsthöheren Formen kommunikativer Vorgänge bei Lebewesen sind in den Prozessen zu sehen, die aufgrund chemischer oder elektrischer Signale zwischen Zellen, Organen oder Individuen ablaufen.

```
ATG AAA CTG TCT AAA GAT ACT ACT GCT CTG CTT AAA AAT TTC GCT ACT ATT AAC TCT GGT ATT ATG CTT AAA TCC
MET-LYS-LEU-SER-LYS-ASP-THR-THR-ALA-LEU-LEU-LYS-ASN-PHE-ALA-THR-ILE-ASN-SER-GLY-ILE-MET-LEU-LYS-SER-

GGT CAA TTT ATT ATG ACT CGC GCA GTT AAT GGT ACA ACT TAT GCG GAA GCA AAT ATT TCT GAC GTT ATT GAT TTT
GLY-GLN-PHE-ILE-MET-THR-ARG-ALA-VAL-ASN-GLY-THR-THR-TYR-ALA-GLU-ALA-ASN-ILE-SER-ASP-VAL-ILE-ASP-PHE-

GAT GTA GCA ATT TAC GAT TTG AAC GGT TTT CTC GGT ATT CTG TCT TTA GTT AAT GAT GCA GAA ATT TCC CAG TCA
ASP-VAL-ALA-ILE-TYR-ASP-LEU-ASN-GLY-PHE-LEU-GLY-ILE-LEU-SER-LEU-VAL-ASN-ASP-ALA-GLU-ILE-SER-GLN-SER-

GAA GAT GGA AAT ATT AAA ATT GCT GAT GCC CGC TCA ACA ATT TTT TGG CGA GCA GCC GAT CCG AGT ACA GAT GTT
GLU-ASP-GLY-ASN-ILE-LYS-ILE-ALA-ASP-ALA-ARG-SER-THR-ILE-PHE-TRP-PRO-ALA-ALA-ASP-PRO-SER-THR-VAL-VAL-

GCT CCT AAT AAA CCA ATT CCA TTC CCG GTA GCA TCT GCT GTT ACT GAA ATT AAA GCT GAA GAC CTT CAA CAG CTG
ALA-PRO-ASN-LYS-PRO-ASN-PRO-PHE-PRO-VAL-ALA-SER-ALA-VAL-THR-GLU-ILE-LYS-ALA-GLU-ASP-LEU-GLN-GLN-LEU-

TTG CGT CTA TCT CGT GGT CTG CAA ATT GAT ACA ATT GCT ATC ACG GTA AAA GAA GGT AAA ATC GTA ATT AAC GGT
LEU-ARG-VAL-SER-ARG-GLY-LEU-GLN-ILE-ASP-THR-ILE-ALA-ILE-THR-VAL-LYS-GLU-GLY-LYS-ILE-VAL-ILE-ASN-GLY-

TTT AAT AAA GTA GAA GAT TCT GCT CTG ACC CGT GTT AAA TAT TCT TTG ACT CTT GGT GAT TAT GAT GGT GAA AAT
PHE-ASN-LYS-VAL-GLU-ASP-SER-ALA-LEU-THR-ARG-VAL-LYS-TYR-SER-LEU-THR-LEU-GLY-ASP-TYR-ASP-GLY-GLU-ASN-

ACA TTT AAT TTC ATT ATC AAT ATG GCA AAT ATG AAA ATG CAA CCA GGA AAT TAT AAA CTT CTG CTT TGG GCA AAA
THR-PHE-ASN-PHE-ILE-ILE-ASN-MET-ALA-ASN-MET-LYS-MET-GLN-PRO-GLY-ASN-TYR-LYS-LEU-LEU-LEU-TRP-ALA-LYS-

GGT AAA CAA GGT GCT GCT AAA TTT GAA GGT GAA CAC GCG AAT TAT GTG GTA GCT CTT GAA GCT GAT TCT ACC CAC
GLY-LYS-GLN-GLY-ALA-ALA-LYS-PHE-GLU-GLY-GLU-HIS-ALA-ASN-TYR-VAL-VAL-ALA-LEU-GLU-ALA-ASP-SER-THR-HIS-

GAT TTT TAA TAG
ASP-PHE-END-END-
```

B

B. Die Nukleotidsequenz des Gens Nr. 45 (obere Reihe) und die codierten Aminosäuren der Tripletts (untere Reihe). Das Triplett »ATG« ist das Startcodon, die
Tripletts »TAA« und »TAG« wirken als Stopcodon (vgl. Abbildung 55, Thymin
»T« entspricht bei DNS dem Uracil »U« der RNS) (aus SPICER & KONIGSBERG
1983, 293).

Um eine optimale Funktion zu gewährleisten, müssen bei einzelligen
Organismen die physiologischen Leistungen räumlich nahe beieinander liegender Subsysteme der Zelle aufeinander abgestimmt werden.
Wegen des kurzen Übermittlungsweges der Information wirken bei
der Regulation der Stoffwechselprozesse oftmals die beteiligten Subsysteme selbst als Signalgeber. Es sind somit nicht unbedingt eigenständige Informationsübermittlungssysteme notwendig, die zur Entfer-
nungsüberbrückung dienen. Völlig anders stellt sich bei den vielzelligen
Lebewesen die Situation dar. In der Entwicklungsgeschichte der Organismen kam es nach der Entstehung von mehrzelligen Organismen zu

einer Aufgabenteilung der Einzelzellen. Aufgrund einer Spezialisation bildeten jeweils bestimmte Zellen ein Schutzepithel, ein Verdauungsepithel oder etwa ein Sinnesepithel. Bei Erreichen einer gewissen Organisationsstufe der Mehrzelligkeit ist es nun notwendig, die Einzelleistungen der Zellen zu koordinieren und ein Kommunikationssystem zu entwickeln, das entfernt liegende Zellen miteinander verbindet. Bei hochentwickelten Organismen sind ganze Gruppen von gleichartigen oder spezialisierten Zellen zu funktionellen Einheiten (Organen) entstanden, die in gleicher Weise über Kommunikationssysteme koordiniert werden müssen. Darüber hinaus ist auch das Bewegungsverhalten des gesamten Organismus in seiner Umwelt das Ergebnis komplizierter Kommunikationsprozesse zwischen dem Zentralnervensystem und der Muskulatur (Motorik). Bei komplizierten Organismen existiert daher eine Vielzahl unterschiedlichster Kommunikationsformen zwischen Zellbestandteilen, Zellen und Organen.

Anhand der Kommunikation durch Nervenzellen und der Kommunikation durch Botenstoffe (Hormone und Pheromone) sollen im folgenden Beispiele für Informationsübermittlung zwischen Subsystemen von Organismen und zwischen Individuen einer Art aufgeführt werden, die sich im Prinzip nicht voneinander unterscheiden. Es sind Beispiele für Kommunikation zwischen Organen, zwischen Individuen sowie zwischen Individuen und ihrer Umwelt, bei denen Informationen in beide Richtungen fließen und es zu einem adaptiven Verhalten zumindest des Informationsempfängers kommt.

Neurale Kommunikation:
Bei der neuralen Kommunikation, die hier stark vereinfacht dargestellt werden soll, dienen elektrische Impulse oder graduierte Spannungsänderungen zur Informationsübertragung in einem neuralen Netzwerk. Die funktionelle Einheit dieses Netzwerkes ist das Neuron (Nervenzelle), ein spezialisierter Zelltyp, von denen ein Mensch schätzungsweise 50 bis 100 Mrd Zellen besitzt. Es existieren zwar viele verschiedene Neuronentypen, das typische Neuron jedoch besteht aus einem Zellkörper (Soma), einer reizaufnehmenden baumartigen Verzweigung (Dendrit) und einer erregungsleitenden Faser, dem Axon. Diese Nervenfaser kann weit über einen Meter lang sein. In Form der elektrischen Impulse (Aktionspotentiale) werden sowohl Sinneseindrücke von den Sinnesorganen an das Zentralnervensystem (ZNS) geleitet als

auch vom ZNS ausgehend, Signale zur Koordination der Muskelkontraktionen an die Muskulatur geschickt. Die Codierung der Informationen erfolgt durch variierte Impulsfrequenzen der Aktionspotentiale.
Allerdings finden auch analoge elektrische oder chemische Signale im
Nervensystem Verwendung. Die Komplexität derartiger Netzwerke
reicht von einfachen diffusen Nervennetzen mit wenigen Neuronen
(z.B. bei Hohltieren) bis zu den hochentwickelten Nervensystemen der
Säugetiere.

Ein Beispiel für die Kommunikation zwischen Teilen des Nervensystems liefert das visuelle System der Wirbeltiere. Der relativ gut
untersuchte Sehprozeß der Säugetiere stellt sich wie folgt dar. Die
beiden miteinander kommunizierenden Subsysteme der Organismen
sind dabei die Augen und Teile des Gehirns. Durch das Licht wird
über den dioptrischen Apparat des Augapfels (Hornhaut, Linse) ein
verkleinertes, umgekehrtes Abbild eines Objektes auf die Sehzellen
der Netzhaut geworfen. Die Sehzellen (Rezeptorzellen) erzeugen ein
elektrisches Rezeptorpotential, welches in den nachfolgenden Nervenzellen der Netzhaut verarbeitet wird. Am Ende dieser Vorverarbeitung
verlassen dann frequenzcodierte Signale (Aktionspotentiale) das Auge
über den optischen Nerven und ziehen über weitere Stationen des
Zentralnervensystems zum visuellen Cortex im hinteren Teil des Gehirns, dem eigentlichen Verarbeitungsort für visuelle Informationen.
Bei diesem Sehvorgang wird beim Menschen das auf die Netzhaut
geworfene Bild von ca. 130 Mio Rezeptorzellen nach Farb- und Hellig-
keitswerten gerastert und dann, noch im Auge, auf die ca. 1 Mio Fasern
des Augennerven verschaltet. In diesem Kommunikationsprozeß kann
das Gehirn das Auge ebenfalls in vielfältiger Weise beeinflussen, wobei
die gezielte Ausrichtung der Augäpfel durch die sechs Augenmuskeln
auf einen wahrgenommenen Reiz hin die auffälligste Wirkung ist. Die
beiden funktionellen Organe Auge und Gehirn sind somit durch das
Nervensystem über ein **universelles** Kommunikationssystem miteinander verbunden. Die prinzipiell gleichen Signale (Aktionspotentiale)
werden beim Sehprozeß genauso eingesetzt wie beim Hörprozeß oder
bei der Bewegungsfähigkeit. Die hier dargestellten elektrischen Phänomene der neuralen Kommunikation erfolgen in einem universellen
Code mit einem endlichen Zeichensatz in Form von möglichen Veränderungen der Frequenz von Aktionspotentialen und graduierten Poten-
tialen. „Die dritte und umfassendste Verallgemeinerung, die wir bezüg-

lich des Nervensystems machen können, ist, *daß die Komplexität und Verschiedenheit von Funktionen begründet sind in der Komplexität und Verschiedenheit neuronaler Schaltkreise und nicht in einer großen Vielfältigkeit verschiedener Arten von Signalen.*" (ECKERT 1986, 259)

Ein Beispiel für eine einfache neuronale Kommunikation in einem Reflexbogen zeigt Abbildung 61.

Hormonale Kommunikation:
Bei den Hormonen handelt es sich um organische Substanzen, die von bestimmten (endokrinen) Drüsen produziert werden und die im Organismus bestimmte Wirkungen auf Zielorgane ausüben. Bei diesem Vorgang liegen die Zielorgane räumlich von der Hormonproduktionsstätte entfernt und werden von den Hormonen über ein Transportsystem in Form der verschiedenen Körperflüssigkeiten (z.B. Blut) erreicht. Hormone sind bereits in sehr kleinen Konzentrationen wirksam und dienen im Organismus als »Nachrichtenübermittler«. Wegen der Bedeutung für die Kooperation von Organen und des Mitteilungscharakters der Hormonwirkung werden die Hormone auch Botenstoffe genannt. Die Wirkung (Information) von vielen Hormonen ist nicht artspezifisch. Sexualhormone von Säugetieren wirken beispielsweise auch bei Fischen und die zur Gewichtszunahme bei Mastrindern eingesetzten Sexualhormone wirken auch bei Menschen, die hormonhaltiges Fleisch verzehren.

Zur modellhaften Beschreibung der hormonalen Kommunikation dienen Regelkreise mit Protagonisten und Antagonisten, bei denen über eine bidirektionale Regelung verschiedene Zustände eintreten. Dabei werden kurze und lange Regelkreise unterschieden, wobei die langen Regelkreise zumindest aus zwei, meist jedoch aus vielen Gliedern bestehen (vgl. Abbildung 62).

Pheromone:
Eine besondere Form der Hormone stellen die Pheromone dar. Während Hormone zur Kommunikation zwischen verschiedenen Geweben (Organen) eines einzigen Individuums dienen, leisten Pheromone die Kommunikation zwischen verschiedenen Individuen einer Art.

Pheromone sind Botenstoffe, die in speziellen Pheromondrüsen gebildet werden und unterschiedliche Funktionen ausüben (MORGAN

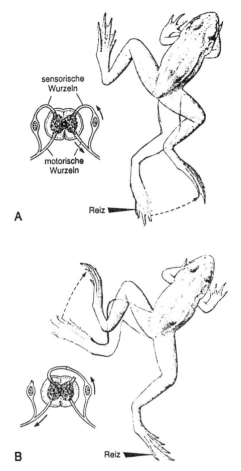

Abb. 61: Die mechanische Reizung bei einem Frosch mit verändertem Reflexbogen. A. Bei einem normalen Tier nehmen spezialisierte Nervenzellen (Rezeptoren) den Berührungsreiz wahr und leiten ein entsprechendes Signal zum Rückenmark des Frosches (sensorische Wurzeln). Nach einer Umschaltung auf Motoneuronen (motorische Wurzeln) leiten diese ein entsprechendes Signal an die Beinmuskeln, bestimmte Muskelfasern kontrahieren sich, und das Bein wird angezogen (Schutzreflex). B. Verbindet man nun an dem Rückenmarksabschnitt die sensorischen Wurzeln der linken Körperhälfte mit den sensorischen Fasern der rechten Körperhälfte, so wird die Information fehlgeleitet. Ein solches Tier reagiert auf eine Reizung des rechten Beines mit einer Reflexbewegung des linken Beines (aus ECKERT 1986, 260).

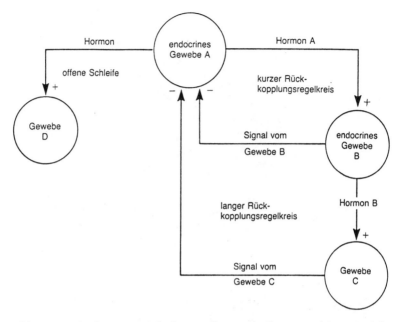

Abb. 62: Verschiedene Formen der hormonalen Regulation: Das endokrine Gewebe A gibt das Hormon A an das wiederum endokrine Gewebe B ab, das über den Erhalt ein Signal an Gewebe A schickt (kurzer Regelkreis). Gleichzeitig sendet das endokrine Gewebe B auch ein Hormon an Gewebe C, das dann ebenfalls ein Signal an das Gewebe A sendet (langer Regelkreis). Bei der offenen Schleife schickt das endokrine Gewebe A ein Hormon zu Gewebe A, ohne daß eine Rückmeldung stattfindet (aus ECKERT 1986, 373).

1984). Sie können als Lockstoffe Geschlechtspartner zusammenführen, als Alarmstoffe bestimmte Verhaltensweisen auslösen oder auf die körperliche Entwicklung von Artgenossen Einfluß nehmen, wie beispielsweise die Unterdrückung der Ausbildung von Geschlechtsorganen bei zukünftigen Bienenarbeiterinnen durch ein Pheromon der Bienenkönigin. Ähnliche Mechanismen zur Unterdrückung der Ovarienentwicklung bei den eigenen Larven finden sich auch bei Termiten, bei denen die weiblichen Tiere ebenfalls ein Pheromon abgeben, das die Larven oral aufnehmen. Solche Pheromone, die eine Kastenbildung bewirken, werden auch Soziohormone genannt. Ein Beispiel für einen

Alarmstoff bei Fischen findet sich bei der Elritze (*Phoxinus phoxinus*), die auf eine Verletzung hin einen »Schreckstoff« ins Wasser abgibt, der bei den anderen Schwarmmitgliedern ein Fluchtverhalten auslöst. Gleiche Informationsübertragungsmechanismen benutzen auch Bienen und Ameisen, bei denen spezielle Pheromone ein Aggressionsverhalten auslösen. Zu den bekanntesten Beispielen der Lockstoffe gehört das Bombykol, das Pheromon des Seidenspinners (*Bombyx mori*). Der von den weiblichen Faltern abgegebene Sexuallockstoff wird von den Männchen noch in äußerst geringen Konzentrationen über die Antennenrezeptoren wahrgenommen. Nach ECKERT (1986) tritt eine Verhaltensreaktion des männlichen Seidenspinners schon ein, wenn 40 (der insgesamt ca. 20.000) Rezeptorzellen jeweils ein Molekül pro Sekunde auffangen. Die Geschlechtspartner können sich so aus einer Entfernung bis zu mehreren Kilometern finden.

1.2.4 Kommunikation bei Arthropoden

In diesem Kapitel sollen nun Kommunikationsformen vorgestellt werden, die zwischen Individuen ablaufen. Die weiter oben aufgeführte Informationsübertragung durch Pheromone nimmt zwar die gleiche Stellung ein, sie mußte aber der Kommunikation durch Hormone direkt gegenübergestellt werden, um die in bezug auf die Kommunikation nicht vorhandene Grenze zwischen Organen und Individuen aufzulösen.

Die kommunikativen Vorgänge bei Arthropoden (Spinnentieren, Insekten, Tausendfüßern, Krebsen) können die unterschiedlichsten Formen annehmen. Informationen können beispielsweise über Prozesse ähnlich dem menschlichen Hören aufgenommen werden, bei denen die für den Menschen hörbaren Frequenzen ebenso benutzt werden wie Ultraschall. Der Übergang zur Verwendung des Vibrationskanals ist fließend. Beispielsweise kommunizieren bei den Spinnen die potentiellen Sexualpartner miteinander, indem das Männchen mit den Tastern (Pedipalpen) oder dem Hinterkörper spezielle Rhythmen auf das Fangnetz des Weibchens trommelt (vgl. Abbildung 63) oder Lautsignale abgibt (UETZ & STRATON 1982).

Auch der eigentlichen Lauterzeugung (Stridulation) kommt bei Spinnen eine hohe Bedeutung zu (WITT & ROVNER 1982). Bei der Stridulation wird ein akustisches Signal erzeugt, indem zwei chitinige Körper-

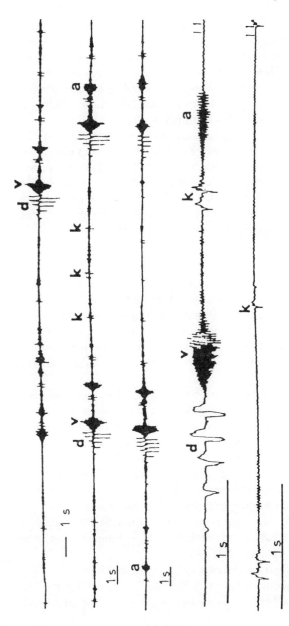

Abb. 63: Die Aufzeichnungsspuren der Registrierung von Fangnetzbewegungen bei der Spinne *Amaurobius ferox*. Die Vibrationen werden durch Trommeln der Pedipalpen (d), Schlagen der Pedipalpen (k) oder durch Vibrieren des Hinterleibes (Opisthosoma, v) ausgelöst. An einer Stelle folgt der Opisthosomavibration unmittelbar ein Trommeln der Pedipalpen (v) (aus KRAFFT 1982, 26).

teile aneinander gerieben werden. Die bei Insekten häufig vorkommende Stridulation ist bei Heuschrecken und Grillen besonders gut erforscht. Neben den mechanisch-taktilen Signalen dienen auch chemische und visuelle Signale der innerartlichen Kommunikation bei Arthropoden. Zu den chemischen Signalen gehören die weiter oben beschriebenen Pheromone (MORGAN 1984) ebenso wie auch als Geruchsmarker dienende Stoffwechselprodukte der Tiere. Über chemische Signale, der sogenannten Geruchsuniform, erkennen sich z.b. die Angehörigen aller staatenbildenden Insekten untereinander. Visuelle Signale können in einem weiteren Bereich des elektromagnetischen Spektrums angesiedelt sein, als das bei menschlichen Lichtwahrnehmungen der Fall ist. So nehmen Insektenaugen (Komplexaugen) auch ultraviolettes Licht wahr und können in einigen Fällen auch die Schwingungsrichtung des polarisierten Lichtes (Polarisationsmuster) erkennen und zur Orientierung nutzen.

Beispiele für verschiedene Formen von visuellen Signalen bei Arthropoden sind der Balztanz oder die Kommunikation über Lichtzeichen, wie etwa bei den »Glühwürmchen«. Die zu den Käfern gehörenden Glühwürmchen (*Photinus*) können mit ihren Hinterkörpern Licht erzeugen, und jede Art verfügt über ein arttypisches Blinkmuster (vgl. Abbildung 64). Während der nächtlichen Balz durch die Männchen angeregt, locken die Weibchen durch Antwortsignale die Männchen an.

Bei einem größeren Leuchtkäfer (*Photuris versicolor*) kommt der Lichterzeugung auch noch eine andere Bedeutung zu. Die weiblichen *Photuris* benutzen gelegentlich die andersartige Blinkfrequenz der Gattung *Photinus*. Daraufhin werden artfremde Männchen zu diesen Weibchen gelockt und dann von ihnen gefressen. Die *Photuris*-Weibchen versorgen sich durch dieses Verhalten mit einem bestimmten Stoff (Luzibufagene), den die artfremden Männchen über ihre Nahrung aufgenommen haben. Ein ursprünglich zur Balz entwickeltes Kommunikationssystem ist hier insoweit verändert worden, als über eine Mimikry Information gefälscht wird.

Besonders hochentwickelte Formen der Kommunikation finden sich bei den sozialen bzw. staatenbildenden Insekten (HÖLDOBLER 1984). Bei staatenbildenden Insekten sind zwei kommunikative Prozesse zu unterscheiden, zum einen Prozesse, durch die Informationen über die Umwelt zwischen Individuen getauscht werden, und zum anderen

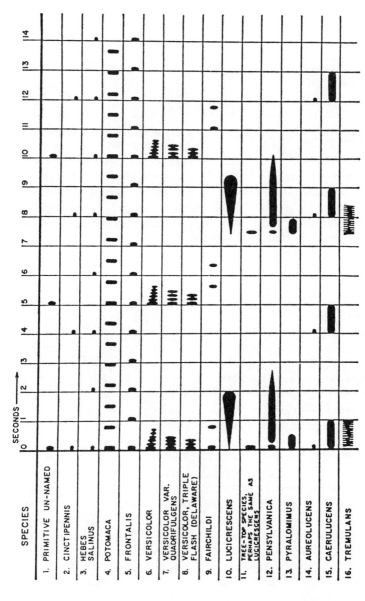

Abb. 64: Die unterschiedlichen Blinkzeichen der Männchen bei verschiedenen *Photinus*-Arten (aus LINDAUER 1986, 75).

Prozesse, die zur Strukturbildung des Insektenstaates dienen. Die Notwendigkeit des koordinierten Verhaltens erfordert bei der hohen Anzahl von Individuen effiziente Kommunikationsprozesse. Die maximale Größe von Insektenstaaten wird bei der Wanderameise *Eciton* auf ca. 20 Mio Individuen geschätzt, ein Bienenstaat (*Apis*) kann ca. 50.000 Tiere umfassen. Bei vielen staatenbildenden Insekten sorgen Pheromone für morphogenetische Unterschiede und Kastenbildung im Staat. So entstehen manchmal mehrere verschiedene, völlig unterschiedlich aussehende Kasten und Individuengruppen, die jedoch auch zu späteren Zeitpunkten in gewissem Umfang wandelbar sind. Die Funktionsweise der Kommunikationsprozesse in einem Insektenstaat sollen im folgenden am Beispiel der besonders gut untersuchten Honigbiene aufgezeigt werden.

Nach REMANE (1971) umfaßt das ca. 35 Tage dauernde Leben einer Arbeitsbiene etwa drei gleichlange Abschnitte. Nach dem Schlüpfen reinigt sie zunächst leere Wabenzellen. Als Ammenbiene füttert und nährt sie die Bienenmaden mit einem Sekret aus der Futterdrüse. Zu Beginn des zweiten Abschnitts übernehmen die Jungbienen den Honig und den Pollen der Flugbienen und füttern hungrige Kolleginnen. Eine hohe Bedeutung kommt auch der Erweiterung der Wabe zu, für die der Jungbiene in dieser Zeit spezielle Wachsdrüsen zur Verfügung stehen. Gegen Ende des zweiten Lebensabschnitts wird die Biene Wächterin, und sie kontrolliert ein Flugloch. Im dritten Lebensabschnitt schließlich fliegt die Bienenarbeiterin hinaus und ist Sammelbiene. Im Gegensatz zur Bienenkönigin, die ca. drei bis vier Jahre alt wird, sind alle restlichen weiblichen Bienen unfruchtbar.

Bis auf die Unfruchtbarkeit werden alle anderen Eigenschaften der Bienen über oral aufgenommene Pheromone (Soziohormone) ausgelöst. Sowohl die Unterdrückung der Ausbildung der Eierstöcke von Arbeiterinnen als auch der Wabenbau und die Verhinderung von Weiselzellen werden durch Soziohormone der Königin kontrolliert. Aber auch die Struktur des Bienenstaats selbst wirkt auf das Individuum regulatorisch. In bestimmten Experimenten kann beispielsweise durch »Ausschaltversuche« selektiv eine bestimmte Altersgruppe von Arbeiterinnen aus dem Bienenvolk entnommen werden. Fehlen z.B. die alten Arbeiterinnen, die die Tracht einfliegen, so verhungert zunächst ein Teil der Population, dann fliegen jedoch Jungbienen als Sammlerinnen nach draußen, und die Nährdrüsen der bislang als

Ammen tätigen Bienen verkümmern. In gleicher Weise können auch aus dem Stock entfernte Baubienen durch die älteren Sammelbienen ersetzt werden, bei denen sich dann die verkümmerten Wachsdrüsen wieder voll entwickeln. Die Morphogenese der verschiedenen Lebensphasen der Bienen zeigt daher eine gewisse Plastizität.

Termiten und Ameisen verfügen über ein vergleichbares Kastensystem. Die verschiedenen Kasten werden jedoch nicht im Verlauf der Ontogenese von einem Individuum durchlaufen, sondern die Zugehörigkeit eines Individuums zu einer Kaste ist endgültig. Die Spezialisierung der jeweiligen Tiere ist sehr weit fortgeschritten. So können bei Termiten bestimmte »Soldaten« aufgrund ihrer riesigen Mundwerkzeuge keine Nahrung mehr selbständig aufnehmen und sind auf die Nahrungsversorgung durch Arbeiter angewiesen (vgl. Abbildung 65A).

Ein weiteres Beispiel starker Spezialisierung sind die »Honigtöpfe« der Ameisen. Hier handelt es sich um Arbeiterinnen, die in Zeiten des Nahrungsüberangebots solange gefüttert werden, bis sie fast bewegungsunfähig sind (vgl. Abbildung 65B). „In einer Kolonie von einigen

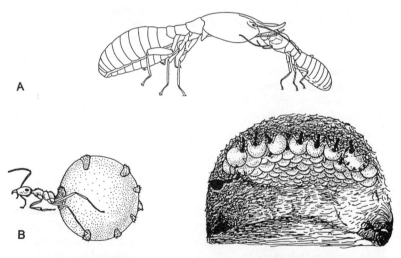

A

B

Abb. 65: A. Die Fütterung eines zu Nahrungsaufnahme unfähigen Soldaten durch einen Arbeiter bei der Termite *Bellicositermes natalanis*. B. Sich an der Decke festbeißende »Honigtöpfe« der Ameise *Myrmecocystis* (aus REMANE 1971, 136 und 116).

Abb. 66: Verschiedene Kasten der Termite *Termes bellicosus*. Die zentral liegende Königin, deren Hinterleib durch die enorm vergrößerten Ovarien stark aufgetrieben ist, und der sich neben ihr befindende König werden von Arbeitern gefüttert und beleckt. Weiterhin nehmen sie die Eier der Königin in Empfang und transportieren sie in die Brutkammern. Um das Geschehen herum stehen große Soldaten mit kräftigen Mandibeln (aus REMANE 1971, 134).

Tausend Ameisen wurden 600 solcher Honigtöpfe gezählt, 1.000 sollen etwa 1/2 kg Honig enthalten. In Zeiten des Nahrungsmangels würgen die Honigtöpfe auf Anforderung die Nahrung wieder portionsweise hervor." (REMANE 1971, 115)

Die stärksten morphogenetischen Veränderungen weisen jedoch die Königinnen bei Termiten auf, die in der Regel gefüttert werden müssen, zumeist fast unbeweglich sind und nur noch Nachkommen produzieren (vgl. Abbildung 66).

Die Kommunikationsprozesse zwischen den einzelnen Individuen eines Insektenstaates erreichen eine erstaunliche Komplexität. Beim Sammelflug fündig gewordene Honigbienen sind in der Lage, im Bienenstock den anderen Sammelbienen über einen Schwänzeltanz Angaben über die Richtung, die Entfernung und die Ergiebigkeit der Fundstelle zu machen. Neben dieser von K. VON FRISCH entdeckten „Tanzsprache" (LINDAUER 1975) ist in letzter Zeit auch die akustische Kommunikation bei Bienen nachgewiesen worden (KIRCHNER, LINDAUER & MICHELSEN 1988). Obwohl die Informationsübermittlung zwischen Individuen bei der Biene einen hochentwickelten Kommunikationsprozeß darstellt, handelt es sich jedoch lediglich um ein angeborenes Instinktverhalten mit festen und vorgegebenen Auslösern. Es ist nicht möglich, von einer „Bienensprache" zu reden (JANDA 1978). Neben der direkten Kommunikation zwischen Artgenossen spielt hinsichtlich der Funktion des gesamten Staates die Kommunikation durch Pheromone eine herausragende Rolle (vgl. Kapitel 1.2.3). Die Pheromone leisten dabei zwischen den Individuen der Insekten das gleiche wie Hormone zwischen den Organen eines Säugetieres. Das System »Insektenstaat« funktioniert darüber hinaus in gleicher Weise wie ein höherentwickelter Organismus und verfügt über ähnliche Kommunikationsprozesse. Wie bei den hochentwickelten Vielzellern stammen auch alle Tiere eines Insektenstaates letztlich von einem einzelnen Ei ab und sind allein zumeist nicht lebensfähig. Die einzelnen spezialisierten Individuen bilden daher in ihrer Gesamtheit den Insektenstaat in Form eines »Superorganismus«. „Suchen wir nach Organisationen, die gleich den Insektenstaaten autonome funktionelle Ordnungen sind, so finden wir sie leicht. Unser Körper und der Körper aller vielzelligen Tiere und Pflanzen ist eine Einheit aus einer Vielzahl lebender Einzelwesen, den Zellen. Er ist in diesem Sinne ein »Zellenstaat«. Aufbau und Funktion dieser Zellenstaaten gleichen bis in viele Einzelheiten den

Insektenstaaten. Alle Zellen eines Körpers stammen von einer Stamm-
zelle, der befruchteten Eizelle ab, sie werden im Laufe der Entwicklung
verschieden geformt, die einen werden Muskelzellen, andere Nervenzellen, andere Drüsenzellen. Das geschieht durch determinierende Einflüsse meist stofflicher Art, die von Zellen auf Zellen wirken. Oft
ist – wie bei den jungen Bienenlarven – diese Determination nur in
einem bestimmten Zeitabschnitt möglich. (...) Die Insektenstaaten
haben unter diesem Gesichtspunkt keine neue Ordnungsform erworben. Sie wiederholen mit vielzelligen, komplizierten Einzelwesen das
Prinzip, das vorher die Zellen bei der Konstitution des Zellenstaates
befolgt hatten." (REMANE 1971, 149)
    In diesem Sinne belegt das zellen-staatliche Organisationsprinzip
der Insekten die zu fordernde Verbindung in der Kommunikationsentwicklung von der Hormonwirkung zwischen Organen zu der Kommunikation zwischen Individuen. Des weiteren wird bei genauer Untersuchung die Zugehörigkeit der Informationsübertragungsprozesse der
Insekten zu den Kommunikationsformen der höher entwickelten Organismen (z.B. den Säugetieren) deutlich. Die Komplexitätssteigerung der
Selbstorganisation mit der subjektiven Reihenfolge Atome, biologische
Makromoleküle, Zellorganelle, Zelle, Organe, Organismen bzw.
»Superorganismen« offenbart die Kontinuität der evolutiven Entwicklung. Es ist daher nicht verwunderlich, auch für die Komplexitätssteigerung der Kognition eine stufenweise verlaufende, stetige Entwicklungslinie anzunehmen.

1.2.5 Kommunikation bei Säugetieren

In der Gruppe der Säugetiere haben sich die bislang höchstevoluierten
Formen der Kommunikationsfähigkeit herausgebildet. Generell können alle Sinnesmodalitäten auch zum Zwecke der Kommunikation
genutzt werden, so daß auch bei den Säugern zwischen optischer,
mechano-taktiler, akustischer und chemischer Kommunikation unterschieden werden kann. Die sehr komplexen innerartlichen Kommunikationsprozesse der Säugetiere machen dabei zumeist von mehreren
Kanälen zugleich Gebrauch.
    Der chemische Kommunikationskanal (Geruch) nimmt vor allem
bei den makrosmatischen Säugern (Nagetiere, Huftiere, Raubtiere
u.a.) eine wichtige Stellung ein. Allgemein bekannt ist die häufig

vorkommende Verwendung von Stoffwechselendprodukten als Geruchsmarker zur Territoriumsabgrenzung bei Hunden. Die hohen Leistungen olfaktorischer Sinnesorgane werden beispielsweise durch die Fähigkeiten spurensuchender Hunde aufgezeigt. Hier ist von der Existenz einer olfaktorischen Erlebenswelt auszugehen, die sogar relative Zeitschranken durchbricht. Anders als bei optischen oder akustischen Ereignissen, die sich mit Licht- bzw. Schallgeschwindigkeit von ihrem Entstehungsort ausbreiten und somit Augenblicksereignisse sind, stellen Geruchsmarker gespeicherte Ereignisse dar. Die wahrgenommenen Gerüche ermöglichen eine Beurteilung aller geruchsbildenden Vorgänge der letzten Zeit. Beispielsweise empfindet es ein Hund sofort, wenn Hunde oder Menschen kurz zuvor an dem Ort waren, an dem er selbst gerade ist. Die Kommunikation über den Geruchskanal wirkt daher über die Zeit. Ein Phänomen, das sonst nur indirekt über visuell wahrgenommene Zeichen – etwa zur Territoriumsabgrenzung abgetragene Baumrinde – vorkommt. Chemische Reize sind als Auslösereize im Balzverhalten ebenso von Bedeutung wie bei Mitteilungen über die aktuelle Rangordnung in sozialen Gruppenverbänden. Bei den mikrosmatischen Primaten spielt der Geruchskanal nur noch eine untergeordnete Rolle, und beim Menschen ist die nonverbale Kommunikation über den Geruchskanal – im Vergleich zu den Makrosmaten – fast völlig reduziert, und Geruchsinformationen werden in vielen Situationen gar nicht mehr bewußt wahrgenommen. Dies bedeutet jedoch nicht, daß der nonverbalen Kommunikation über den Geruchskanal beim Menschen keine Bedeutung mehr zukommt.

Bei den Säugetieren nimmt der akustische und der optische Kanal ebenfalls eine wichtige Stellung in der Wahrnehmung und Kommunikation ein. In noch stärkerem Maße als die chemische Kommunikation ermöglichen diese beiden Systeme die Herausbildung von Fernsinnesorganen, die eine höchst effiziente Verständigung über eine größere Entfernung erlauben. Der akustische Kanal ist dabei dem optischen Kanal oftmals überlegen, da es in einigen Lebensräumen Tieren aufgrund der Vegetation nicht möglich ist, eine größere Umgebung visuell zu kontrollieren. Von nachtaktiven Säugetieren wird überwiegend der chemische und der akustische Kanal genutzt. Für die baumbewohnenden Primaten der dichten Wälder bietet die akustische Kommunikation die einzige Möglichkeit, über größere Entfernungen zu kommunizieren.

Während beispielsweise Ratten nur über geringe Möglichkeiten zur Artikulation von einfachen Zischlauten verfügen, wurde in der Evolution der hochentwickelten Primaten die Entwicklung des akustischen Kanals begünstigt. Die den einfachen Kommunikationsmöglichkeiten der niederen Säugetiere basieren auf unmittelbare Zeichen der Körperhaltung, während sich mit zunehmender Entwicklungshöhe bei einigen landlebenden Säugetieren ein Großteil des Ausdrucksverhaltens in die Kopfregion verlagert hat. Diese Entwicklung findet bei Menschenaffen, die vermutlich zu diesem Zweck auch die Gesichtsbehaarung reduziert haben, ihren gegenwärtigen Abschluß. So besitzen Ratten nur minimale Möglichkeiten des mimischen Ausdrucks, die sich im wesentlichen auf Drohgebärden (Zähnezeigen) beschränken. Abbildung 67 zeigt drei Beispiele für innerartliche Kommunikation über Gebärden, während Abbildung 68 zwei unterschiedlich komplexe Formen einer extrem ausgebildeten Gesichtsmimik zeigt. Ein ausführlicher Überblick über die akustische Primatenkommunikation findet sich in TODT, GOEDEKING & SYMMES (1988).

Wie bei allen Primaten sind auch beim Menschen — trotz der Existenz einer alle Kommunikationsprozesse überlagernden Sprachfähigkeit — Formen der nonverbalen Kommunikation erhalten geblieben und im Alltag nachzuweisen. Neben der schwach ausgebildeten olfaktorischen Kommunikation sind es vor allem Prozesse der mechanotaktilen (z.B. Berühren, Streicheln, Schlagen), der akustischen (z.B. Angst-, Schmerzschreie, Lachen) und der optischen Kommunikation (z.B. Demuts- bzw. Imponierhaltung, die komplexe Gesichtsmimik). Darüber hinaus ist es dem Menschen möglich, die Ausdrucksmittel der einfachen nonverbalen Kommunikation in einer Metafunktion zu verwenden. Aufgrund des Bewußtseins und der Sprachfähigkeit ist eine viel stärkere Interpretierbarkeit der Kommunikationssignale im jeweiligen Handlungskontext oder der individuellen Handlungserfahrung möglich. Während die Gesichtsmimik von Menschenaffen in der Regel eindeutig ist, können nonverbale Kommunikationssignale des Menschen gegebenenfalls auch eine ironische oder konträre Bedeutung haben, die ihre Begründung in einer vergangenen oder zukünftigen Situation findet. Die Trennung von nonverbaler Kommunikation und Sprache beim Menschen ist daher in einigen Bereichen des sozialen Umgangs nicht immer zu erreichen.

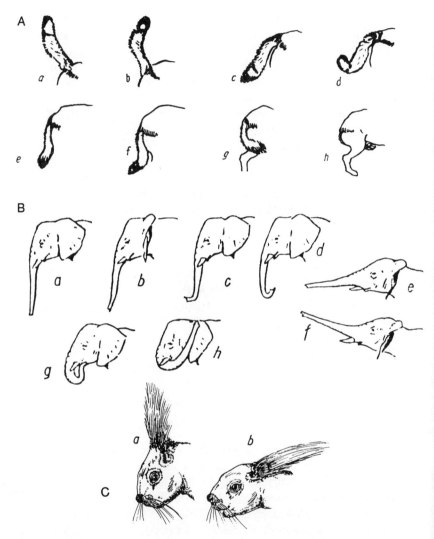

Abb. 67: Innerartliche Kommunikation durch die Körperhaltung.

Abgesehen von der hochentwickelten innerartlichen Kommunikation von Menschenaffen können aufgrund der relativ hohen Lernfähigkeit und einem ausgeprägten Explorationsverhalten bei jüngeren, noch nicht geschlechtsreifen Menschenaffen (RENSCH 1973; LETHMATE 1977) auch von diesen erstaunliche Komplexitätsgrade innerhalb einer artifiziellen Kommunikation erreicht werden. Da bereits die im Vergleich zum Menschen einfachen Problemlösefähigkeiten von Menschenaffen universell ausgebildet sind, um eine Anpassung an möglichst vielfältige Lebensumstände zu ermöglichen, können natürliche Verhaltensweisen von jungen Schimpansen durch Lernprozesse derart geformt werden, daß sie sich zum Teil in menschliche Handlungskontexte einfügen lassen. Da es Schimpansen nicht möglich ist, Inhalte mit Lautfolgen zu verbinden, die nicht ihrem natürlichen akustischen Repertoire angehören, sie also keine Lautsprache erlernen können, verbleibt als kommunikatives »Interface« nur der optische Kommunikationskanal (vgl. Abbildung 69).

Hinsichtlich der Kommunikationsprozesse zwischen Mensch und Tier sind vor allem Versuche mit Zeichensprachen erfolgreich. Da Gesten und Gebärden auch im natürlichen Kontext der Säugetiere eine wesentliche Rolle spielen, verwundert es nicht, daß die hochentwickelten Säuger – infolge sehr effizienter, einfacher Lernprozesse und einer prinzipiellen Unspezifität der Kommunikationsparameter – in der Lage sind, ihre emotional motivierten Zustände über ein artifizielles Kodierungssystem mitzuteilen. Die von den Tieren erreichbare höchstmögliche Komplexitätsstufe der Kommunikation kann unter diesen Umständen zwar optimiert, nicht jedoch verlassen werden. Von Ansätzen zu einer sprachlichen Äußerungsmöglichkeit ist somit im

A: Signale der Schwanzbewegung beim Wolf (*Canis lupus*). a = Selbstsicherheit; b = Imponierhaltung (Wedeln); c = normale Haltung; d = unsichere Drohung; e = gedrückte Stimmung; f = Unterwerfung (Wedeln); g und h = starke Hemmung (aus TEMBROCK 1964, 317, verändert).

B: Optische Kommunikation beim Afrikanischen Elephanten (*Loxodonta africana*): a = Normalstellung; b = Erregung; c = offensive Haltung; d = defensive Haltung; e und f = starke Drohung; g und h = starke Hemmung (aus TEMBROCK 1973, 84).

C: Defensivdrohen (a) und Aggressivdrohen (b) beim Eichhörnchen (*Sciurus vulgaris*) (aus TEMBROCK 1964, 320).

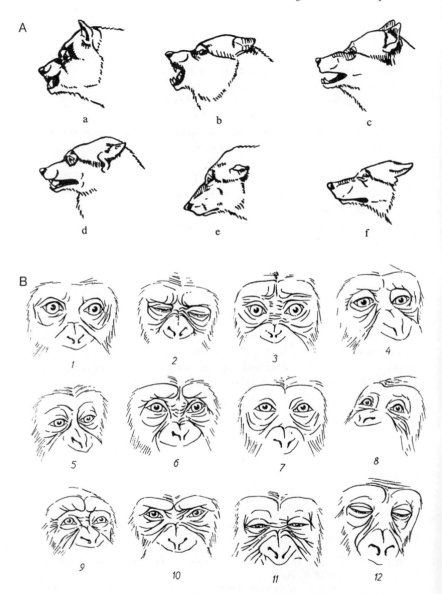

Abb. 68: Zwei unterschiedlich komplexe Formen von Gesichtsmimik.

Fall dieser Mensch-Tier-Kommunikation nicht zu sprechen. Wenn etwa Schimpansen von Geburt an den speziellen Trainingssituationen zur Kommunikation ausgesetzt sind, ermöglicht es die erstaunliche kognitive Plastizität der höheren Säuger, den Tieren für die Dauer ihrer Jugendzeit einen artifiziellen »Verhaltensmantel« überzulegen. Solche Affen sind in der Regel später nicht mehr in der Lage, ein natürliches Verhalten zu zeigen und verfügen über extrem gestreßte und neurotische Charaktere. Im geschlechtsfähigen Alter sind die Menschenaffen – u.a. wegen des geschwundenen Explorationsverhaltens – für derartige Kommunikationsspiele zumeist nicht mehr zu gewinnen. Diese Aussagen gelten in der Regel für alle hochentwickelten Säugetiere, so daß auch die in letzter Zeit erbrachten Ergebnisse zur Kommunikation zwischen Menschen und Delphinen (HERMAN, RICHARDS & WOLZ 1984; SCHUSTERMAN, THOMAS & WOOD 1986) vor dem gleichen Hintergrund zu interpretieren sind. Weitere Darstellungen finden sich bei HEDIGER (1980), SEBEOK & UMIKER-SEBEOK (1980), GEWALT (1981), PRESCOTT (1981), SEBEOK & ROSENTHAL (1981), UMIKER-SEBEOK & SEBEOK (1981), SEIDENBERG (1983), STOKOE (1983) und TERRACE (1980, 1981, 1983).

1.3 Die Sprache des Menschen

Die gegenwärtig höchstevoluierte Form der Interaktionsprozesse ist die menschliche Sprache, deren Existenz für die letzten 40.000 Jahre mit Sicherheit postuliert werden kann, für die jedoch ein vermutetes entwicklungsgeschichtliches Alter von mindestens 1,0 bis 0,5 Mio Jahre anzunehmen ist. Der Unterschied zwischen menschlicher Sprache und organismischer Kommunikation ist nicht etwa nur gradueller Natur, sondern manifestiert die Entstehung einer grundlegend neuen

---

A: Einige mimische Stadien beim Wolf (*Canis lupus*). a = Drohung (Zähnefletschen, Muskelkontraktionen an Nase und Stirn); b = Drohung mit leichter Unsicherheit; c = schwache Drohung; d = sehr schwache Drohung; e = Ängstlichkeit; f = dem Feind vis-à-vis, mit starkem Argwohn (aus TEMBROCK 1964, 316).

B: Einige der mimischen Ausdrucksformen der Augenregion beim Schimpansen (*Pan troglodytes*) (aus TEMBROCK 1973, 89).

a

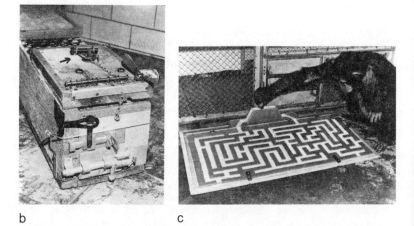

b					c

Abb. 69: Beispiele der handlungsorientierten Intelligenz von trainierten Menschen-affen:

Qualität innerhalb der Interaktionsprozesse. Wie in Kapitel I.4.2 aufgeführt, bedeutet »Sprache« lediglich eine Form der konkreten Anwendung bestimmter allgemein-kognitiver und sprachspezifischer Operationen der Kognition. Sprache ist somit nur Ausdruck der Sprachfähigkeit, die wiederum lediglich eine Komponente einer allgemeinen handlungsorientierten Intelligenz darstellt. Diese wechselseitige Einbindung von Sprache und allgemeiner Kognition wird innerhalb der Sprachphilosophie durch die sogenannten „Sprachspiele" (L. WITTGENSTEIN, 1889 – 1951) aufgeführt. Ein Beispiel für ein solches Sprachspiel ist eine Situation, in der zwei Maurer ein Haus mauern. In diesem speziellen und von »Vorausurteilen« gekennzeichneten Handlungsrahmen kann die Verbalisation aufgrund der handlungsorientierten Intelligenz und der bisherigen Handlungserfahrung auf ein Minimum reduziert werden. Äußerungen des einen, wie „Stein", „Mörtel" oder „jetzt" mögen ausreichen, um komplexe Handlungen des anderen zu veranlassen. In gleicher Weise ist es aufgrund solcher Sprachspiele möglich, auf nonverbale Signale auszuweichen und sich über Kommunikationssignale mit einer Metafunktion quasi sprachlich mitzuteilen. Zwischen zwei Personen, die sich sehr gut kennen, reicht u.U. eine Änderung der Gesichtsmimik aus, um eine komplexe Mitteilung über einen gemeinsam wahrgenommenen Sachverhalt zu übermitteln. Diese Formen der sprachlichen Reduktion zeigen, daß die sprachliche Äußerung, metaphorisch gesprochen, lediglich die Spitze des kognitiven

a = Die Versuchsanordnung des Lana-Projektes. Die Kommunikation zwischen Mensch und Schimpanse („Lana") basiert auf einer Anzahl von verschiedenen Lexigrammen (»Yerkish«). Eine sprachliche Verständigung liegt nicht vor, eine Übersicht von prinzipiell ähnlichen Leistungen seriellen Lernens von niederen Säugetieren sowie auch von Vögeln findet sich bei RENSCH (1973) (aus RUMBAUGH 1977).

b = Eine Kiste mit verschiedenen Riegelmechanismen, wie sie für Intelligenzprüfungen verwendet wird. Zum Öffnen der Tür sind insgesamt 21 aufeinanderfolgende Manipulationen notwendig, ein getesteter 15-monatiger Orang Utan („Buschi") scheiterte lediglich an der Kettenöse (Pfeil) (aus LETHMATE 1977, 27).

c = Ein Labyrinthversuch, bei dem von einem adulten Schimpansen („Julia") ein Eisenring mit einem Magneten nach außen geführt werden muß (RENSCH 1973, 209).

Eisberges handlungsorientierter Wahrnehmung darstellt. Andererseits rekurrieren selbst die ausführlichsten sprachlichen Mitteilungen auf außersprachliche Aspekte handlungsorientierter Intelligenz. Auch sie können nur verstanden werden, wenn eine Einbindung in die allgemeinen kognitiven Leistungen und Handlungsrahmen möglich ist. Über eine Sprache zu verfügen bedeutet daher, insgesamt über eine menschliche Intelligenz zu verfügen. Ist in einem Individuum eine Sprache nicht ausgebildet, wird davon die ontogenetische Ausbildung der menschlichen Intelligenz dieses Individuums aber nur sekundär betroffen. Die phylogenetische Ausbildung der Sprache ist jedoch direkt an die allgemeine Intelligenz der Menschen gebunden, die ontogenetischen Rückwirkungen der Sprache auf die Güte der Intelligenzleistungen innerhalb der Individualentwicklung (Lernen) ist eine sekundäre Erscheinung.

Alle gegenwärtig lebenden Menschen verfügen über Sprache, jedoch haben nicht alle Kulturkreise auch Gebrauch von der prinzipiellen Fähigkeit zur Schriftentwicklung gemacht. Die Schrift ist nur in wenigen Kulturen »erfunden« worden, obwohl die Individuen aller Kulturen prinzipiell dazu in der Lage gewesen wären. So wie auch die tatsächliche »Erfindung« der Schrift unabhängig von der prinzipiellen Fähigkeit zur Schriftentwicklung gesehen werden muß, so ist auch zwischen der prinzipiellen Sprachfähigkeit und der konkreten Ausbildung einer Sprache zu unterscheiden. Im Verlauf der Hominisation mußte das Erreichen der Sprachfähigkeit daher nicht unmittelbar zur Ausbildung einer Sprache führen. Für alle Kulturen ist daher anzunehmen, daß die Fähigkeit zur Erfindung der Sprache weitaus älter ist als ihre Anwendung.

Wie weiter oben bereits erwähnt, reduziert sich die Eigenschaft zu sprechen nicht auf eine einzige kognitive Prozedur, sondern basiert auf einer Vielzahl von kognitiven Fähigkeiten, die nicht nur die Sprachfähigkeit bewirken, sondern auch für die meisten anderen psychisch-intellektuellen Leistungen des Menschen verantwortlich sind. Der Zusammenhang von Sprache und Denken existiert daher nicht in der Form einer Korrelation von Denkprozeß und Sprachniveau (E. SAPIR), sondern in der Form einer Korrelation von Denkprozeß und prinzipieller Sprachfähigkeit. Die tatsächliche Ausprägung von Sprache, die individuelle Realisierung der Sprachfähigkeit ist für diesen prinzipiellen Zusammenhang nur noch von sekundärer Bedeutung. Die Suche nach kognitiven Fähigkeiten, die homolog zur Sprache sind, konnte daher bei anderen Säugetieren bzw. nichtmenschlichen Primaten keine Erfolge zeigen. Lediglich einige, den sprachlichen Eigenschaften analoge Verhaltensweisen sind bei hochentwickelten Säugern zu entdecken. Beispielsweise können einigen Menschenaffen unter artifiziellen Bedingungen Verhaltensleistungen antrainiert werden, die als sehr komplexe und artfremde Kommunikationsprozesse gedeutet werden müssen. Eine Ähnlichkeit zur Sprache besitzt derartiges Verhalten jedoch nur bei einer sehr oberflächlichen Betrachtung. Die beiden Verhaltensleistungen zugrundeliegenden Mechanismen funktionieren jedoch auf völlig unterschiedlichen Entwicklungsstufen der Kognition.

Sprache ist somit als eine komplexe Verhaltensleistung zu deuten, die auf einen Pool von kognitiven Operationen aufbaut den alle Angehörigen der Art *Homo* besitzen, unabhängig von der konkreten Realisation dieser Fähigkeiten. Annähernd beschrieben werden kann Sprachfähigkeit durch die folgenden vier Eigenschaften:

1. Die Variablenrekursion. Es existieren ganze Ketten von hierarchisch abgestuften Variablen für kognitive Zustände und Objekte der realen Welt. Zunächst sprachunabhängige kognitive Zustände (z.B. Emotionen, Absichten) werden durch Variablen im Sinne einer „inneren Sprache" (L. S. WYGOTSKI, H. G. FURTH) codiert und bilden in dieser Form die Grundlage des sprachorientierten Denkens. Auf den nächsten Stufen der Variablenrekursion wird nun diese „innere Sprache" durch Lautfolgen repräsentiert, die dann wiederum durch Schriftzeichen (Buchstaben, Morsecode usw.) repräsentiert werden können. Kennzeichnend für diese Vorgehensweise ist die systematische Vereinfachung von komplexen und abstrakten Zuständen. Auf jeder Stufe dieser zusammenfassenden Repräsentation wird eine effizientere Verarbeitungsstrategie des Denkens möglich, die nur durch die Variablenrekursion erreicht werden kann.

2. Die prozedurale Verknüpfung der Variablen. Eine sprachspezifische Kognitionsleistung des Menschen stellt die prozedurale Verknüpfung der Variablen zu größeren Einheiten auf einer qualitativ neuen Stufe dar, wie sie in der traditionellen Sprachwissenschaft durch den Begriff „syntaktische Struktur" dargestellt wird. Durch diese Möglichkeit der systemischen Variablenanordnung wird eine über die einfache Summierung der einzelnen Variablen hinausgehende Optimierung erreicht.

3. Die Arbitrarität der Variablen. Nur die prinzipielle Technik der Variablenverwendung ist eine in jedem Fall gleichartig ausgebildete Größe, die Form der Variablen selbst ist frei. So spielt es auch nur eine untergeordnete Rolle, welche konkrete Sprache zur Umsetzung der Sprachfähigkeit benutzt wird. Die verwendete Sprache muß weder eine natürliche Sprache noch eine Lautsprache sein. Letzteres wird deutlich wenn man die kognitiven Leistungen taubstummer Menschen betrachtet, die ein anderes Variablensystem in Form einer Zeichensprache benutzen. Weiterhin ist die Anzahl der Variablen nicht konstant, es werden fortwährend Variablen in ihrer Bedeutung verändert, neu geschaffen oder abgelegt.

4. Die Vagheit der Variablen. Trotz der großen erreichbaren Präzision und Komplexitätsreduktion ist die Bedeutung der Variablen nicht fest und nicht bei allen Menschen identisch. Es ist nur ein scheinbarer Widerspruch, daß gerade diese Vagheit für die Leistungsstärke der Variablen verantwortlich ist. Die notwendige Kreativität und Plastizität wäre mit einem in bezug auf die Bedeutung statischen Variablensystem nicht zu erreichen.

Diese vier Punkte stellen lediglich eine unzulängliche Beschreibung der Sprache dar, eine umfassende Theorie der Sprache fehlt bislang. Selbst eine, über die Darstellung von HOCKETT (1973) hinausgehende Beschreibung dessen, was Sprache letztlich ausmacht, ist gegenwärtig nicht zu leisten. Dieser Zustand ist aber auch in den Naturwissenschaften nicht ungewöhnlich. Beispielsweise ist in der Physik keine zufriedenstellende Theorie über den Wellen- oder Teilchencharakter des Lichtes aufzustellen. In gleicher Weise sind alltägliche terminologische Bezugsgrößen der Biologie, wie etwa die Begriffe »Leben« oder »Schmerz«, zum gegenwärtigen Zeitpunkt nicht zu definieren. Sie werden aber dennoch mit Erfolg verwendet, und die Brauchbarkeit der Termini innerhalb biologischer Theorien wird dadurch jedoch nicht wesentlich herabgesetzt.

1.4 Das Verhältnis von Interaktion, Kommunikation und Sprache

In den vorausgegangenen Kapiteln ist die kontinuierlich verlaufende Entwicklung der Interaktionsprozesse an einigen Beispielen der drei qualitativen Stufen Interaktion, Kommunikation und Sprache dargelegt worden. In diesem Abschnitt soll nun die zusammenfassende Integration erreicht und die Entstehungsbedingungen des Phänomens Sprache aufgezeigt werden.

Die *spontane* ad-hoc-Entstehung eines komplizierten Organismus, wie etwa die Entstehung eines Menschen, ist statistisch gesehen ein absolut unwahrscheinliches Ereignis. Selbst die spontane Entstehung von einfachen Einzellern aus einfachen und bereits »vorgefertigten« Bausteinen ist unmöglich. Dennoch haben sich nach der Entstehung des Lebens in der Biogenese, im Verlauf der Evolution auch äußerst komplizierte Organismen herausgebildet. Neben sehr »einfachen« Organismen sind auch sehr »unwahrscheinliche« komplizierte Formen entstanden. Die Ursache für diese Möglichkeit in der Entwicklungsgeschichte der Lebewesen liegt in den systemimmanenten Optimierungsprozessen innerhalb des natürlichen Technologieprozesses der Evolution. Hierdurch wird aufgrund einer sukzessiven Aneinanderreihung von einzelnen konstruktiven Entwicklungsschritten eine Anhäufung von konstruktiven Merkmalen und Eigenschaften erreicht. Nur dadurch, daß jeder noch so geringe, jedoch in irgendeiner Form nützliche Entwicklungsschritt in der stammesgeschichtlichen Entwicklung eines Organismus auf alle älteren Entwicklungsschritte aufbaut und darüber hinaus auch noch in einem systemischen Verbund mit diesen einzelnen Entwicklungsschritten wechselwirken kann, ist die Entstehung derart komplizierter Organismen zu erklären. Es ist somit nicht zulässig, nach der Wahrscheinlichkeit für die spontane Entstehung des Menschen als Einzelereignis zu fragen. Vielmehr muß die jeweilige Wahrscheinlichkeit der unzähligen Einzelschritte in der Entwicklung zum Menschen betrachtet werden. Lediglich die in irgendeiner Form nützlichen bzw. nicht nachteiligen Einzelschritte sind zu bewerten. Nach jedem positiven Einzelschritt wird dieser zur Grundlage der nächsten Erprobungsstufe, in der dann erneut in vielfältiger Weise unzählige neuartige Entwicklungsschritte parallel verfolgt und in der Umweltsituation erprobt werden. Von diesen werden dann einige wiederum zur Grundlage der nächsten Entwicklungsstufe usw. Nur durch solche Optimierungsprozesse konnte es überhaupt zu einer evolutiven Fortentwicklung kommen. Gleichzeitig ermöglichen es diese universellen und in einer gewissen Weise regelhaften Optimierungsprozesse, eine nachvollziehbare entwicklungsgeschichtliche Verbindung herzustellen zwischen den höchst evoluierten Organismen und den einfachsten Bausteinen

der Materie einerseits und zwischen den Eigenschaften eines menschlichen Gehirns und den Eigenschaften einfacher Moleküle andererseits.
Die Frage nach den Ursachen der Entstehung der menschlichen Sprache ist somit in ähnlicher Weise zu beantworten wie die Frage nach
den Ursachen der menschlichen Entwicklung, d.h. es gelten prinzipiell
ähnliche Entwicklungsprinzipien innerhalb der natürlichen Technologie.
Für den Bereich der Sprache erscheint die Annahme eines kontinuierlichen Verlaufs in der Entwicklung, von allgemeinen Interaktionsprozessen ausgehend, zunächst wenig plausibel. Der Vergleich von Sprache
mit den einfachsten Interaktionen von Materie mag Verwunderung
auslösen. Dennoch ist auch bei der Erklärung der Entstehung von
Sprache von dem gleichen technologischen Entwicklungssystem auszugehen, welches auch in der Entwicklung der Lebewesen Optimierungsprozesse wirken läßt. Daher muß auch komplexe Sprache im Rahmen des
natürlichen Technologieprozesses auf die einfachsten Interaktionsfor-
men zurückgeführt werden, so wie auch die komplexen Lebewesen auf
die einfachsten Prozesse der Biogenese zurückgeführt werden können.

Eine der wesentlichen Eigenschaften der Materie ist das Phänomen
der Interaktion, es ist quasi direkt an die physikalische Existenz von
Materie gekoppelt. Unter Interaktion sind die Wirkungen der Kräfte
von Kernteilchen, Photonen, elektromagnetischen Wellen, Atomen,
Molekülen usw. zu verstehen. Auf jeder der drei möglichen Stufen
(Interaktion, Kommunikation und Sprache) der Betrachtung von
Strukturen, Eigenschaften und Systemen von Materie ist die Interaktion grundsätzlich zwischen allen Komponenten zu beobachten. Die
Art und Weise der gegenseitigen Beeinflussung ist dabei in weiten
Grenzen variabel. Fest steht lediglich, daß eine Struktur A eine Struk-
tur B beeinflußt und umgekehrt. Keine der beiden Strukturen kann
sich dieser Beeinflussung entziehen bzw. die von ihr ausgehende Beein-
flussung unterlassen. Bereits die Tatsache der Existenz in der realen
Welt bewirkt automatisch Interaktionsprozesse, d.h. sobald ein Körper
existiert, tritt er mit seiner Umgebung z.B. über die Schwerkraft
(Massenanziehung) in eine Wechselwirkung. So wirken auf alle Massen Anziehungskräfte, und zwei beliebige Objekte (zwei Menschen,
Mond und Erde) interagieren über eine Kraft miteinander. Diese durch
Naturgesetze zu beschreibenden Interaktionen gehören zum untersten
Eigenschaftsinventar der Materie. So wie alle Körper physikalisch
untereinander wechselwirken, so interagieren auch Lebewesen − in

diesem Fall lediglich als physikalische Körper betrachtet — auf dieser untersten Stufe der Interaktionsprozesse. Auf der atomaren Ebene sind Lebewesen nicht anders strukturiert als unbelebte Materie und gehorchen den gleichen physikalischen Gesetzen.

Lebewesen verfügen darüber hinaus jedoch zusätzlich noch über die Fähigkeit zur Kommunikation, die nächsthöhere Form innerhalb der Interaktionsprozesse. Des weiteren sind Lebewesen dadurch gekennzeichnet, daß sie in ihrem genetischen Material (DNS) im Verlauf der Stammesgeschichte ihre Umwelt abbilden, indem sie sich an ihre Umwelt anpassen. Bereits replikative Nukleinsäuren bilden gewisserweise Hypothesen über die Eigenschaften ihrer Umwelt, über ihr chemisches Milieu. Die Existenz dieser höheren Form von Interaktionsprozeß bewirkt einen Entwicklungsvorteil für replikative Systeme, die mit ihrer Umwelt kommunizieren und in der weiteren Entwicklung, z.B. über vorgelagerte Sinnesorgane, Eigenschaften der Umwelt »abrufen« können. Im Bereich der unbelebten Materie bewirkt das Prinzip der natürlichen Technologie (Evolution) beispielsweise die Eigenschaft, daß die Materie den Zustand größter Wahrscheinlichkeit, geringster Ordnung und größter Entropie anstrebt, sich also chaotisch verteilt. Diese Aussage gilt jedoch nicht für Lebewesen. Eine spezielle Eigenschaft der Evolution der »unwahrscheinlichen« und »geordneten« Lebewesen — also replikativen, selbstorganisierenden, offenen Systemen — ist die Fähigkeit, die Replikation insofern zu optimieren und zu sichern, als die Eigenschaften der Umwelt berücksichtigt werden können. Diese Berücksichtigung von Umwelteigenschaften äußert sich in Form einer *allgemeinen Lernfähigkeit* dieser Systeme (Adaptationsleistung der Lebewesen).

Dabei sind die im Verlauf der Biogenese einmal entstandenen Kommunikationsprozesse selbstverstärkend und enorm erweiterbar. Die Möglichkeit der Höherentwicklung der Organismen ist sehr eng mit der Fähigkeit zur Kommunikation verbunden. Die generelle Komplexität eines Lebewesens und die sich daraus für seine Subsysteme (Organelle, Zelle, Organe) ergebende Kommunikationsnotwendigkeit, sowie der auf ein Lebewesen wirkende Anpassungsdruck durch die Umwelt bewirken die evolutive Entwicklung von fortschreitend komplexeren Interaktionsprozessen (Kommunikation). Die für die unbelebte Materie hinreichenden Bedingungen der einfachen Interaktion müssen für Lebewesen eine starke Erweiterung in Form der Kommunikation erfahren, um die Replikation, die Selbstorganisation und die Lernfähigkeit (Umweltanpassung) der Organismen zu erreichen. Die Anpassungsleistung kann dabei in der Veränderung der Umwelt („Alloplastisch") oder in der Veränderung der eigenen Struktur („Autoplastisch") bestehen. Eine solche Ansicht vertritt beispielsweise HASELOFF (1972): „Offene Systeme sind Pflanzen, Tiere, Menschen und kybernetische Maschinen, aber auch alle Arten der Gruppenbildung, von der Bakterienkultur bis hin zu den wirtschaftlichen und/oder politischen Großorganisationen unserer modernen Gesellschaft. Alle diese Systeme zeigen selbstadaptives Verhalten, können also lernen. (...) Offene Systeme unterscheiden sich von »geschlossenen« (physikalischen) Systemen dadurch, daß sie genötigt, aber auch befähigt sind, Entropie zu vermeiden. Hierzu ist es erforderlich, daß Energie, aber auch Information aus der Umgebung entnommen werden. Das offene System muß also seine Umgebung verändern, um seine »Offenheit« und damit seine Lebensfähigkeit zu erhalten. In dem Maße aber, in dem die Aktionspotenzen offener Systeme zur wirksamen Veränderung der Umgebung nicht ausreichen, müssen sich das System selbst, seine Struktur und/oder seine internen Funktionsabläufe ändern, damit auf diesem Weg Homöostase aufrechterhalten oder wiederhergestellt wird. Beides, die aktive Veränderung der angetroffenen Umstände oder die Veränderung der eigenen Struktur und des internen Funktionsensembles, macht es notwendig, mit der Umgebung in Kommunikation einzutreten." (HASELOFF 1972, 94)

Auch in ihrem zeitlichen Verlauf ist die Entwicklung der Interaktionsprozesse (Interaktion → Kommunikation → Sprache) mit der Entwicklung der Materie (Materie → Organismen → Bewußtsein) aufs engste verbunden. In Orientierung an dem Standardmodell der Kosmologie hat diese allumfassende Entwicklung der Interaktionsprozesse vor ca. 10^{10} Jahren mit dem Urknall begonnen und reicht in der Entwicklungsgeschichte der Materie über die Hadronenzeit, die Leptonenzeit, die Photonenzeit bis zur gegenwärtigen Nukleonenzeit, wobei die Elementsynthese der Nukleonenzeit noch unvermindert anhält (RUDER 1987). So wie in den beiden anderen Stufen (Kommunikation und Sprache) ist auch die evolutive Entwicklung dieser ersten Stufe der Interaktionsprozesse keineswegs beendet. Die Reihe der sich fortentwickelnden Interaktionsprozesse erreichte während der Biogenese die nächsthöhere Stufe (Kommunikation) und nach der

Hominisation die bislang höchste Stufe (Bewußtsein und Sprache). Der Mensch verfügt mit der Sprache somit über das komplexeste Interaktionssystem. Bei einer systemtheoretischen Betrachtung weisen jedoch die unterschiedlichen Interaktionssysteme der ersten beiden Entwicklungsstufen Gemeinsamkeiten auf. Dies hat eine sehr radikale Konsequenz: Auf jeweils unterschiedlichen Stufen dieser Entwicklung interagieren daher Moleküle oder Organsysteme in durchaus vergleichbarer Weise wie etwa Paradigmen im Bereich der Wissenschaft oder miteinander konkurrierende Tierarten in einem Biotop. Die Wechselwirkungen und gegenseitigen Beeinflussungen von Strukturen, Eigenschaften und Systemen sind somit fundamentale Phänomene der realen Welt, und die Spannbreite der beschreibbaren Interaktionsprozesse reicht von der Kernphysik bis zur Kosmologie und von der Molekulargenetik bis zur Gesellschafts-, Wissenschafts- oder Wirtschaftstheorie. Bei einem systemtheoretischen Vergleich zwischen den verschiedenen Interaktionsprozessen ergeben sich allerdings auch Schwierigkeiten. Die Art und Weise dieser vergleichenden Betrachtung sowie die Abgrenzung der Interaktionsprozesse voneinander ist in starkem Maße von der Betrachtungsebene bzw. deren angenommenen Entwicklungsebenen abhängig. Hinzu kommen Schwierigkeiten, die sich durch die subjektive Bewertung der unterschiedlichen Komplexität ergeben. Während sich beispielsweise zwei physikalische Körper noch verhältnismäßig einfach und vorhersagbar über die Massengravitation beeinflussen, sind Phänomene der Molekülkinetik bereits sehr kompliziert, und Interaktionen im Bereich der belebten Materie − selbst zwischen den Komponenten der Zellorganellen eines »einfachen« Einzellers − sind kaum noch zu erfassen. Die Wechselwirkungen von Organismen, ökologischen Systemen, tierischen Sozialsystemen, menschlichen Sozialsystemen und von Menschen geschaffenen artifiziellen Systemen zeigen darüber hinaus nochmals um Dimensionen komplexere Verhaltensweisen. Da jedoch alle diese Systeme im Verlauf einer evolutiven Entwicklung auf die einfachsten Strukturen der unbelebten Materie zurückführbar sein müssen, sollten auch für diese Systeme − zumindest im jeweils untersten Komplexitätsbereich einer Stufe bzw. in bezug auf fundamentale Eigenschaften − prinzipiell ähnliche Entwicklungsbedingungen gelten. Alle diese Systeme bauen aufeinander auf und können nicht losgelöst voneinander verstanden werden. So wie auch der Organismus »Mensch« auf die einzellige Grundform der

Biogenese zurückgeführt werden kann, so müssen auch die höchsten Stufen der evolutiven Interaktionsentwicklung (Kultur, Bewußtsein und Sprache oder Wissenschaft) auf die Grundform der Interaktion zurückführbar sein. Die Mechanismen der Evolution, die als Vorgang der natürlichen Technologie beschrieben werden können und bestimmte Eigenschaften der Materie selbst, bewirken verwandte Verhaltensweisen auf allen Stufen der zeitlichen und phänomenologischen Weiterentwicklung von belebten und unbelebten Systemen. Es muß daher möglich sein, auch komplizierte Formen der Interaktionsprozesse, wie z.B. ein Hormonsystem, tierische Kommunikation oder die Sprache, mit der einfachsten Stufe der Interaktionsprozesse in einem funktionellen Zusammenhang zu sehen. Die in dieser Arbeit verwendete Dreiteilung der Interaktionsprozesse in *Interaktion, Kommunikation* und *Sprache* ist eine der möglichen Einteilungen, wobei »Sprache« genau genommen für Bewußtsein und Sprache steht. Die jeweilige Unterscheidung der funktionellen Leistung ist wie folgt zu leisten: Unbelebte Materie kann nur interagieren, Lebewesen unterhalb der Entwicklungsstufe Mensch interagieren und können darüber hinaus kommunizieren, und Menschen verfügen über alle drei Stufen der Interaktionsprozesse (vgl. Abbildung 70).

Die Stufigkeit der Entwicklung der Kommunikationsprozesse wird deutlich, wenn in Abbildung 70 verschiedene Zeitpunkte (T_1 und T_2) betrachtet werden. Wird jedoch ein bestimmtes Komplexitätsniveau zu zwei Zeitpunkten verglichen, kann es zu verzerrten Feststellungen kommen, wenn beispielsweise die kognitiven Fähigkeiten rezenter Schimpansen (*Pan*) mit den hypothetischen Leistungen frühester Hominiden verglichen werden. Vergleicht man in Abbildung 70 auf dem Komplexitätsniveau K_{pan} die hochentwickelten Verhaltensleistungen rezenter Menschenaffen – die auf der Stufe der Kommunikation seit ca. 10 Mio Jahren eine eigenständige Entwicklung durchlaufen haben – mit den hypothetischen Verhaltensleistungen des Menschen im Bereich der untersten Komplexitätsebene der Sprach-Stufe, so vergleicht man zwei analoge und diachrone Verhaltensleistungen. Seit der Entstehung der Hominiden hat sich die Kommunikation auch bei den nichtmenschlichen Primaten ihrerseits weiterentwickelt, und in ihrem weiteren Verlauf sind komplexe Verhaltensweisen entstanden, die bestimmten einfachen und *historischen* Verhaltensweisen der Stufe »Sprache« analog sind. Diese historischen (archaischen) Verhaltens-

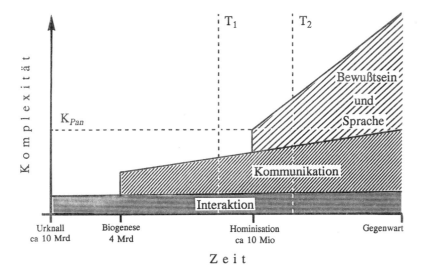

Abb. 70: Die bis zum gegenwärtigen Zeitpunkt in der evolutiven Entwicklung ausgebildeten drei aufeinander aufbauenden Stufen der Interaktionsprozesse: Interaktion, Kommunikation und Sprache.
Beginnend mit dem Urknall vollzieht sich seit ca. 10 Mrd Jahren die Entwicklung der Materie und die Entwicklung des einfachsten Interaktionsprozesses, der Interaktion. Durch die Entstehung von Biomolekülen wurde vor ca. 4 Mrd Jahren in der Biogenese die Stufe der Kommunikation erreicht, die sich seither eigenständig weiterentwickelt und welche unabhängig von der Interaktion, ihre eigene Entwicklungslinie aufweist. Im Verlauf der vor ca. 10 Mio Jahren beginnenden Hominisation wurde die Stufe Bewußtsein und Sprache erreicht, die nun ihrerseits eine eigenständige Entwicklungslinie darstellt. Es existieren gegenwärtig somit drei qualitativ unterschiedliche Entwicklungslinien von Interaktionsprozessen. Weitere Erläuterungen im Text.

weisen der Sprach-Stufe sind daher auch nicht als eine Komponente in der ontogenetischen Entwicklung des Menschen zu belegen. Die Leistungen der rezenten Menschenaffen entsprechen aus diesem Grunde auch nicht den einfachsten Verhaltensweisen der sensomotorischen Phase in der menschlichen Entwicklung (J. PIAGET), wie dennoch vielfach angenommen wird (LAMENDELLA 1976).

Bei der Beurteilung der Kommunikationsentwicklung geht auch SEBEOK (1979) von einem semiotischen Netzwerk aus, in dem er zwar die unbelebte Materie von dem Begriff der Kommunikation ausschließt, allerdings zoosemiotische Prozesse bei organischen Makromolekülen (DNS) beschreibt. „Dennoch ist es bereits jetzt weitgehend klar, daß der genetische Kode als der grundlegendste des gesamten semiotischen Netzwerkes zu betrachten ist und daß er deshalb den Prototyp aller anderen von Lebewesen unter Einschluß des Menschen verwendeten Signalisierungssysteme abgibt. Unter dieser Perspektive konstituieren Moleküle, die Teilsysteme darstellen, die als stabile physikalische Informationsträger fungieren, zoosemiotische Systeme sowie schließlich kulturelle Systeme, die die Sprache umfassen, eine natürliche Folge von Stadien immer komplexerer Energieebenen in einer einzigen universalen Evolution. Deshalb ist es möglich, Sprache genauso wie lebende Systeme unter einem einheitlichen kybernetischen Blickwinkel zu beschreiben. Mag es sich hierbei im Augenblick auch um nichts mehr als eine nützliche Analogie handeln, die hoffentlich zu neuen Einsichten führt, wenn auch noch nicht zu neuen Informationen, so führt vielleicht die wechselseitige Würdigung von Genetik, Studien zur Tierkommunikation und Linguistik zu einem umfassenden Verständnis der Dynamik der Semiosis, und das kann sich in der letzten Analyse als nichts Geringeres als die Definition von Leben herausstellen." (SEBEOK 1979, 78)

Nach SEBEOK verläuft die Trennungslinie zwischen Kommunikation und Information parallel zur Grenze der Organismen. „Yet, »communication« is clearly one of the twin facets of *semiosis* (the other being »signification«). It had best be regarded as the defining feature that criterially distinguishes the vital from the inanimate. The gulf between the inert world and the living must antedate 3.5 billion years, for, by approximately that era, colonies of very comely bacterial fossils abound in rocks." (SEBEOK 1986, 169)

Da sich eine scharfe Trennungslinie zwischen belebter und unbelebter Materie nicht ziehen läßt, ist auch die Trennung zwischen Interaktion und Kommunikation nicht möglich. Gleiches gilt in gewisser Weise zwar auch für den Übergang zwischen Kommunikation und Sprache. Dennoch können drei qualitativ unterschiedliche Stufen in der Entwicklungsgeschichte der Interaktionsprozesse postuliert werden. Bei der Entstehung der Sprache handelt es sich somit um einen Vorgang, der in einen kontinuierlich verlaufenden Entwicklungsprozeß eingebettet ist, welcher bereits mit der Entstehung der Materie begonnen und bislang drei unterschiedliche Qualitätsstufen hervorgebracht hat.

2. Die evolutive Entwicklung der Kultur

In den vorausgegangenen Kapiteln wurde die evolutive Entwicklung der Interaktionsprozesse dargelegt und gezeigt, daß sich nicht nur Organismen, sondern auch Verhaltensweisen von Organismen im Laufe der Evolution herausgebildet haben. Daher gelten auch für alle Verhaltensweisen die Bedingungen der evolutiven Entwicklung, wenngleich die komplexesten (menschlichen) Verhaltensweisen sich auch grundlegend von allen anderen unterscheiden. Menschliches Verhalten ist nicht mechanistisch, sondern beinhaltet einen freien Willen, die Existenz von Verhaltensidealen und ein Bewußtsein. Der Bezug zur evolutiven Entwicklung ist insofern gegeben, als diese drei Komponenten sich im Laufe der Evolution als evolutive Neuheit herausgebildet haben. Eine historische Klärung des Kulturbegriffs sowie eine Darlegung der kulturellen Mechanismen aus semiotischer Sicht findet sich bei POSNER (1989). Die Anfänge kultureller Tradierung bei Organismen in Form der Kulturevolution bei Tieren zeigt BONNER (1983).

Im folgenden soll nun gezeigt werden, daß allgemeine Entwicklungsprinzipien der Evolution in allen menschlichen Verhaltensweisen und Errungenschaften wiederzuentdecken sind: sowohl in gesellschaftlichen Phänomenen als auch in Kulturtechniken (Schrift) oder der Sprache. Alle natürlichen Phänomene lassen sich nur evolutionstheoretisch erklären.

In der Wissenschaft ist die Entdeckung eines Zusammenhangs zwischen den jeweiligen Entwicklungsprozessen aller natürlichen Phänomene in drei Phasen verlaufen. Zunächst wurde in den Naturwissenschaften die phylogenetische Verwandtschaft aller Organismen erkannt und durch die, im engeren Sinn biologische Evolutionstheorie hinreichend beschrieben. In der nächsten Phase sind dann auch die Denkprozesse der Organismen (Kognition) als ganz spezielles Phänomen erkannt worden, das sich in bezug auf seine Entwicklung ähnlich wie ein Quasi-Organ verhält. In gleicher Weise wie Organsysteme können kognitive Prozesse, z.B. im Rahmen der evolutionären Er-

kenntnistheorie, durch prinzipiell ähnliche Evolutionsprinzipien beschrieben werden, wenngleich sich diese auch auf einer qualitativ
neuen Stufe befinden. Die Denkvorgänge der Organismen sind somit
lediglich die komplexere Weiterentwicklung des Lebendigen; unmittelbar nach der Biogenese hat sich die Psychogenese vollzogen. In der
dritten, gegenwärtigen Phase ist nun erkannt worden, daß auch die
Denkprozesse im weiteren Verlauf der allgemeinen evolutiven Entwicklung wiederum eine nächsthöhere und qualitativ neuartige Stufe
hervorgebracht haben: die kulturellen und gesellschaftlichen Phänomene. Die evolutionäre Entwicklung der Welt umfaßt somit auch alle
kulturellen Erscheinungen der menschlichen Gesellschaftsformen, mit
jeweils eigenen Entwicklungsprozessen. Letztlich sind sie jedoch ebenfalls auf die Anfänge der Biogenese zurückzuführen. Auch die höchstentwickelten sekundären Erscheinungen des Quasi-Organs »menschliches Bewußtsein«, wie etwa die menschliche Sprache, sind daher im
allgemeinen Evolutionsprozeß eingebettet.

2.1 Die evolutive Entwicklung kultureller Phänomene

Seit geraumer Zeit existieren Untersuchungen über die evolutive Entwicklung kultureller bzw. technologischer Phänomene, die die Entwicklungsgeschichte von technischen Geräten oder von Kulturen evolutionstheoretisch beschreiben (KOENIG 1975, KULL 1979, FREUND
1982, HÄNDLER 1987, SPINDLER 1987). Hervorragende Beispiele für
die evolutive Entwicklung kultureller Phänomene liefern Untersuchungen aus der vergleichenden Verhaltensforschung. Ähnlich wie bei den
Untersuchungen zum tierischen Balz-und Drohverhalten ist es möglich,
menschliche Verhaltensweisen nach ethologischen Kriterien zu unter-
suchen. In besonderer Weise geeignet für eine Untersuchung zur Wirkung von einfachen Auslösemechanismen, überoptimalen Reizen und
Prachtkleidern sind militärische Uniformen (KOENIG 1975). Abbildung
71 zeigt acht verschiedene militärische Kopfbedeckungen aus mehreren
Jahrhunderten. Die Entstehungsgeschichte des sogenannten Schuppenbandes, welches ursprünglich als Wangenschutz im Helm integriert
war, ist hier anhand von acht Beispielen nachvollzogen. Nach zweifa-
chem Funktionswechsel (Wangenschutz → Haltefunktion → Schmuckfunktion) kommt dem Schuppenband bei neuzeitlichen Helmen nun
eine ästhetische Funktion zu (Schmuckfunktion).

Ein weiteres Beispiel für den evolutiven Wandel eines kulturellen Merkmals liefert die Entwicklungsgeschichte der sogenannten Schwalbennester bei Uniformjacken, die noch heute von militärischen Musikkapellen benutzt werden. Sie sind auf die sogenannten Trompeterärmel zurückzuführen, die sich ihrerseits von mittelalterlichen Heroldsgewändern herleiten. In Abbildung 72 zeigen die Beispiele a und b zwei französische Gewänder mit geschlitzten Ärmeln, durch welche die andersfarbigen Unterjacken sichtbar waren. Gleichzeitig konnten die Unterarme auch durch die Schlitze hindurchgesteckt werden (vgl. Abbildung 72b). Aus diesen Vorstufen haben sich im weiteren Wandel längere Ärmel entwickelt, die in herkömmlicher Weise bereits nicht mehr zu benutzen waren (vgl. Abbildung 72c). In Abbildung 72d kommt dem ehemaligen Schlitzärmel nur noch eine Schmuckfunktion zu. Die reduzierten Schlitzärmel sind in Form von Proto-Schwalbennestern in Abbildung 72e und 72f zu sehen.

Nach KOENIG (1975) wurde in der weiteren Entwicklung das archaische Merkmal »Schlitzarm« bei militärischen Trompetern beibehalten, um sie wegen ihrer wichtigen Funktion in einem Gefecht optisch sehr auffällig werden zu lassen (vgl. Abbildung 72g). In der Neuzeit sind Schwalbennester bei militärischen Musikkapellen immernoch vorhanden als reduzierte Reste der Trompeterärmel (vgl. Abbildung 72h, i, k). „Im großen wie im Detail erweist sich die Geschichte der Uniformen und Trachten so als ein den biologischen Entwicklungsvorgängen prinzipiell analoges Phänomen. Diesen Eindruck verschafft nicht nur der Wandel einzelner Merkmale, sondern auch der Gesamtverlauf. Immer und überall erkennen wir auf der einen Seite das selektierende und formende Eingreifen der Umweltsituation, auf der anderen die zu Weiterentwicklung und Differenzierung drängende Tendenz des Materials. Aus der Wechselwirkung von »mutierender« Weiterentwicklung und selektierendem Eingreifen der jeweiligen Umweltsituation ergibt sich auch in der Geschichte der Uniform ein langsames Vortasten Schritt vor Schritt. Weite Sprünge ins völlige Neuland kommen praktisch nicht vor. Jeder neue Schritt geht vom festen, stützenden Boden gesicherter Bewährung aus. Hinzu kommt die Tendenz, einmal Erworbenes festzuhalten und es eher abzuwandeln und anzupassen, als es unter Materialverlust aufzugeben. Der Historiker spricht hier von Tradition, der Biologe von Vererbung. Beide arbeiten in ganz verschiedenen Bereichen, würden jedoch, könnte man die von ihnen

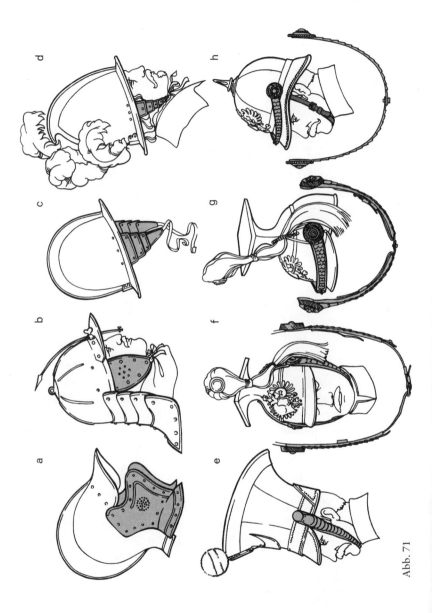

Abb. 71

untersuchten Vorgänge völlig abstrakt erfassen, zu gleichen Grundformeln gelangen." (KOENIG 1975, 194ff)

Die hier beschriebene Art und Weise der Entwicklung ist in allen entwicklungsfähigen Systemen der Kultur anzutreffen. KULL (1979) erwähnt das Beispiel der ersten Eisenbahnwagen, welche viele Stilmittel der zu dieser Zeit benutzten Kutschenwagen aufweisen. Am Anfang einer neuen Entwicklung werden lediglich die unbedingt notwendigen Teile verändert. „Veränderungen, die keine Vorteile brachten, wurden wieder aufgegeben. Andererseits wurden unnötig gewordene Teile auch weiterhin mitgeschleppt und zu »rudimentären Organen«. (...) Anders als in der biologischen Evolution können morphologisch rudimentäre Gebilde der kulturellen Evolution auch Symbolcharakter annehmen und auf diese Weise einen Sinn behalten: so sind die Bogenfenster der geschlossenen Kutsche, die bei dieser eine Baunotwendigkeit waren, bei den Eisenbahnwagen der 1. Klasse im 19. Jhdt. lange Zeit als ein Symbol des Komforts beibehalten worden ..." (KULL 1979, 177)

Der von KULL hier angesprochene Neuerwerb einer Funktion (Symbolcharakter des morphologischen Rudiments Bogenfenster) ist aller-

---

Abb. 71: Verschiedene Entwicklungsstadien des Schuppenbandes bei verschiedenen Helmen aus unterschiedlichen Zeiten.

a = Helm mit integriertem, festen Seitenschutz (um 1600).

b = Hier kommt dem Wangenschutz durch den Lederriemen bereits eine Haltefunktion zu (um 1700).

c = Die Seitenteile sind aus vier Teilen gefertigt um eine gewisse Beweglichkeit zu erreichen (um 1700).

d = Bei dem Pikenierhelm ist die Schutzfunktion stark eingeschränkt. Neben der Haltefunktion kommt jetzt eine Schmuckfunktion hinzu.

e = Ledertschako, bei dem das jetzt vielschuppige und dadurch stärker bewegliche Band über den Schirm geklappt werden kann (um 1800).

f = Bei dem österreichischen Ulan besitzt das hochklappbare Schuppenband nur noch eine Schmuckfunktion, da es dem ledernen Halteriemen nur seitlich aufsitzt (1914).

g = Wie f, jedoch mit hochgeklapptem Schuppenband. Die Lederriemen werden zunächst verkürzt und dann die Schuppenbänder miteinander verbunden.

h = Österreichischer Gendarmeriehelm: das Schuppenband ist unbeweglich und aus zwei Blechteilen gepreßt. Die Schutzfunktion ist aufgegeben, und die Haltefunktion hat der Lederriemen übernommen (1914) (aus KOENIG 1975, 181).

Abb. 72: Die Entstehung sogenannter Schwalbennester und Trompeterärmel, weitere Erläuterungen im Text (aus KOENIG 1975, 192ff, verändert).

dings nicht nur auf die kulturelle Evolution beschränkt, sondern ist genauso in der Evolution der Organismen denkbar. Kein vorhandenes Merkmal eines Organismus ist ohne eine Funktion, auch sogenannte rudimentäre Merkmale sind nur hinsichtlich ihrer früheren Funktion als rudimentär zu bezeichnen. Abgesehen von bestimmten Phänomenen, die durch eine Merkmalskopplung ausgelöst werden, besitzt jedes Merkmal eine für das System nützliche Funktion. Eine Wertung der verschiedenen Funktionsbereiche (wie in obigen Beispiel Stoffwechsel, Statik, Verhalten) darf daher nicht durchgeführt werden.

Die Entwicklung von technologischen Systemen unterliegt somit einer Vielzahl von determinierenden Einflüssen verschiedenster Art, was beispielsweise an der Entwicklung von Personenkraftwagen deutlich wird. So konnten die mehrteiligen Windschutzscheiben der ersten Automobile erst einteilig werden, nachdem es vom produktionstechnischen Aufwand her vertretbar war, sie in einem Stück herzustellen. Ebenso sind die von den Pferdekutschen übernommenen solitären Kot-Flügel erst in die Gesamtkarosse des Automobils integriert worden, als es aufgrund einer kostengünstigeren Bauweise und dem Zwang zu einer verbesserten Aerodynamik (Luftwiderstand) zu einem Entwicklungsdruck in diese Richtung gekommen ist. Selektionierende Einflüsse sind in diesen Beispielen die grundsätzliche technische Machbarkeit, Effektivität bzw. Effizienz der Produktion, Symbolcharakter bzw. Merkmalskopplung, Gruppen-Ästhetik sowie auch zufällige Faktoren.

2.2 Die evolutive Entwicklung der Schrift

Ein weiteres Beispiel für die Entwicklung von kulturellen Phänomenen ist die Entwicklung der Schrift. Wie in Kapitel I.4.2 beschrieben, konnte es im Verlauf der menschlichen Entwicklung erst zur **Ausbildung** der Sprache bei einzelnen Individuen kommen, nachdem die allgemeine Sprach**fähigkeit** bereits längere Zeit bei allen Individuen vorhanden gewesen sein muß. Die zur Existenz der Sprachausbildung nötigen kognitiven Fähigkeiten in Form allgemeiner und sprachspezifischer kognitiver Operationen höherer Ordnung haben erst die Voraussetzungen für die Erfindung »Sprache« geschaffen. Die Erfindung der Sprache ist daher auf ein Set von kognitiven Operationen zurückzuführen, die nur in ihrer Gesamtheit und unter bestimmten Umwelt-

bedingungen in relativ kurzer Zeit das Phänomen Sprache hervorgebracht haben. Auch hier können – ähnlich wie bei vielen Erfindun-
gen – mehrere geniale Einzelindividuen unabhängig voneinander
einen erstmaligen Gebrauch dieser Fähigkeit zur Sprache gemacht
haben. Eine dieser grundlegenden kognitiven Leistungen ist die Fähigkeit zur Variablenverwendung. Das grundsätzliche Vermögen, ein Ereignis mit einem anderen Ereignis gleichzusetzen, ist bei allen Organismen vorhanden, da letztlich alle über die Sinnesorgane wahrgenommenen Objekte nicht originär, sondern über Photonen, Kräfte, elektrische
Impulse empfunden werden. Aber auch in den nächsthöheren Verarbei-
tungsinstanzen der psychischen Prozesse (Zentralnervensystem) sind
Stellvertreterphänomene weitverbreitet und mit wenig »Aufwand« zu
realisieren, wie es am Beispiel einfacher Organismen deutlich wird.
Bereits bei Konditionierungen sind Stellvertreter und Zeichen vorhanden und können sogar auf mehreren Ebenen ausgebildet sein wie in
speziellen Konditionierungssituationen, bei denen Stellvertreter wiederum für Stellvertreter stehen. Dennoch ist die Fähigkeit zur Verwendung von Variablen (Variablenmodus) als neue kognitive Operation,
wie sie ausschließlich beim Menschen ausgebildet ist, eine weitaus
stärkere Form eines kognitiven Prozesses. Darüber hinaus erschöpft
sich diese Fähigkeit nicht in einer einzigen Prozedur, sondern kann –
in gleicher Weise wie auch alle einfacheren psychischen Prozesse, quasi
als Metavariable – auf mehreren hierarchischen Ebenen selbstreflexiv
benutzt werden. Diese Eigenschaft der Variablenverwendung ist ein
deutliches Zeichen für den Prozeßcharakter dieser Fähigkeit in Form
einer kognitiven Operation, die als abstrakte Prozedur auf alles ange-
wendet werden kann, einschließlich auf sich selbst (MÜLLER 1987).

Die für diesen Bereich wichtige vierte Stufe der Informationsspeiche-
rungsmechanismen (Kapitel I.4.2) ist in vier weitere Stufen unterteilt.
Nach der Herausbildung der ersten dieser vier Stufen (Sprachfähigkeit)
ist eine gewisse Zeit vergangen, bis es zum konkreten Gebrauch der
prinzipiellen Sprachfähigkeit durch die tatsächliche Erfindung der
Sprache gekommen ist. Die Erfindung der Schrift (zweite Stufe) ist
eine Errungenschaft, die bis heute nur von wenigen Kulturgruppen
unabhängig voneinander erreicht wurde: nur ca. 150 der ca. 3.000
Sprachen der Welt haben ein Schriftsystem entwickelt. Die Bedingungen für die Herausbildung einer Schrift sind zu komplex, als daß sie
von Einzelindividuen erfüllt werden könnten. Erst die gesellschaftliche

Notwendigkeit, erst ein technologischer Entwicklungsdruck konnte einem einzelnen der wahrscheinlich mehrfach nebeneinander entstandenen Zeichensysteme zu einer allgemeinen Verbreitung und Akzeptanz in der jeweiligen Gesellschaft verhelfen. Es sind vor allem gesellschaftliche Notwendigkeiten, die für die Erfindung der Schriftsysteme verantwortlich gemacht werden müssen. Noch viel stärker als bei der Entwicklung der Sprache ist die Entwicklung der Schrift als ein gesellschaftliches Phänomen zu betrachten. Es verwundert daher nicht, daß wirkliche Schriftzeichen erst in der Hochkultur Mesopotamiens um 3.000 v.u.Z. verwendet wurden, als Handel und Güterverkehr erstmalig eine erstaunliche Komplexität erreichten. Die Anfänge der Schriftentwicklung liegen allerdings noch weiter zurück und gehen auf sehr realistische Stellvertreter für Denkinhalte in Form von Zeichnungen zurück. Als erste Symbolisierungen können die 40.000 Jahre alten realistischen Felszeichnungen verstanden werden, die in Amerika und Europa gefunden wurden. „Aus diesen Überlegungen läßt sich der Schluß ziehen, daß die bildende Kunst an ihrem Ursprung unmittelbar mit der Sprache verbunden ist und der Schrift im weitesten Sinne sehr viel näher steht als dem Kunstwerk. Sie ist eine symbolische Umsetzung und nicht Abbild der Realität, d.h. zwischen dem graphischen Zeichen, in dem man einen Bison sieht, und dem Bison selbst besteht die gleiche Distanz wie zwischen dem Wort und dem Werkzeug." (LEROI-GOURHAN 1988, 240)

Die nächste Abstraktionsstufe bilden einfache und verkleinerte Nachbildungen von Objekten sowie die Verwendung von einzelnen Stellvertretern für mehrere zusammengefaßte Objekte. So sind seit mehr als 10.000 Jahren kleine Steine mit festen Zahlwerten als Zählhilfen benutzt worden. Des weiteren werden noch heute in einigen Kulturkreisen sogenannte Botenstäbe mit eingeritzten Stellvertretern oder Schnüre mit aufgezogenen Objekten, wie z.B. hölzernen Ziegen, verwendet, um Nachrichten im Verlauf einer Reise nicht zu vergessen oder zu verfälschen. Die Form der realistischen Nachbildung eines Stellvertreters und einer Eins-zu-eins-Relation zum realen Objekt muß als die Urform der Schrift angesehen werden. Im Verlauf der weiteren Entwicklung ist es dann zu einer immer stärker werdenden Abstraktion in bezug auf die äußere Form des Stellvertreters und die daran gebundene Information gekommen. „So tendiert die Schrift also zu einer

Verengung der Bilder, zu einer rigorosen Linearisierung der Symbole."
(Leroi-Gourhan 1988, 264)

Eine weitere Phase dieser Entwicklung stellen tönerne Hohlkugeln
dar, die außen mit einem Siegelabdruck gezeichnet waren und im
Innern kleine Kugeln enthielten, denen bestimmte Zahlwerte zukamen,
und die sich auf unterschiedliche Güter beziehen konnten. Diese
Kugeln wurden Warentransporten als Frachtbriefe mitgegeben. Die
Hohlkugeln schützten im Innern die eigentlichen Stellvertreter der
Waren vor Manipulationen mit betrügerischer Absicht. Sie selbst
waren durch den außen angebrachten Siegelabdruck davor geschützt,
nachgemacht zu werden.

Es zeigt sich daher, daß erst die Notwendigkeit, den gesellschaftlichen Handel zu steuern und zu kontrollieren, der Auslöser für die
Entwicklung eines allgemein anerkannten Schriftsystems war. Theoretisch hätten auch menschliche Eigenschaften wie der Explorations-
drang, das Kompetenzmotiv oder das Interesse am Spiel zu einer
Beschäftigung mit der Kodierung von Sprache führen können, eine
allgemeine Verbreitung hätte ein solches individuelles System jedoch
nicht erfahren. In den frühen Hochkulturen haben allerdings nur
wenige Menschen über die Fähigkeit des Schreibens verfügt, und
Schrift wurde von den Herrschern vornehmlich benutzt, um ihre
Macht zu erhalten und zu stärken. „Die Entstehung der Schrift ist
kein Zufall. Nach Jahrtausenden der Reifung in den Systemen mytho-
graphischer Darstellung kommt mit dem Metall und mit der Sklaverei
die lineare Notation des Denkens auf. (...) Auch die ersten Inhalte der
Schrift sind nicht zufällig: Rechnungen, Schuldverschreibungen gegen
Götter und Menschen, dynastische Folgen, Orakel und Strafkodizes.
Der beschränkte und im übrigen auch nur schlecht dokumentierte
Charakter der älteren Texte ist für den Ethnologen eine beständige
Quelle der Enttäuschung. Wieviel mehr wüßten wir doch, hätten uns
die Sumerer auch Küchenrezepte, Anleitungen zur Lebensführung und
Handbücher über den Umgang mit Holz und Metall hinterlassen. In
Wirklichkeit ist es gar nicht vorstellbar, daß die Schrift für solche
Gegenstände entwickelt worden wäre, deren Überlieferung ja schon
immer durch das mündliche Gedächtnis gesichert war." (Leroi-Gour-
han 1988, 324)

In der weiteren Entwicklung der Schrift sind dann immer abstrakter
werdende Zeichen in den noch weichen Ton der Schreibgrundlage

geritzt worden. Hier sind nun zwei grundsätzlich verschiedene Entwicklungswege verfolgt worden, einerseits die abstrakten Piktogramme z.B. des Chinesischen, andererseits die abstrakten Schriftzeichen der Lautschrift (Phonetisierung).

Die bekannten mesopotamischen Keilschriften aus der archäologischen Schicht Uruk IV im heutigen Irak sind die vermutlich ältesten Schriften (vgl. Abbildungen 73 und 74). „Den Texten dieser Perioden liegt ein »Bild-Zeichensystem« zugrunde. Die Anzahl seiner Elemente belief sich ursprünglich auf ca. 1500 Zeichen, sie wurden nach 3000 v. Chr. auf ca. 1200 Zeichen reduziert. Neben in der Hauptsache bildhaften Darstellungen konkreter Gegenstände und Lebewesen oder Teilen von ihnen finden sich auch Zeichen mit abstraktem Charakter. Die Zeichen repräsentieren vor allem Gegenstände, Pflanzen, Tiere, Personen und Zahlen. Die Zahlzeichen, die in den archaischen Texten

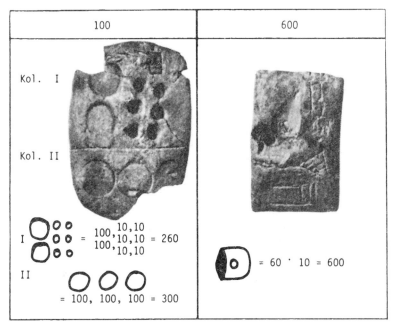

Abb. 73: Einige Beispiele frühsumerischer Zahlzeichen auf Tontafeln (aus FELD-BUSCH 1985, 131).

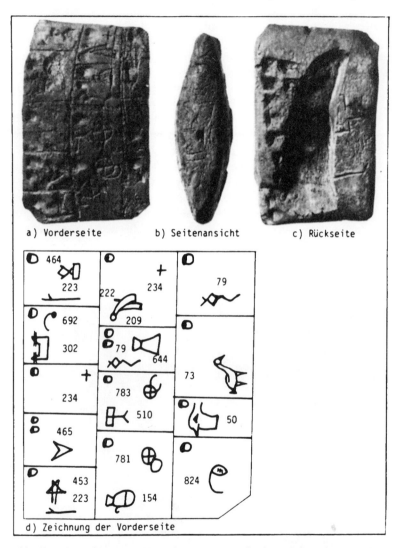

Abb. 74: „Verzeichnis einer Transaktion von verschiedenenGebrauchsgütern zwischen der Tempelverwaltung und einer Person oderPersonengruppe". 465 = Weinstock, 209 = Himmelherrin Inanna, 644 = Haus, 79 = Schlange, 783 und 781 = Fettschwanzschaf, 73 = Vogel, 50 = Hund, 154 = Gefäß (aus FELDBUSCH 1985, 133).

noch mit besonderen Griffeln eingedrückt wurden, konnten im Zusammenhang der zu dieser Zeit in Mesopotamien gebräuchlichen Zahlensysteme, das sexagesimale als gewöhnliches Zählsystem und das Hundertersystem zum Messen von Getreide, weitgehend entziffert werden." (FELDBUSCH 1985, 129ff)

Die älteste Form eines Konsonanten-Alphabets ist aus Phönizien bekannt (altnordsemitische Schrift) und auf einen Zeitraum um 1500 v.u.Z. zu datieren. Dieses Schriftsystem ist vermutlich entweder auf die ägyptischen Hieroglyphen oder die kretische Linearschrift A zurückzuführen. Es ist aber auch denkbar, daß es sich um eine relativ unabhängige Entwicklung handelt. Die Leserichtung der phönizischen Schrift verläuft kontinuierlich von rechts nach links. In der Folgezeit sind aber auch andere Leserichtungen entstanden, so ist z.B. der lapis niger (500 v.u.Z.) bustrophedonal („pflugwendig") geschrieben. Hierbei wird abwechselnd eine Zeile von rechts nach links und von links nach rechts geschrieben bzw. gelesen (KÖNIG 1985).

Seit ca. 875 v.u.Z. existieren Vokal-Alphabete in Griechenland, von denen 402 v.u.Z. das aus 24 Buchstaben gebildete milesische Alphabet, das auf die phönizischen Schriftzeichen zurückgeht, per Gesetz allgemeine Gültigkeit erhielt. Ein deutsches Schriftsystem ist erst um 770 entwickelt worden (Karolingische Minuskel). Im 12. Jahrhundert setzte sich zusehends die gotische Schrift durch, die im 15. Jahrhundert von der Frakturschrift abgelöst wurde. Die letzte größere Veränderung des Schrifttyps in Deutschland fand 1941 statt, als die erst 1915 in Preußen erstmalig eingeführten Sütterlinschrift durch die lateinische Ausgangsschrift ersetzt wurde. Eine Übersicht über ausgesuchte Schriftsysteme zeigt Abbildung 75.

2.3 Die evolutive Entwicklung der Sprache

So wie die Entwicklung aller kulturellen Vorgänge unterliegt auch die Entwicklung der Sprache einem Wandel, der nur durch die Prinzipien der evolutiven Entwicklung adäquat zu beschreiben ist. Hierbei soll nicht die direkte Gleichsetzung einer einzelnen Sprache mit einem lebenden Organismus vertreten werden, eine Analogie die bereits in der Sprachwissenschaft der Romantik von J.G. HERDER (1744 – 1803) formuliert wurde. Aber auch diese Analogie wird heute noch von

Phönikisch	Lautwert	Westliches Griechisch	Klassisches Griechisch	Lautwert	Archaisches Latein	Klassisches Latein	Römische Kapitalschrift	Unziale 7. Jh.	Kursive 6. Jh.	Irische Halbunziale 7. Jh.	Karolingische Minuskel	Gotische Schrift	Deutsche Schrift	Kursive 20. Jh.
ⱶ	'	ΑΑ	A	a	ΑΑ	A	A	ȝ	α	α	a	fl	α	a
⸦	b	ΒΒ	B	b	ΒΒ	B	B	Β	b	b	b	b	b	b
⸤	g	ΛϹ	Γ	g	⟨Ϲ	C	C	C	c	c	c	c	ſ	c
△	d	ΔD	Δ	d	D	D	D	ð	d	dð	d	ð	ð	d
⸦	h	ᛆΕ	E	e	ꓱΕΙΙ	E	E	e	ɛ	e	e	ℓ	ℓℓ	e
Ч	w	F / V / Y	Y	u / v / y	FΙʹ / V	F / V	F / U	F / Ꙋ	f / u	F / u	f / u	f / Ꙋ	f / ŭ	f / u
ᚻ	ḫ	ΘΗ	H	h, ē	H	H	H	ŋ	h	h	h	h	ƒ	h
⸜	j	Ι	Ι	i	Ι	Ι	I	J	ι	ı	ı	ı	í	i
⅄	k	K	K	k	K	K	K					k	k	k
ᒻ	l	Ⱶ	Λ	l	ᛑⱵL	L	L	L	l	l	l	l	ℓ	ℓ
ꟽ	m	ᛙΜ	M	m	ΜΜ	M	M	ℳ	m	m	m	m	m	m
⅄	n	ΝΝ	N	n	ΝΝ	N	N	N	n	n	n	n	ℳ	n
o	'	O	O	o	O	O	O	O	o	O	o	o	o	o
⸧	p	ΓΠ	Π	p	ᒻΓΡ	P	P	P	p	P	p	p	ʠ	ρ
φφ	q	φ		q	φΩ	Q	Q	q	q	q	q	ŋ	ꟼꟽ	q
⸦	r.	ΡΡ	P	r	ꟼΡΡ	R	R	R	r	ꞅR	r	r	ʠ	r
w	š	⸤Ȿ	Σ	s	⸤Ꞩ	S	S	S	ſ	ſs	ſ	ſs	ſ	ʂ
†	t	T	T	t	ΤΤ	T	T	T	τ	ζ	τ	t	ℓ	t
Χ		Χ†	Χ	x, kh	Χ	Χ	X	Χ	x	Χ	x	ʒ	ᵹ	x

Abb. 75: Die Entwicklungsgeschichte der lateinischen Schriftzeichen anhand ausgesuchter Alphabete (aus König 1985, 30).

Linguisten vertreten: „Ähnlich wie ein lebendiger Organismus, so ist auch jede natürliche Sprache ein sich entwickelndes System, das von Träger zu Träger mit Variabilität behaftet ist, sich gegen äußere Einflüsse wehrt und sich gleichzeitig seiner Umgebung anpaßt, entsprechend seiner Aufgabe als Instrument der Kommunikation. Ebenso wie biologische Systeme besitzt auch die Sprache Gliedstücke, Einheiten, die verschiedenen, hierarchisch geordneten, in Wechselbeziehung zueinander stehenden Ebenen angehören. (...) Man kann deshalb die Einheiten der Sprache genau wie die Einheiten biologischer Systeme als »Organe« bezeichnen, und entsprechend kann man die Sprache als Analogon eines lebendigen Organismus auffassen." (ALTMANN & LEHFELDT 1976, 147)

Eine solche Gleichsetzung von Sprache und Organismus kann jedoch nur als Metapher verstanden werden, die aus heutiger Sicht systemtheoretisch erklärt werden kann. Das Verhältnis von Sprache, Sprachentstehung und Sprachentwicklung ist evolutionstheoretisch auf einer ganz anderen Ebene zu beschreiben. Nachdem die evolutive Entwicklung als universelles Wirkungsprinzip erkannt worden ist, fehlt es jetzt noch an speziellen Konkretisierungen der jeweiligen Theorien für einzelne Phänomene. Gegenwärtig sind lediglich die Erklärungsansätze für die stammesgeschichtliche Entwicklung der Organismen bereits fundiert ausgearbeitet. Eine Theorie zur evolutiven Entwicklung von Gesellschaften, Kulturen oder der Sprache ist jedoch noch lange nicht realisiert. Da die prinzipielle Gültigkeit der Evolution nicht nur für die Biogenese, sondern auch für die Psychogenese und die Herausbildung von Bewußtsein bewiesen ist, mag es verständlich erscheinen, daß zunächst die bereits erarbeiteten Modelle der Evolutionsbiologie auf die Sprachentwicklung übertragen werden. Eine große Erklärungsleistung bzw. Widerspruchsfreiheit, beispielsweise von der Analogie Organismus und Sprache, ist dabei natürlich noch nicht zu erwarten. Diese Betrachtungsweise führt jedoch in die richtige Richtung.

Erste Ansätze einer evolutionären Sprachtheorie sind bereits vor dem Hintergrund eines zum Teil simplifizierenden Sprachdarwinismus vor mehr als einhundert Jahren von SCHLEICHER (1873, 1983) geleistet worden, der allerdings ebenfalls von der vollständigen Analogie von Sprache und Organismus ausging. Die von den Sprachwissenschaftlern geäußerte Kritik an dem Konzept insgesamt kann heute nicht mehr aufrechtgehalten werden. Um Mißverständnisse zu vermeiden, müssen bei dieser Sichtweise grundsätzlich zumindest zwei verschiedene Ebenen der Sprachbetrachtung voneinander unterschieden werden, einerseits die konkrete Sprache des Individuums und die Sprache einer Gruppe unter idealisierten Bedingungen sowie andererseits der historische Sprachwandel in Form eines abstrakten Prozesses. Bei einer Vermischung dieser Ebenen kommt es sonst bei der Betrachtung der evolutiven Sprachentwicklung zu den gleichen Mißverständnissen, die auch in bezug auf die biologische Evolution oft zu Fehlinterpretationen geführt haben. Deutlich wird diese Unterscheidung am biologischen Beispiel des allmählichen Formenwandels in der phylogenetischen Entwicklung eines Schneckengehäuses. Auch in der Evolution der Organismen kann sich ein Individuum, in diesem Beispiel eine einzelne Schnecke, nur in sehr bescheidenem Maße morphologisch verändern. Des weiteren existiert zu allen Zeitpunkten eine mehr oder minder breite Formenvarianz in der gesamten Schneckenpopulation, lediglich die relative Häufigkeit der einzelnen Gehäuseformen bestimmt den jeweiligen Idealtypus. Weiterhin kann ein Individuum aufgrund spezieller Lebensumstände (Strahlung, Vergiftung, Nahrungsmittelentzug) einen ganz anderen Habitus annehmen, aber dennoch einen unveränderten genetischen Beitrag zur Entwicklung der Art leisten. Es ist daher zwischen der ontogenetischen und der phylogenetischen Entwicklung zu unterscheiden. Auch in der evolutiven Entwicklung der Sprache ist zunächst zwischen der »Ontogenie« (vgl. Synchronie) und der »Phylogenie« (vgl. Diachronie) zu unterscheiden, wobei es sich bei der phylogenetischen Entwicklung um einen Vorgang auf einer abstrakten Ebene handelt. Alle weiteren Unterscheidungen basieren auf subjektiven Annahmen über die Ausprägung der verschiedenen Ebenen der Abstraktheit. Diese sind im Augenblick noch nicht terminologisch gegeneinander zu sichern (vgl. ALTMANN 1976).

Die Plausibilität eines evolutionstheoretischen Ansatzes in der Sprachwissenschaft ist auch damit zu begründen, daß es bereits im Bereich der »praktischen« Beschäftigung mit Sprache zur Anwendung eines entsprechenden Konzeptes gekommen ist. Da die **allgemeine** Sprachentstehung und -entwicklung durch Evolution erklärbar ist, müssen folgerichtig auch die **speziellen** Sprachentwicklungen konkreter National-oder Gruppensprachen in gleicher Weise durch eine spezielle Form der Evolutionstheorie zu erklären sein. Die speziellen Aspekte konkreter evolutionstheoretischer Zusammenhänge werden in der Biologie etwa durch die Biogeographie und die Ökologie bearbeitet. So wie ökologische Zusammenhänge im Bereich der Biologie in den Gesamtzusammenhang Evolution eingebunden sind, so sind auch in der Sprachwissenschaft konkrete Phänomene der Sprachverwendung quasi-ökologisch zu erklären und in die allgemeine Evolution der Sprache einzubinden. „... *Lebewesen und Ökosysteme, ebenso wie Sprachen, sind kreative, homöostatische Systeme.* Neu für die Linguistik ist hieran die *Idee einer Homöostase der Sprache.* Ein homöostatisches System ist nicht wirklich ein statisches System, sondern die spezielle Form eines offenen dynamischen Systems." (FINKE 1983, 50f)

Konkrete Probleme im Bereich der „Umweltarbeit" lassen sich nicht evolutionstheoretisch lösen, sondern verlangen einen ökologischen Ansatz. Wie bei der alltäglichen Bewältigung biologischer Probleme durch ökologische Konzepte, ergibt sich auch eine Möglichkeit zur Bearbeitung alltäglicher sprachwissenschaftlicher Probleme durch die ökologische Linguistik (FINKE 1979). „Die im Rahmen der ökologischen Konzeption möglichen linguistischen Theorien haben daher, wie zu zeigen ist, eine gute, eine *bessere Chance auf praktische Relevanz* als andere." (FINKE 1983, 45)

Im Hinblick auf die praktische Anwendung evolutionstheoretischer Folgerungen auf die Wirkung von Sprache, im Rahmen einer gesellschaftspolitischen Beschäftigung mit sprachlichen Äußerungen, ist eine quasi-ökologische Vorgehensweise durchaus möglich und sinnvoll. Für die theoretische Klärung des prinzipiellen Entstehungszusammenhangs von Kommunikation und Sprache ist jedoch nur die Evolutionstheorie selbst brauchbar.

2.3.1 Die Stammbaumtheorie der Sprachentwicklung und ihre Nachfolger

Die Stammbaumtheorie wurde 1861 von A. SCHLEICHER (1821 – 1866) entwickelt und stellt, obwohl sie auf den genealogischen Sprachtheorien der Antike aufbaut, den ersten Versuch dar, das Verhältnis der indoeuropäischen Sprachen untereinander zu ordnen. SCHLEICHER orientierte sich stark an den Naturwissenschaften und begriff die Entwicklung der Sprache als ein evolutives Geschehen, lange bevor sich der Evolutionsgedanke in der Biologie selbst durchsetzte (vgl. Abbildung 76).

Bei derartigen Stammbäumen werden aufgrund so offensichtlicher Parameter wie Breite, Entfernung usw. nicht quantifizierbare Relationen vorgetäuscht. Die Verwandtschaftsverhältnisse sind jedoch in ho-

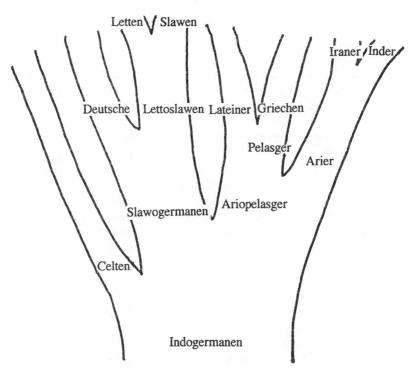

Abb. 76: Der von A. SCHLEICHER im Jahre 1853 publizierte Stammbaum der indoeuropäischen Sprachen (aus KOERNER 1981, 736).

hem Maße abstrakte Eigenschaften. Die adäquate Darstellung solcher abstrakten Relationen werden nur in einem System mit dichotomer Verzweigung von zunächst – in bezug auf Quantität und zeitliche Struktur – gleichwertigen Elementen repräsentiert. Interessanterweise wird die aufgrund theoretischer Überlegungen zu fordernde binäre Aufteilung der Kladogramme von SCHLEICHER zumeist verwendet, wie Abbildung 77 zeigt.

Die graphische Darstellung von Verwandtschaftsbeziehungen zwischen Organismen (Arten und supraspezifischen Taxa) ist in der Biologie, und besonders in der Zoologie, in Gestalt von Stammbaum-Schemata heute nur noch unter strenger Einhaltung der Prinzipien

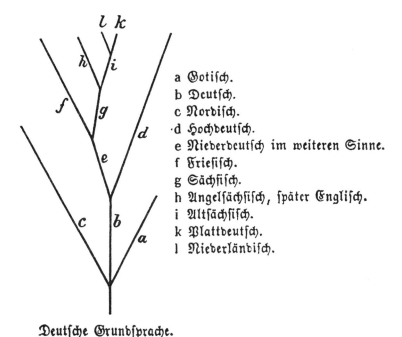

a Gotiſch.
b Deutſch.
c Norbiſch.
·d Hochbeutſch.
e Nieberbeutſch im weiteren Sinne.
f Frieſiſch.
g Sächſiſch.
h Angelſächſiſch, ſpäter Engliſch.
i Altſächſiſch.
k Plattbeutſch.
l Nieberländiſch.

Deutſche Grunbſprache.

Abb. 77: Die Verwandtschaftsverhältnisse der germanischen Sprachen nach SCHLEI-
CHER aus dem Jahre 1860 nach (aus SCHARF 1975, 333).

der Phylogenetischen Systematik akzeptabel und kann unter dieser
Voraussetzung zu Ergebnissen führen, die — intersubjektiv überprüf-
bar — die in der Natur real vorliegenden Verhältnisse widerspiegeln.
Solche Schemata nennt man heute Phylogenetische Verwandtschafts-
diagramme, um sie von den traditionellen, noch stark von typologi-
scher Denkweise belasteten „Stammbäumen" deutlich zu unterscheiden. Sie müssen mit den Methoden der Phylogenetischen Systematik
(Ausweis von Synapomorphien) belegt werden. Eine ausführliche Darstellung zu diesem Problem findet sich bei Ax (1984, 1988).
   Wenngleich der Stammbaum SCHLEICHERs mittlerweile inhaltliche
Mängel zeigt, was eingedenk der mehr als 100-jährigen Weiterentwicklung sprachwissenschaftlicher Forschung nicht verwundert, ist er dennoch im Ansatz der adäquate Versuch, das Verwandtschaftsverhältnis

der indoeuropäischen Sprachen zu erfassen. Der sogenannte »Naturwissenschaftliche Ansatz« der Sprachwissenschaft war und ist Angrif-
fen von vielen Seiten ausgesetzt. Für einen Teil der Kritik sind Naturwissenschaftler jedoch selbst verantwortlich, da spekulative und aus
heutiger Sicht fehlerhafte Erkenntnisse einfach in andere Fachgebiete
übertragen worden sind. Vor allem die verschiedenen Typen des sogenannten Sozialdarwinismus und der fortwährend mißgedeutete
»Kampf ums Dasein« sorgte für die Ablehnung evolutionstheoretischer
Ideen in der Sprachwissenschaft. Hinzu kommen die rassenideologisch
ausgerichteten Verfälschungen des Evolutionsgedankens, wie sie auch
bei SCHLEICHER in vielfältiger Weise zu finden sind. „Er (SCHLEICHER,
H.M.M.) glaubte, daß die Sprache sich aus tierischen Lauten entwik-
kelt hat und ihre Entwicklung mit der Entwicklung des Gehirns und
der Sprechorgane zusammenfiel. Die ältesten Bestandteile der Sprache
müssen überall dieselben gewesen sein, nämlich Töne zur Bezeichnung
von Anschauungen. Schleicher nahm an, daß die Evolution der
menschlichen Rasse drei Phasen durchlaufen hatte: (1) Die Entwicklung des physischen Organismus in seinen Grundeigenschaften, (2) die
Entwicklung der Sprache, (3) menschliche Geschichte. Nach seiner
Ansicht hatten nicht alle Gesellschaften diese letzte Phase erreicht. Er
war sogar überzeugt, daß die nordamerikanischen Indianer sich als
ungeeignet für diese Phase erwiesen hätten und aufgrund ihrer übermä-
ßig komplizierten Sprache keinen Platz in der Geschichte finden würden." (MARX 1977, 562f)

Nach einem solchen »Erstkontakt« mit dem Evolutionsgedanken ist
die Zurückhaltung der Sprachwissenschaft gegenüber der Biologie zu
verstehen, die bis heute nachwirkt, wie folgendes Beispiel zeigt: „Die
herkömmliche Einteilung in Nord-, Ost- und Westgermanisch darf
nicht im Sinne der alten Stammbaumtheorie verstanden werden." (v.
POLENZ 1978, 27)

Die gleiche Einstellung gegenüber der Stammbaumtheorie findet
sich auch bei KRAHE. „Die Einteilung, wie SCHLEICHER sie gab, ist als
solche überholt, aber die Stammbaumtheorie lebt ihrem Wesen nach –
mit anderer Teilung und Untergliederung als bei ihrem Urheber –
noch immer in vielen unserer Grammatiken und Handbücher fort. Sie
beruht auf der Anschauung, daß die idg. Grundsprache (und das
idg. Grundvolk) aus einem einheitlichen Wurzelstock wie ein Baum
hervorgewachsen sei, der sich nach und nach immer mehr verästelt

und verzweigt habe, und daß die nachmaligen Einzel*sprachen* und mehr noch deren Einzel*mundarten* die allerletzten Verzweigungen dieses mächtigen Stammbaumes seien. (...) Ein großangelegtes Schema also das Ganze, aber auch nicht mehr, allzu abstrakt und allzu einfach, um geschichtlicher Wirklichkeit entsprechen zu können, die zweifellos viel komplizierter gewesen ist, als daß sie sich in ein derartiges Prinzip stetiger Spaltung einfangen und auf dem Papier graphisch darstellen ließe. Diese SCHLEICHERsche Stammbaumtheorie ist ein echtes Kind ihrer Zeit, ist eine Übertragung der naturwissenschaftlichen Abstammungslehre auf die Sprachwissenschaft, sozusagen linguistischer Darwinismus. Aber naturwissenschaftliche Methoden und Erklärungsprinzipien können nicht ohne weiteres auf völker- und geistesgeschichtliche Entwicklungen angewandt werden, wenn man sich nicht billiger Simplifikation oder gar einer Verfälschung schuldig machen will." (KRAHE 1970, 46f)

Ähnlich wie auch bei den evolutionsbiologischen Stammbäumen im Sinne von HAECKEL (vgl. Abbildung 17) ist die SCHLEICHERsche Darstellung der Sprachentwicklung zumeist fehlinterpretiert worden. Prinzipiell ergeben sich bei der Rekonstruktion der Verwandtschaftsverhältnisse von Sprachen die gleichen Probleme wie auch bei der Rekonstruktion der Verwandtschaftsverhältnisse von Tierarten. Der Stammbaum ist nicht als graphische Konkretisierung von Einzelschicksalen bestimmter Individuen, sondern vielmehr als ein Kladogramm mit einer vornehmlich systematischen Aussage zu sehen. Es ist hier zwischen dem Lebensweg des Individuums und dem quasi-Lebensweg der Art zu unterscheiden, wobei letzterer ein theoretisches Konstrukt ist und bestimmten Grundannahmen folgen muß. Dies hat SCHLEICHER richtig erkannt und auf die Sprachwissenschaft übertragen. „Darwin und seine Vorgänger gingen nun einen Schritt weiter als die übrigen Zoologen und Botaniker: nicht nur die Individuen haben ein Leben, sondern auch die Arten und Gattungen; auch sie sind allmählich geworden, auch sie sind fortwährenden Veränderungen nach bestimmten Gesetzen unterworfen." (SCHLEICHER 1873, 11f)

Die einzige Funktion dieser systemischen Darstellung in Form von Kladogrammen ist die Kondensierung zeitlich und räumlich getrennter Vorgänge von vielzahligen und verschiedenen Individuen. „Was sich uns im Systeme der Sprachen als Klasse oder, was dasselbe sagen will, im Begriffe der Sprache als Moment zeigte, das erwarten wir nun im

Werden der Sprache als Periode wieder zu finden; denn das Wesen alles Werdens ist es eben, das, was der Begriff als coordinirte Momente, das System als Theile nebeneinander befasst, nacheinander hervortreten zu lassen. Dieses Gesetz ist nicht etwa auf die Entwickelung geistiger Sphären (z.B. der Philosophie etc.) beschränkt; wenn diess der Fall wäre, so könnte man vielleicht bei der Sprache, als der unfreien, natürlichen Seite des Menschen angehörig, vorauszusetzen geneigt sein, dass sie jenem Gesetze nicht unterworfen sei; vielmehr nehmen wir dasselbe auch im Reiche der natürlichen Organismen, z.B. in der Geschichte des Erdballs, wahr. Krystall, Pflanze, Thier bezeichnen ebensowohl Momente im Begriffe des Organismus, Abtheilungen im Systeme der Naturwesen, als Epochen in der Entwickelung der Erde." (SCHLEICHER 1983, 10)

Die Stammbaumtheorie beschreibt daher ausschließlich die Ebene der abstrakten Relationen der Phylogenie von Sprache. Eine Darstellung des historischen Umfeldes der von SCHLEICHER inhaltlich begründeten Biolinguistik und eine würdigende Darstellung der Arbeiten SCHLEICHERS ist bei SCHARF (1975) sowie bei KOERNER (1981, 1983) zu finden.

Wie bereits erwähnt, fehlt es bislang an wesentlichen Voraussetzungen für eine evolutionstheoretische Sprachentwicklungstheorie. Ein Problem bei der Behandlung von Phänomenen der Sprachentwicklung ergibt sich aus der gegenwärtigen Unmöglichkeit, die verschiedenen Ebenen der sprachlichen Entwicklung voneinander zu trennen. So werden nahezu zwangsläufig Phänomene des individuellen mit denen des phylogenetischen Sprachwandels vermischt. Da es zudem auch an einer Theorie der Sprache mangelt, ist es verständlich, daß es zu einer Vielfalt von Theorien zum historischen Sprachwandel kommt. Aufgrund des völlig unklaren Gegenstandsbereiches und der nicht vorhandenen Abgrenzungsmöglichkeit der verschiedenen Phänomene untereinander, kommt es bei verschiedenen Autoren zu unterschiedlichen Schwerpunktsetzungen in der Auseinandersetzung mit dem Sprachwandel. Da eine allgemeingültige Theorie der Sprache vermutlich auch weiterhin fehlen wird, ist eine Fülle von subjektiv gewichteten Einzellösungen für die verschiedenen Mischungen von Phänomenen des Sprachwandels die Folge. Beispiele für solche Theorien des historischen Sprachwandels, die alle unterschiedliche Gewichtungen bestimmter Probleme vornehmen, sind die Verzweigungs-, die Wellen-, die Entfaltungs-, die Substrat-, die Konvergenz- und die kommunikative Theorie.

Ein Kritikpunkt gegenüber der Stammbaumtheorie bezieht sich auf die vollständige Divergenz und Isolation in der Entwicklung zweier Töchter ab einem bestimmten Zeitpunkt der Verzweigung. Die gleiche Problematik stellt sich jedoch auch in der Biologie dar, auch bei einer Artspaltung ist es nicht möglich, einen Zeitpunkt oder ein Individuum zu bestimmen, das die Artgrenze repräsentiert. Dieser, aus der abstrakten Darstellung zu fordernde Vorgang läßt sich im Verlauf der einzelnen Individuenschicksale nicht nachvollziehen, die einen mehr oder weniger fließenden Übergang erfordern. Um dieser vermeintlichen und als irrig betrachteten Deutung des Stammbaumes der Stammbaumtheorie zu begegnen, mußte sich in der Sprachwissenschaft eine neue Theorie mit einer unscharfen Trennungsregion herausbilden: Die 1872 von J. SCHMIDT (1843 – 1901) aufgestellte Wellentheorie. Diese Theorie ist von der Sprachwissenschaft dankbar aufgenommen worden, setzt sie doch „an die Stelle des sozusagen mathematisch errechneten *Punktes* die *Fläche*, setzt an die Stelle einer imaginären Urzelle ein auch in der frühesten für uns denkbaren Entwicklungsphase schon vorhanden gewesenes und nicht gar zu klein vorzustellendes *Verbreitungsgebiet* des Indogermanentums." (KRAHE 1970, 52)

Die scharfe Trennung zweier Sprachen nach der Stammbaumtheorie wird bei J. SCHMIDT durch eine unscharfe Trennung mit einem allmählichen Übergang ersetzt. So kommt es irgendwo im Verbreitungsgebiet einer Sprache zu einer mehr oder weniger spontanen Veränderung der Sprache und zu einer von diesem Punkt ausgehenden allmählichen Veränderung in alle geographischen Richtungen (vgl. Abbildung 78).

„Wollen wir nun die verwantschaftsverhältnisse der indogermanischen sprachen in einem bilde darstellen, welches die entstehung irer verschidenheiten veranschaulicht, so müssen wir die idee des stammbaumes gänzlich aufgeben. Ich möchte an seine stelle das *bild der welle* setzen, welches sich in concentrischen mit der entfernung vom mittelpunkte immer schwächer werdenden ringen ausbreitet." SCHMIDT, zit. in KRAHE 1970, 48)

Anders als die Stammbaumtheorie beschreibt die Wellentheorie die Ebene der konkreten Realisation der Phylogenie von Sprache. Obwohl die Formulierung der Wellentheorie eine Variabilität der Sprache voraussetzt (HÖFLER 1955a, 1955b, 1956) und zur Grundlage von Sprach-

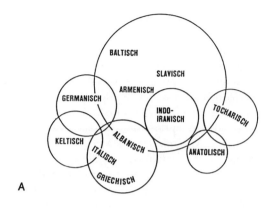

A

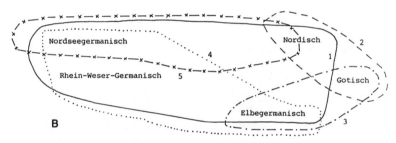

B

Abb. 78: A. Die Verwandtschaftsverhältnisse einiger indoeuropäischer Sprachen nach der Wellentheorie von J. Schmidt (aus König 1985, 40). B. Die Verwandtschaftsverhältnisse einiger germanischer Sprachen nach der Wellentheorie von J. Schmidt (aus Ramat 1981, 6).

veränderung macht, erschien sie einigen Autoren immer noch zu statisch, um den Sprachwandel erklären zu können, der sich an Individuen mit einer individuellen Sozialisation vollzieht. Eine noch stärkere Betonung des individuellen Sprachwandels findet sich daher in der Substrattheorie. Ihr liegt die Feststellung zugrunde, daß zwei Sprachgruppen einer vormals geeinten Sprachgruppe unterschiedliche Richtungen der weiteren Sprachentwicklung einschlagen und daß diese

Richtungen vom sprachlichen Umfeld der Gruppen beeinflußt werden. So erklärt H. Hirt beispielsweise die Vielzahl der indoeuropäischen Dialekte durch die Übertragung der Sprache der indoeuropäischen Eroberer auf die fremdsprachige Bevölkerung in dem jeweils besetzten Gebiet.

Neben der Konvergenztheorie, die einen Schwerpunkt im Bereich der Sprachvermischung und Sprachbeeinflussung durch Entlehnungs- prozesse ansetzt, wird Sprachwandel gegenwärtig vor allem durch kommunikative Theorien erklärt. Diese Theorien sehen als Ursache der Sprachentwicklung ein Zusammenwirken von sprachstrukturellem und sprachplanerischem Wandel sowie von Veränderungen, die durch kommunikative Bedürfnisse erforderlich werden.

2.3.2 Vergleiche zu Mutation, Rekombination und Selektion

Es ist seit langem bekannt, daß die sichere Funktion der Sprache auch auf ihre semantische Unschärfe, die nicht vorhandene vollständige Eindeutigkeit in der Bedeutung zurückzuführen ist. Dieses kreative Moment sprachlicher Bedeutung ist zugleich auch ein wesentlicher Grund für den evolutiven Wandel der Sprache. Neben dem abstrakten und sofort nachvollziehbaren historischen Sprachwandel, z.B. die Ver- änderungen in der Entwicklung Gotisch → Althochdeutsch → Mittel- hochdeutsch → Neuhochdeutsch, erstreckt sich der quasi-mutative Wandel der Sprache auch auf konkrete Phänomene der Sprache eines Individuums. Einen Überblick über diese Entwicklung gibt die jeweils neueste Ausgabe des Rechtschreib-Duden. Beispielsweise entstehen fortschreitend evolutive Neuheiten im Wortbestand, was durch die Aufnahme neuer Wörter in den Duden belegt ist, wie etwa »Klitzing- Effekt«, »Aidskranke« oder »Popper«. Weiterhin kommt es zu einer vollständigen Übernahme von Wörtern aus anderen Sprachen, was sich durch »Fallout«, »Multiple choice Verfahren« oder »Scanner« belegen läßt. Der Wandel kann sich selbstverständlich auch auf seman- tischer oder graphematischer Ebene vollziehen. Dieser Bedeutungs- wandel tritt hervor, wenn die Duden der BRD und der DDR miteinan- der verglichen werden. In weniger als 40 Jahren sind hier semantische Divergenzen in der Bedeutung von politisch motivierten Begriffen wie »Manipulation« oder »Kapital« entstanden, was sich anhand einer vergleichenden Untersuchung der beiden Duden belegen läßt (Siegl

1989). Neben dem historischen Bedeutungswandel sind im gegenwärtigen Deutsch, wie etwa bei dem Begriff »ätzend«, Veränderungen in der Bedeutung festzustellen, die sich sehr kurzfristig durchgesetzt haben. Veränderungen treten auch im Bereich der Syntax bzw. der Morphologie auf, wie z.B. bei »Friseur« vs. »Frisör«, »Telephon« vs. »Telefon«, »wegen des Kindes Arm« vs. »wegen dem Kind sein Arm«. So ist die Form »wegen dem Regen« aus der Sicht der Dudenredaktion vor wenigen Jahren noch ungrammatisch gewesen, wurde dann als gleichwertig zu »wegen des Regens« beschrieben und wird gegenwärtig als korrekte Form erklärt. Die Genitivkonstruktion »wegen des Regens« gilt nun bereits als veralteter Sprachgebrauch (Archaismus).

Die hier beschriebenen Veränderungen von sprachlichen Entitäten hängen von vielen Faktoren ab. Ein wesentlicher Faktor ist die bewußt oder unbewußt vorgenommene menschliche Sprachplanung. Sprache ist in ganz entscheidendem Maße vom menschlichen Bewußtsein abhängig. So verwundert es nicht, „daß innere, strukturelle Druckkräfte und soziolinguistische Druckkräfte im Mechanismus des Sprachwandels in systematischem Wechsel wirksam werden. Man kann nicht länger das Argument vertreten, daß der Linguist seine Erklärungen des Wandels auf die wechselseitigen Einflüsse von Sprachelementen beschränken müsse, die durch die kognitive Funktion definiert sind. Noch kann in irgendeinem ernsthaften Sinn argumentiert werden, daß ein sich wandelndes Sprachsystem autonom ist." (LABOV 1975, 332)

Die bewußte Planung der Sprache wird durch die Existenz der Dudenredaktion kanalisiert, da seit der ersten Orthographischen Konferenz von 1876 eine neue Einflußgröße hinzugekommen ist. Erstmals in der Entwicklung der Sprache ist es zu einer allgemein akzeptierten Übereinkunft in bezug auf die sprachliche Form einer Nationalsprache gekommen. Das konservative Festhalten an einen Zustand erhöht natürlich vorübergehend die Informationsdichte der Sprache, verhindert aber die notwendige Kreativität im Umgang mit ihr. Eine in dieser Art erzwungene Sprachkonstanz führt in der Regel zu einer Divergenz zwischen der offiziellen Schriftsprache und der allgemeinen Umgangssprache. Der völlig unangebrachte Sprachpurismus, der bis vor wenigen Jahren die weitere Entwicklung der deutschen Sprache stark behinderte, wird gegenwärtig jedoch als ein Verhalten erkannt, daß eher einen gesellschaftspolitischen als einen sprachwissenschaftlichen Hintergrund besitzt.

Ein weiteres Beispiel für Sprachplanung ist die von verschiedenen Seiten geforderte Rechtschreibreform des Deutschen, vor allem in bezug auf die Großschreibung. Die Großschreibung von Substantiven hat sich in Deutschland im 17. Jahrhundert eingebürgert und ist heute ein umstrittenes Phänomen, da die Abgrenzung des Substantivs nicht zu sichern ist. Daher ist Norwegen bereits 1907 und Dänemark 1948 zur Kleinschreibung übergegangen, und das Phänomen der Großschreibung ist nur noch in der deutschen Sprache vorhanden (BRUDERER 1979).

Eine durch extremen Nationalchauvinismus motivierte Sprachplanung ist der im 17. Jahrhundert im deutschen Sprachraum erstmalig entstandene Sprachpurismus, der zumeist ideologischen Ursprungs ist und sich gegen Entlehnungen aus anderen Sprachen richtet. Einige Bereinigungen der deutschen Sprache haben sich aber offensichtlich einnischen können und sich bis heute erhalten, wie z.B. »Stelldichein« vs. »Rendezvous« oder »Festland« vs. »Kontinent«). Derartige Phänomene sind in vielen Sprachen bekannt, so auch im Griechischen, bei dem sich die an antiken Vorbildern orientierte kathareúousa und die umgangssprachliche demotikè als amtliche Schriftsprache Anwendung fanden. „Damit gab es in Griechenland zwei Schriftsprachen. Jede besaß ihre eigenen Vorkämpfer, die sich gegenseitig erbittert, ja sogar gewaltsam befehdeten, wie z.B. bei den Unruhen im Jahre 1901, als demonstrierende Studenten die Druckerei verwüsteten, in der gerade die frischen Druckfahnen einer Übersetzung des Neuen Testaments in die demotiké vorlagen." (LOCKWOOD 1979, 17)

Eine weiterführende Darstellung des Sprachpurismus findet sich bei KIRKNESS (1984).

Neben dieser bewußten Lenkung sprachlicher Entwicklung kommt es auch zu unbewußt ablaufenden Prozessen direkter Veränderung. Beispielsweise übernehmen die Besiegten eines Krieges in großer Anzahl Wörter aus dem Sprachbestand der Besieger, weil die Besieger in der Regel als Modelle für gesellschaftliches Verhalten mit einer hohen affektiven Valenz ausgestattet sind (Modellernen, A. BANDURA). So kommt es in diesem Falle vor allem bei Jugendlichen zu einer starken Orientierung an der Sieger-Kultur. Ein neueres Beispiel für diese Entlehnungsmotivation sind Übernahmen aus der amerikanischen Kultur. Die große Fülle der sogenannten Anglizismen im Deutschen ist selbst in der Umgangssprache der DDR zu verzeichnen (HOFFMANN 1986,

LEHNERT 1986, SIEGL 1989). Weiterhin nehmen die unterschiedlichsten Gruppenprozesse Einfluß auf die Sprachentwicklung. Es können Teile von Fachsprachen infolge einer speziellen, affektiven Valenz von gesellschaftlichen Gruppen zur Umgangssprache gemacht werden, oder es werden bereits vorhandenen Wörtern neue Bedeutungen zugeordnet, um sich von anderen Gruppen abzugrenzen (Jugend- bzw. Gruppensprachen). Nach einer soziolinguistischen Untersuchung von Lautwandelphänomenen der amerikanischen Sprache in unterschiedlichen sozialen Schichten New Yorks kommt LABOV (1975) zu einem Ergebnis, das die evolutiven Mechanismen des Sprachwandels aufzeigt. Danach kann sich Lautwandel wie jede andere Tradierung von Verhaltensleistungen vollziehen. „Die Lautveränderungen entstanden gewöhnlich bei einer begrenzten Teilgruppe der Sprachgemeinschaft zu einer Zeit, als die selbständige Identität dieser Gruppe durch inneren oder äußeren Druck geschwächt worden war. (...) Nachfolgende Sprechergenerationen innerhalb derselben Teilgruppe, die auf die gleichen sozialen Druckkräfte reagiert haben, führten die sprachliche Variable im Prozeß des Wandels über das durch ihre Eltern gesetzte Vorbild weiter hinaus." (LABOV 1975, 328)

Des weiteren ist gerade das Modellernen eine der wesentlichen Komponenten der tradierten Sprachveränderung, wobei der affektiven Valenz des Modells die größte Bedeutung in bezug auf die Übernahme des Modellverhaltens zukommt. „Wenn die Gruppe, in der der Wandel entstand, innerhalb der Sprachgemeinschaft nicht die Gruppe mit dem höchsten Status war, versahen Angehörige der Gruppe mit dem höchsten Status schließlich die gewandelte Form auf Grund ihrer Kontrolle der verschiedenen Institutionen des Kommunikationssystems mit einem negativen Kennzeichen (Stigma). (...) Bei extremer negativer Kennzeichnung (stigmatization) kann eine Form zum offenen Thema sozialer Bewertung werden und schließlich verschwinden. (...) Wenn der Wandel seinen Ursprung in der Gruppe der Gemeinschaft hatte, die den höchsten Status innehat, wurde er für alle Sprecher der Gemeinschaft zu einem Prestigemodell. Die gewandelte Form wurde dann in gewähltere Sprechweisen von allen anderen Gruppen entsprechend ihrem Kontakt mit Benutzern des Prestigemodells und in geringerem Ausmaß auch in die zwanglose Sprechweise übernommen." (LABOV 1975, 329f)

Dieses Verhalten läßt sich bis in die Primatenentwicklung weiter zurückverfolgen. Das klassischen Beispiel in der Verhaltensforschung ist die zufällige Erfindung einer Reinigungstechnik (Waschen) von verschmutzten Kartoffeln einer Äffin, deren neuartiges Verhalten in den Folgejahren von immer mehr Tieren der Population, vor allem von Rangniederen und Jungtieren, nachgeahmt wurde. Das Beispiel des Batatewaschens bei Rotgesichtsmakaken (*Macaca fuscata*) hat gezeigt, daß bei der Tradierung von Kulturtechniken ranghöhere Tiere einer Gruppe keine – auch noch so nützlichen – Verhaltensweisen von rangniederen Tieren annehmen (HOFER & ALTNER 1972).

Eine weitere Einflußgröße auf den Sprachwandel ist die Kosten-Nutzen-Relation der Sprachverwendung. Neben soziologisch relevanten und motivierten Veränderungen der Sprache dient der von den Sprechern ausgehenden Veränderungsdruck im wesentlichen der Optimierung des Mitteilungsprozesses. Nach LÜDTKE bewirken die drei folgenden Parameter des Sprachwandels eine Optimierung:

„ – des beim Kommunikationsprozeß anfallenden Arbeits*aufwandes* (Produktion plus Perzeption des Schallsignals) im Sinne einer *Minimierung*

– des zur Handhabung des Kommunikationsverfahrens erforderlichen *Lern*prozesses im Sinne einer *Erleichterung*

– des Kommunikations*radius*, d.h. der Menge der symbolisierten Sachverhalte und der Menge der potentiellen Kommunikationspartner, im Sinne einer *Maximierung*." (LÜDTKE 1980b, 5)

Neben der bewußten und unbewußten Veränderung von Sprache hat auch der Zufall in gewisser Weise einen Einfluß auf die Sprachentwicklung. „Noch ein anderes Mittel kennt die Sprache, Fremdwörter sich mundgerecht zu machen, sie der eigenen Sprache und Sprachstruktur anzugleichen und anzu»deuten«. Dies ist die sog. *Volksetymologie*. Diese besteht darin, daß das Volk sich fremde Wörter, die es nicht versteht, dadurch plausibel zu machen sucht, daß es ihnen ganz oder teilweise Wörter der eigenen Sprache unterschiebt, sie in die Fremdwörter (fälschlich) hineindeutet, also in gewissem Sinne eine volkstümliche »Etymologie« betreibt." (KRAHE 1970, 91)

Beispielsweise ist der deutsche Name der norwegischen Marderart *Gulo gulo* zustandegekommen, weil hansische Pelzhändler im 15. Jahrhundert den norwegischen Namen »fjeld fross« (= Felsenkatze,

Bergkater) in das mittelhochdeutsche »velevras« (= Vielfraß) übertru-
gen. Ein Vielfresser ist *Gulo* jedoch nicht. Ein weiteres Beispiel für
spontane Einflüsse auf die Sprache ist die unbekannte Entstehungsgeschichte des Wortes »paletti« oder die Etymologie von »Meerkatze«.
Dieser Halbaffe (*Cercopithecus*) wird indisch *markata* (= Affe) genannt, was die Seeleute als *mar-katte* (= Sumpfkatze) gedeutet haben.
Die Europäer wurden von den Affen an die ihnen bekannte Hauskatze
erinnert. Und da sie von Matrosen übers Meer mitgebracht wurden,
war der Name Meerkatze (althochdeutsch = *merikazza*) sehr plausibel. Weiterhin ist das neuhochdeutsche Wort Wetterleuchten in bezug
auf das zu beschreibende Phänomen durchaus verständlich, ist aber auf
das mittelhochdeutsche *weterleich* zurückzuführen, was Wetterspiel
bedeutet. Diese Art des zufälligen Wandels kann auch ganze Redensar-
ten verändern, die eigentlich aufgrund der Semantizität vor Verfälschungen geschützt sein sollten: „... *sein Schäfchen ins Trockene
bringen* hat mit dem *Schaf* nichts zu tun. Kommt aus dem Niederdeutschen und Niederländ., wo die Wörter für »Schaf« und »Schiff«
ähnlich lauten und meint »sein *scheppken* (= Schiffchen) ins Trockene
bringen«, d.h. das Schiffchen aufs Land ziehen und damit in Sicherheit
bringen." (KRAHE 1970, 92)

Als weitere quasi-mutative Effekte kann auch der Lautwandel
(BLUHME 1980) bzw. können die Lautverschiebungen gedeutet werden,
die sehr umfangreiche Veränderungen in einer vergleichsweise kurzen
Zeitdauer bewirken. Gleiches gilt für alle Formen des Wandels, die
aufgrund einer sprachsystemimmanenten Dynamik vollzogen werden
(Lautmechanik). Beispielsweise werden Assimilationen bzw. Dissimila-
tionen (Koartikulation), Abschwächungen von Endsilben oder der
Verlust von Präfixen möglich und aus ökonomischer Sicht auch nötig,
wenn es sich bei diesen Phänomenen zusätzlich um den Abbau redun-
danter Merkmale handelt. Diese Optimierungsprozesse können durchaus mit der Einnischung von Organismen verglichen werden. „Wie
die redundanzgesteuerten Reduktionsprozesse, so wirken auch die
Koartikulationsprozesse nach übereinzelsprachlichen Gesetzmäßigkeiten der Lautproduktion. Ihre speziellen Ausformungen erfahren sie
jedoch innerhalb jeder einzelnen Varietät entsprechend den jeweiligen
distributionellen Konstellationen, die die Kombinierbarkeit der Laute
festlegen. Die vielfach einzelsprachlich modifizierte Redundanzsteue-
rung und die ebenfalls einzelsprachlich differenzierend wirkende Koar-

tikulation führen zu einem komplexen System von Regularitäten bei der Entstehung und Veränderung von Lauten und Wörtern, die alle auf die Gegebenheiten des artikulatorisch-perzeptiven Apparats zurückzuführen sind. Es stellt sich die Frage, ob hier nicht die phonetischen Grundlagen für die letztlich »obskuren« Regelhaftigkeiten des sog. »natürlichen« Lautwandels ... zu finden sind..." (MATTHEIER 1984, 727)

Die potentiellen Veränderungen des natürlichen Lautwandels dürfen dabei jedoch nicht mit außersprachlichen Funktionen belegt sein, die z.B. Grundlage einer sozialen Bewertung werden können. Sprachwandel existiert daher in Form eines komplizierten Zusammenspiels von sozialen, sprachsystematischen und artikulatorisch-perzeptiven Phänomenen.

2.3.3 Vergleiche zur unterbrochenen Panmixie

Anders als im direkten Vergleich einer Sprache mit einem Organismus ist die Analogie zu der abstrakten biologischen Größe »Art« eher zulässig, wenngleich auch hier die Parallelität nicht allzuweit reicht. Die Aufspaltung einer Stammart in zwei Tochterarten kann als ein Vorgang angesehen werden, der sich zur Aufspaltung einer Sprache in zwei Tochtersprachen analog verhält. Während zwei Tochterarten nach der Spaltung in der Regel auch weiterhin divergieren und nur in Ausnahmefällen wieder verschmelzen können, ist dieser Vorgang bei Tochter*sprachen* häufiger anzutreffen. Dennoch sind Sprachen solitäre und konstante Einheiten, die sich gegeneinander behaupten. So kommt es in den Berührungszonen (Grenzgebieten) zweier Sprachen nicht etwa zu einer Vermischung der Sprachen, sondern höchstens zu einer Zweisprachigkeit der Sprecher.

Wenn sich eine Sprechergemeinschaft aufspaltet und Teile dieser ehemals homogenen Gruppe vollständig isoliert werden, bilden sich im idealen Fall sogenannte Sprachinseln heraus. Ein Beispiel für eine solche Entwicklung im Griechischen ist das Tsakonische, „ein fremdartiger Dialekt, der von etwa 10000 Menschen in einem schwer zugänglichen Gebiet an der unwirtlichen Küste des Peloponnes zwischen dem Parnon Massiv und dem Golf von Argolis gesprochen wird. Diese Volkssprache hat viele Elemente konserviert, die sich direkt von dem lakonischen (spartanischen) Dialekt der Antike herleiten." (LOCKWOOD 1979, 16)

Weitere Beispiele sind die rätoromanischen Dialekte in der Schweiz, albanische Sprachinseln in Griechenland und in Italien oder deutsche Sprachinseln in den USA, wie etwa das Pennsilfaanisch in Teilen des nordamerikanischen Bundesstaates Pennsylvanien (SEEL 1988). Diese Prozesse der Isolation sind in der Gegenwart in nicht so starkem Maße wirksam wie zu früheren Zeiten, da aufgrund der flächendeckenden und normierten Informations- und Ausbildungsmaschinerie jeder Sprecher einer Sprache bzw. Nation am Fortgang der Sprachentwicklung partizipieren kann. Lediglich wenn − neben der geographischen Entfernung − nationale, politische oder kulturelle Grenzen zwei Subpopulationen voneinander trennen, ist die sprachliche Panmixie behindert oder unterbrochen. Im historischen Sprachwandel bewirkte eine weitaus schwächere Separation bereits eine völlige Trennung von Sprechergruppen. Angesichts der Tatsache, daß noch vor 200 Jahren viele Bewohner im Verlauf ihres gesamten Lebens nie ihr Heimatdorf bzw. ihre Heimatstadt verlassen haben, wird verständlich, daß selbst eine geringe geographische Entfernung zwischen zwei Dörfern Isolationsphänomene hervorgebracht hat. So kommt es, daß Phänomene des Sprachwandels einige Dörfer erfassen konnte, während diese Entwicklung an Nachbardörfern vorbeigegangen ist. Die Verbreitung der Dialektgrenzen (Isoglossen) liefert hierfür anschauliche Beispiele (vgl. Abbildung 51).

Daß natürliche Landschaftsbedingungen bzw. politische Grenzen auch noch in der Neuzeit zu einer räumlichen Trennung von Gruppen einer Gemeinschaft führen können, zeigt Abbildung 79. Es können mehrere Isolationsphänomene unterschiedlich wirken, so führen geographische Isolationen zu Dialekten (vgl. Rassen) oder zu Tochtersprachen (vgl. Arten), während soziologische Isolationen zu Soziolekten (vgl. Rassen) führen.

Keinesfalls zu vernachlässigen sind die gesellschaftlichen Lebensbedingungen, die in starkem Maße Einfluß auf die Struktur und die jeweilige Ausprägung der Sprache nehmen, so wie das bekannte Phänomen der Benutzung von »man« für die eigentlich zu verwendende allgemeine Form »Mensch« die Machtstrukturen einer patriarchalischen Gesellschaft widerspiegelt. Ebenso beeinflußt die soziale Situation den Sprachwandel. Das Arbeitsleben wirkt sehr stark auf die Sprache ein, was einerseits durch die infolge der zeitlich überoptimierten Arbeitsprozesse notwendig gewordene Effizienzerhöhung sprachlicher Mitteilungen durch Verkürzungen und Verschleifungen (restrin-

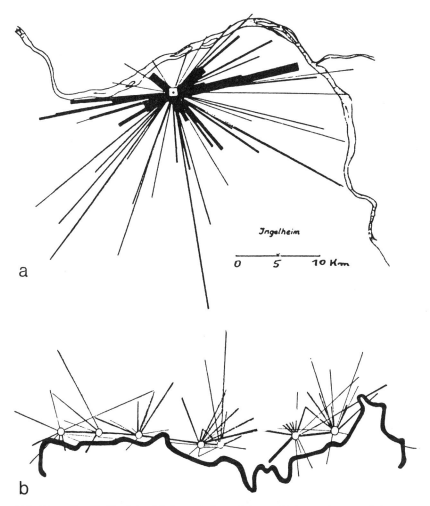

Abb. 79: a. Der Flußlauf des Rheins zwischen Mainz und Bingen als »natürliche Heiratsgrenze«. Die Stärke der Linien zeigt die Häufigkeit, mit der gebürtige Ingelheimer Ehepartner aus benachbarten Ortschaften finden. Lediglich bei Mainz (im Bereich der Mainmündung) befindet sich eine Rheinbrücke, worauf die Heiratshäufigkeit in diese Richtung zurückzuführen ist. Die Zahlenangaben stammen aus der Einwohnermeldekartei der Stadt Ingelheim aus den 50er Jahren (aus KNUSSMANN 1980, 216).
b. Eine politische Grenze als Heiratsbarriere, am Beispiel von sieben Dörfern entlang einer Staatsgrenze (aus HENNIG 1982, 53).

gierter Code) und andererseits durch die direkte Übernahme von Fachbegriffen in die überregionale Umgangssprache deutlich wird (z.B. »Kohle machen/haben«). Einen Überblick hierzu geben CHERUBIM & MATTHEIER (1989).

2.3.4 Vergleiche zu analogen und homologen Merkmalen

Alle sprachlichen Universalien sind in den jeweiligen Einzelsprachen entweder als analoge oder homologe Merkmale zu deuten. Legt man zur Beurteilung dieser Frage den fortgeschrittenen Zustand der gegenwärtigen Sprachentwicklung zugrunde, so handelt es sich bei Phänomenen wie Tempus, Phonem-Morphem-Struktur, Existenz von Objekt bzw. Verbum oder die Arbitrarität um analoge Bildungen in allen Sprachen. Geht man jedoch von der Tatsache aus, daß alle Sprachen — auch diejenigen, die unabhängig voneinander entstanden sind — auf den gleichen Set von kognitiven Operationen des Menschen aufbauen (vgl. Kapitel I.4.2), dann muß man zwangsläufig zu dem Schluß der prinzipiellen Homologie aller sprachlichen Merkmale kommen. Letztlich entscheidet über die Zuordnung sprachlicher Merkmale somit der Bezugsrahmen. „Für alle Sprachen nehmen wir also einen formell gleichen Ursprung an. Als der Mensch von den Lautgebärden und Schallnachahmungen den Weg zu den Bedeutungslauten gefunden hatte, waren diese eben nur Bedeutungslaute, einfache Lautformen ohne alle grammatische Beziehung. Dem Lautmateriale nach aber, aus dem sie bestunden und der Bedeutung nach, die sie ausdrückten, waren diese einfachsten Anfänge der Sprache bei verschiedenen Menschen verschieden; dafür zeugt die Verschiedenheit der Sprachen, die aus jenen Anfängen sich entwickelt haben. Wir setzen deswegen eine unzählbare Menge von Ursprachen voraus, aber für alle statuieren wir eine und dieselbe Form." (SCHLEICHER 1873, 26f)

ALTMANN (1976, 190) geht von einem anderen Bezugsrahmen aus und versteht zwei Worte als homolog im Sinne von genetisch verwandt, „wenn sie mittels eines (plausiblen) Modells (Ursprache) ineinander überleitbar sind und die Überleitung bei einer signifikant großen Anzahl von Wörtern möglich ist."

2.3.5 Vergleiche zu Grundmuster und rudimentären Merkmalen

Wie in der biologischen Morphologie nimmt auch in der sprachwissenschaftlichen Morphologie die vergleichende Untersuchung von morphologischen Merkmalen eine wichtige Stellung ein. Eine besondere Rolle bei der Rekonstruktion der Grundmuster von Organismen verwandter Artengruppen spielen rudimentäre Strukturen, die als wichtiges Merkmal der Verwandtschaftsforschung gelten. In der Sprachwissenschaft ist die Existenz solcher Rudimente lange bekannt. Die Untersuchungen zu den alteuropäischen Gewässernamen (Hydronymie) liefern hierzu umfangreiche Beispiele (KRAHE 1954). Sprachliche Rudimente sind in allen Teilbereichen der Sprachbetrachtung zu finden. So werden Bezeichnungen für Objekte übernommen, obwohl sich das Bezeichnete aufgrund der technologischen Fortentwicklung im Laufe der Zeit stark verändert hat, wie etwa bei »Schiff → Luftschiff → Raumschiff« (BURKHARDT 1987). In gleicher Weise blieb die Bezeichnung Bleistift erhalten, obwohl bereits seit dem 18. Jahrhundert anstelle des gegossenen Bleigriffels eine Graphitmine mit Tonzusatz verwendet wird. Auch die von der Pferdekutsche übernommene Konstruktion des freistehenden Kotflügels früher Automobile hat sowohl ihre Form als auch ihre ursprüngliche Funktion verloren, da heute in der Regel nur noch Regenwasser von den rotierenden Reifen verspritzt wird. Einen Überblick über die Etymologie der deutschen Sprache gibt SEEBOLD (1981).

Die Rekonstruktion *sprachlicher* Grundmuster ist jedoch weitaus schwieriger zu leisten als die vergleichbare Arbeit in der Biologie.

3. Zusammenfassung

Der moderne Mensch existiert in der Form des *Homo sapiens sapiens* seit ca. 40.000 Jahren, wie sich anhand fossiler Funde belegen läßt. Gleichzeitig mit dem vergleichsweise sprunghaften Auftreten des *H. sapiens sapiens* wurden künstlerische Objekte geschaffen, die keinen Vergleich mit der gegenwärtigen Kunst zu scheuen brauchen. Bereits vor 35.000 bis 40.000 Jahren existierten Menschen, die Plastiken, Gemälde und Gebrauchsgegenstände herstellten, die in bezug auf ihre Ästhetik in der weiteren Entwicklung der Kunst nicht überboten werden konnten. Mit der Entstehung des, in physischer Hinsicht, modernen Menschen ist anscheinend gleichzeitig auch die Psyche des modernen Menschen in Erscheinung getreten. Leider gehören nur physische Relikte vergangener Kulturen zu den die Zeit überdauernden Objekten. Aber es ist anzunehmen, daß bereits die ersten Vertreter des *H. sapiens* nicht nur das gleiche ästhetische Empfinden, die prinzipiell gleichen Probleme und gleichen Interessen wie kontemporäre Menschen hatten, sondern daß sie auch über die gleiche Sprachfähigkeit und die gleiche musikalische Fähigkeit verfügten.

Zumindest für die Antike, jener Phase menschlicher Entwicklung, die erstmalig schriftsprachlich dokumentiert ist, trifft die Aussage zu, daß die großen philosophischen Probleme menschlicher Erkenntnis alle schon einmal erkannt und bearbeitet wurden. Eine Reminiszenz des mündlichen Überlebens der Überlieferungen, Weisheiten und Künste der vorgeschichtlichen Menschen findet sich vielleicht noch bei einigen Naturvölkern. Die großen philosophischen Schulen der überlieferten Hochkulturen – wie etwa der Azteken, Sumerer, Chinesen, Inder, Griechen und Römer – haben bereits über die wesentlichen Probleme menschlicher Existenz nachgedacht, und es ist zu prüfen, ob ein gegenwärtiger Philosoph überhaupt noch ein wirklich zur Gänze neues Problem formulieren kann. Die kognitiven Fähigkeiten des modernen Menschen sind anscheinend in kurzer Zeit und sofort vollständig entstanden. Gleichzeitig ist der Vorstellungsraum der menschlichen Kognition vergleichsweise beschränkt und läßt keinen Ausbruch zu, der grundlegend andere Denkmuster erfordern würde. So ist es durch moderne Techniken zwar möglich, durch Simulationen Ergebnisse über das Verhalten eines 10-dimensionalen Raumes zu erhalten, wirklich »begreifen« kann man dieses Verhalten jedoch nicht. Die lebensrelevanten Konsequenzen der fortwährend gesteigerten menschlichen Erkenntnis sind jedoch offensichtlich. Das Ausmaß der menschlichen Naturbeherrschung und Naturveränderung hat gegenwärtig eine nie für möglich gehaltene Tragweite erhalten. Mit der steten Fortentwicklung der menschlichen Erfahrung bzw. der Wissenschaft ging gleichzeitig eine Steigerung der »fundierten Vorausurteile« über die Phänomene der Welt einher. Gleichzeitig mit dem Wissenszuwachs ist auch das Ausmaß der möglichen zutreffenden Voraussagen des Menschen über Phänomene seiner Umwelt stetig gewachsen, wie die Fortschritte in den Ingenieur- und Naturwissenschaften zeigen. Ebenso war dem Menschen zu keinem Zeitpunkt soviel über seine eigene Vorgeschichte bekannt wie heute. Ein vollständiges Verständnis ist aber auch hier noch nicht erreicht.

Die erste Beschreibung der Evolution ist vor weniger als 150 Jahren geleistet worden und bezog sich lediglich auf die Entwicklung der Tier- und Pflanzenwelt. Gegenwärtig zweifelt niemand ernsthaft an der allumfassenden Gültigkeit des Evolutionsprinzips im bisher bekannten Kosmos. Die bislang erreichte Ausprägung der Evolutionstheorie verfügt noch nicht über die höchstmögliche Präzision, die generelle Gültigkeit des natürlichen Prinzips »Evolution« ist jedoch unumstritten. Zu den wesentlichen Erkenntnissen der letzten Jahrzehnte gehört die Annahme eines allumfassenden Entwicklungsprinzips — im Sinne von Evolution als einer Naturkonstanten — als treibende Kraft aller Vorgänge. Ein bekanntes Beispiel hierfür ist die Ausweitung des ursprünglich rein biologisch formulierten Evolutionsgedankens auf die Entwicklung des Kosmos insgesamt. In den letzten Jahren wurde nun in vielen wissenschaftlichen Disziplinen erkannt, daß sich die jeweils typischen Phänomene durch evolutionäre Ansätze adäquat beschreiben und erklären lassen können. In den jeweiligen Entwicklungen im Bereich der Technik, der Kultur, der Gesellschaft usw. sind Übereinstimmungen erkannt worden, die eine prinzipielle Verbindung zur Entwicklung der Organismen aufzeigen. Eine Folge dieser Erkenntnis ist auch die stetig wachsende Zahl von Tagungen, Symposien und

Publikationen zu diesem Thema, die allerdings auch nicht ohne Widerspruch traditionell denkender Fachkollegen bleiben. Auch bei vielen Biologen stößt die Suche nach den prinzipiellen Gemeinsamkeiten in jedweder Entwicklung auf anfängliches Unverständnis, das vermutlich auf einem Mißverständnis beruht. Denn es soll nicht etwa der Erklärungsmodus für die organismische Entwicklung auf psychische Phänomene angewandt werden, sondern es muß vielmehr ein neuer Erklärungsmodus für kognitive Prozesse aufgedeckt werden, der jedoch mit der bisherigen Evolutionstheorie kompatibel sein muß. Wenngleich es auch gegenwärtig noch keine zufriedenstellende Abstrahierung der Gemeinsamkeiten aller Entwicklungsvorgänge gibt, erst recht keine theoretische Fundierung des allgemeinen Entwicklungszusammenhangs aller Entwicklungsvorgänge, so ist die Richtung zukünftiger Forschungsaktivitäten jedoch aufgezeigt. Das Wissen um einen evolutiven Zusammenhang zwischen allen Phänomen der belebten und unbelebten Welt erlaubt es der Wissenschaft nun erstmals, einen vermutlich alten Gedankengang inhaltlich zu korrigieren und ihn als ein Konstrukt mit größtmöglicher Widerspruchsfreiheit zu präsentieren, das als gegenwärtige »Wahrheit« von der wissenschaftlichen Gemeinschaft anerkannt werden kann. Die Evolutionstheorie bietet somit eine Erklärung für die Entwicklung der Welt, die der real existierenden Ordnung der Natur im Augenblick nächststehend ist. Dabei kommt diesem Entwicklungsmodell nicht etwa der Wert einer modifizierten Schöpfungsgeschichte im biblischen Sinne zu. Es ist nicht einfach nur an die Stelle der Genesis die Biogenese getreten, wie manchmal behauptet wird. Bei den Schöpfungsmythen handelt es sich um artifizielle Rekonstruktionen der Entwicklung, die im völligen Bruch zur wissenschaftlichen Erkenntnis stehen. Demgegenüber liegt sowohl der Evolutionstheorie als auch dem weiteren Ausbau der Evolutionsforschung vor allem die Forderung nach Widerspruchsfreiheit in bezug auf alle anderen Wissenschaften zugrunde. Das heißt natürlich nicht, daß diese Vorgehensweise davor schützen kann, zeitweilig realitätsferne Annahmen zu favorisieren. Die historischen Paradigmenwechsel in den Wissenschaften liefern für die bisherigen Korrekturen gute Beispiele. Die Widerspruchsfreiheit ermöglicht jedoch die jeweils bestmögliche Annäherung der Erklärungen an die real existierenden Verhältnisse zu einem Zeitpunkt.

Der Versuch die Ordnung der Natur erklären zu wollen, erscheint in Anbetracht des infolge einer Selbstoptimierung perfekt organisierten Ablaufes natürlicher Phänomene zunächst als unmöglich. Die Existenz von Individuen, Teilen oder Phänomenen der Natur ist eigentlich nur zu verstehen bzw. zu erklären, wenn man die systemische Wechselwirkung zwischen allen Einheiten der Natur erkennt und berücksichtigt. Das System der Natur zeichnet sich allerdings durch eine unvorstellbare Komplexität der auftretenden Wechselwirkungen aus. Hinzu kommt, daß die wechselwirkenden Einheiten der Natur nicht statisch sind und ein konstantes System darstellen, sondern es im Gegenteil zu den hervortretendsten Merkmalen der Natur gehört, eine fortwährende Veränderung ihrer Einheiten in der Zeit zu schaffen. Dieses dynamische Verhalten der beteiligten Einheiten vollzieht sich dabei kontinuierlich auf allen Abstraktionsstufen der Natur gleichermaßen, auf der Ebene der Biomoleküle ebenso wie auf der Ebene der Zellen, der Organismen oder der Stufe sozialer Individuen. Der sich aus der natürlichen Technologie ergebende Prozeß des steten Wandels erhöht die Komplexität der Naturphänomene noch einmal um ein Vielfaches.

Ist bereits das Verständnis der gegenwärtig beobachtbaren Naturphänomene sehr schwer, so muß die kausale Rekonstruktion historischer natürlicher Prozesse durch diese Tatsache als schier aussichtslos erscheinen, da nicht nur ein hyperkomplexes System betrachtet werden muß, sondern auch eines, das seine Teile mit sehr unterschiedlichen Geschwindigkeitsfaktoren verändert. Es treten somit auf allen Mikro- und Makroebenen der Betrachtung des Systems »Natur« Veränderungen in der Zeit auf, die von vornherein lediglich Zustandsbeschreibungen für bestimmte Zeitpunkte ermöglichen. Die Beweisführung der Rekonstruktion historischer Zustände des Systems, und in noch stärkerem Maße die Rekonstruktion der stammesgeschichtlichen Entwicklung zwischen allen historischen Zuständen, erreicht somit den Charakter eines schwierigen Indizienprozesses. Eine weitere Schwierigkeit ergibt sich aus der Tatsache, daß das System der Natur selbst ohne weiteres überhaupt nicht zu erkennen ist, da es dem Betrachter lediglich möglich ist, einzelne Individuen vom System losgelöst wahrzunehmen und nicht etwa ein ganzes Subökosystem. Weiterhin sind die Spuren des historischen Naturwandels nicht direkt zugänglich, da die Manifestationen der Veränderungen, bedingt durch den Tod der Individuen, nur in der Gegenwart ohne weiteres wahrgenommen wer-

den können. Die meisten evolutiven Veränderungen sind heute nicht
mehr unmittelbar nachvollziehbar. Der Verlauf der Entwicklung muß
daher indirekt, z.b. durch Fossilien oder Begleitfunde, erschlossen
werden.

Im Bereich der zur Zeit von Menschen überschaubaren Realität der
Welt existiert eine gewisse Anzahl von Objekten, Eigenschaften und
Relationen, die in ihrer Gesamtheit diese Realität ausmachen. Ein
Großteil dieser Eigenschaften und Relationen, die die Veränderungen
von Objekten sowie die Veränderungen der Eigenschaften und Relationen zum Teil selbst verursachen, werden als Evolution bezeichnet.
Evolution ist daher ein multikausales System im Sinne einer natürlichen Technologie. Systemimmanente Eigenschaften und Eigenschaften
von Objekten bewirken zusammen ein spezielles Verhalten der Materie, das dem subjektiven Beobachter eine scheinbare Planung der
Entwicklungsvorgänge vorgaukelt. Dieses Phänomen, das ebenso in
menschlichen Wirtschaftsprozessen existiert, wird in der Ökonomie
seit den 20er Jahren als »invisible hand phenomenon« beschrieben.
Wie von einer unsichtbaren Hand gesteuert, ergeben sich in einem
Netzwerk von Eigenschaften und Relationen scheinbar geplante Entwicklungen in Wirtschaftssystemen. Dies bedeutet nun nicht etwa,
daß Wirtschaftsprozesse, gesellschaftliche Entwicklungen oder die Entwicklung des Menschen in irgendeiner Weise vorbestimmt oder nicht
beeinflußbar wären. Genau das Gegenteil ist der Fall, da eine solche
teleologische Denkweise überhaupt nicht mit der Evolution in Verbindung zu bringen ist. Es existiert nur ein Handlungsrahmen für jedwe-
des Geschehen, und jedes Geschehen vollzieht sich in einem System
von Beziehungen, die aufgrund der enormen Komplexität des kausalen
Zusammenhangs die Lenkung einer »unsichtbaren Hand« annehmen
lassen. Die politische, gesellschaftliche oder moralische Ausrichtung
der Systeme spielt hinsichtlich der Funktion des Systems keine Rolle.
Eine Legitimation für bestimmte Systeme existiert daher aus der Sicht
der evolutionären Theorie nicht. Der Mensch hat somit erstmalig in
der evolutionären Entwicklung eine Stufe erreicht, auf der der Mensch
als ein organisches Produkt der Evolution auf den weiteren Verlauf
der Evolution Einfluß nimmt. Diese Einflußnahme des Menschen gilt
selbstverständlich auch für die evolutive Entwicklung der Sprache.

Die bislang dem Menschen einsichtigen Vorgänge der Welt lassen
auf eine systematische Korrelation aller Objekte und Eigenschaften

schließen, die als genialer Mechanismus »Evolution« funktioniert. Dabei sind die Ergebnisse dieses Wechselspiels stets zufällig und unwiederholbar, unterliegen jedoch bestimmten Regeln, die eine völlig willkürliche oder zufällige Entwicklung ausschließen. So können beispielsweise die allgemein gültigen Naturgesetze auch durch evolutive Veränderungen nicht außer Kraft gesetzt werden.

Infolge der Erkenntnis des Zusammenhangs jeglicher Entwicklungsphänomene ergibt sich erstmals die Möglichkeit und die Notwendigkeit, alles Geschehen der Realität in einem einzigen funktionalen Zusammenhang zu sehen. Dieser Zusammenhang erlaubt es auch, eine Verbindung zwischen dem Urknall und der Entwicklung zum Menschen sowie zwischen den ersten Interaktionsprozessen der Hadronenzeit und der Sprache herzustellen. Die Rekonstruktion der Entwicklung der Organismen einerseits (Biogenese) und die Beschreibung der stufenförmig verlaufenden Entwicklung der kognitiven Prozesse andererseits (Psychogenese) ermöglichen es, die grundlegenden Phänomene dieser Entwicklung zu abstrahieren und auf ein Grundprinzip der allgemeinen Entwicklung zurückzuführen. Gleichzeitig erlaubt die Rekonstruktion der menschlichen Entwicklung, die Bedingungen der allgemeinen Entwicklungstheorie im Detail an einer konkreten Entwicklungslinie zu überprüfen. In gleicher Weise ist es nötig, die Stufen der kognitiven Prozesse detailliert anhand konkreter Phänomene zu beschreiben, um die Aussagen zur abstrakten Entwicklung psychischer Prozesse und zur Kommunikation bzw. Sprache abzusichern.

Der evolutionstheoretische Zusammenhang der Entwicklung der Interaktionsprozesse (Interaktion, Kommunikation, Sprache) ist durch die allgemeine Theorie erbracht worden. Anhand der bisherigen Erkenntnisse der historischen Sprachwissenschaft, der Archäologie und der Paläobiologie ist eine Kommentierung der evolutiven Entwicklung von Sprache (Deutsch) geleistet worden, die bereits Aussagen mit höherer Präzision erlaubt. Gleichzeitig ist es durch diese Diskussion möglich, den Zusammenhang von Menschwerdung, Psychogenese und Sprachgenese *realiter* aufzuzeigen. Es konnte gezeigt werden, daß sich Sprache (Einzel-, Gruppen-, Nationalsprachen) in ihrer Entwicklung wie jedes natürliche Phänomen verhalten und den gleichen Rahmengesetzmäßigkeiten unterliegen. Ähnlich wie Zellen, Organismen, ökolo-

gische Systeme, Gesellschaften, Kulturen und Wissenschaften entwik-
kelt sich auch Sprache im Rahmen einer evolutionären Entwicklung,
auf die der Mensch – als Produkt dieser Entwicklung – Einfluß
nimmt, ohne jedoch ihren konkreten Verlauf vorhersagen zu können.

Da seit einigen Jahrzehnten ausgearbeitete theoretische Überlegungen der synthetischen (neodarwinistischen) Evolutionstheorie, der evolutionären Erkenntnistheorie, der kognitiven Psychologie, der Psycho-
linguistik und der historischen Sprachwissenschaft vorliegen, mußte
das nächste Ziel in der Wissenschaft nun sein, einen grundsätzlichen
Zusammenhang zwischen der Entwicklung der Materie, der Biogenese,
der Psychogenese und der Entstehung von Bewußtsein und Sprachfähigkeit aufzuzeigen (SCHURIG 1976; MÜLLER 1987). In bezug auf die
Sprachfähigkeit muß nun im weiteren Verlauf die Übertragung der
gegenwärtigen biologischen Evolutionstheorie auf die Sprachentwicklung stattfinden. Es muß vor allem geprüft werden, ob die in den
letzten 100 Jahren in der Biologie entwickelten Methoden der systematischen Rekonstruktion von organismischem Wandel auch für den
Sprachwandel Verwendung finden können. Vereinfacht dargestellt
könnte sich die zukünftige Forschung wie folgt verhalten: Nachdem
die Richtung der weiteren Forschung im Bereich der allgemeinen
Entwicklungsvorgänge im Sinne eines allumfassenden Evolutionsgedankens nun aufgezeigt ist, müssen die nichtbiologischen Einzeldiszi-
plinen zunächst das Regelwerk der »biologischen Evolution« erkennen
und dann versuchen, die abstrahierten Mechanismen auf die eigenen
Fragestellungen zu übertragen. Die Unzulänglichkeiten dieser einfachen Übertragung werden sofort zutage treten und die notwendigen
Umformulierungen und Erweiterungen aufzeigen. Alle Neuformulie-
rungen und Erweiterungen der einzelnen Disziplinen sollten dann
prinzipielle Gemeinsamkeiten beinhalten. Auch diese Arbeit bewegt
sich im Rahmen dieses Problemfeldes. Hinsichtlich der Präzisierung
einer konkreten evolutionstheoretischen Sprachtheorie muß der nächste Schritt nun sein, die detaillierte Rekonstruktion der Entwicklung
des indoeuropäischen Sprachstammes, die Rekonstruktion der Entwicklung einer Einzelsprache sowie eine Erklärung des allgemeinen
Sprachwandels mit evolutionstheoretischem Ansatz zu leisten und im
Sinne der Phylogenetischen Systematik (HENNIG 1982, 1984) zu erklären. So könnte in der indoeuropäischen Sprachwissenschaft beispielsweise das Kentum/Satem-Problem oder die Frage der Ursprünglichkeit

des Dualis mit Methoden der Phylogenetischen Systematik angegangen werden. Nach einer solchen vollständigen Übertragung biologischer Erkenntnis auf das Phänomen Sprache werden die sich daraus ergebenden Unzulänglichkeiten des Erklärungsapparates in ihrer Gesamtheit deutlich werden. Die nächsten Schritte könnten dann zur Formulierung einer biologischen Sprachtheorie führen.

IV. Anhang

1. Verzeichnis der verwendeten Abkürzungen.

DNS = Desoxyribonukleinsäure
Hz = Hertz, Anzahl der Schwingungen pro Sekunde
μm = Mikrometer (10^{-6}m), 1.000 μm entsprechen einem Millimeter
m-RNS = Messenger-Ribonukleinsäure
msec = Millisekunden (10^{-3}sek), 1.000 msec entsprechen einer Sekunde
n.Chr. = nach Christus
n.u.Z. = nach unserer Zeitrechnung
nm = Nanometer (10^{-9}m), 100.000 nm entsprechen einem Millimeter
RNS = Ribonukleinsäure
t-RNS = Transfer-Ribonukleinsäure
v.Chr. = vor Christus
v.u.Z. = vor unserer Zeitrechnung
ZNS = Zentralnervensystem

2. Verzeichnis biologischer Fachbegriffe

abgeleitetes Merkmal: Siehe Apomorphie.

Abstammungsgemeinschaft: Aufgrund von dichotomen Artspaltungen hierarchisch strukturierte Folge von Stammarten und Folgearten einer geschlossenen Artengruppe.

Adelphotaxon: Schwesterart bzw. Schwestergruppe.

Aegyptopithecus zeuxis: Art aus der ausgestorbenen Gattung *Aegyptopithecus*. Sie gehört zur Überfamilie der Hominoidea und zeigt vermutlich große Übereinstimmungen mit den Vorfahren der Menschenaffenartigen (Pongiden).

Affen: Die echten Affen (Simiae) bilden zusammen mit den Halbaffen (Prosimiae) je eine Unterordnung der Ordnung Herrentiere (Primates).

Albinismus: Erbliche Stoffwechselstörung aufgrund eines Enzymdefektes infolge einer Genommutation. Die Betroffenen haben wegen der fehlenden Pigmentierung weißblonde Haare, rötliche Augen aufgrund einer farblosen Iris und eine sehr helle Haut (Albinos).

Allelhäufigkeit: (Allelfrequenz) Häufigkeit, mit der ein bestimmtes Allel in der Population vorhanden ist.

Allopatrie: Das Auftreten von Populationen oder Arten in verschiedenen, sich nicht überlappenden Gebieten.

Amniota: Zusammenfassende Bezeichnung für die Sauropsiden (Vögel, »Reptilien«) und Säugetiere aufgrund des gemeinsamen Besitzes einer Embryonalhülle (Amnion).

Anthropologie: Lehre vom Menschen, umfaßt in der Naturwissenschaft die Disziplinen Abstammungslehre, Rassenkunde, Anatomie, Physiologie und Vererbungslehre.

Apomorphie: Abgeleitetes Merkmal, die entwicklungsgeschichtlich jüngere und spezialisiertere Variation eines älteren und ursprünglicheren Merkmals oder dessen vollständige Neuentstehung (Gegensatz: Plesiomorphie).

Arthropoden: Gliederfüßer, Stamm der ca. 1 Mio Arten umfaßt und zu dem beispielsweise die Spinnentiere, Insekten und die Krebse gehören.

Art: Zu einer Art werden alle Individuen einer Abstammungs- oder Fortpflanzungsgemeinschaft gezählt, die genealogische Verwandtschaftsbeziehungen aufweisen und unter natürlichen Bedingungen fertile Nachkommen zeugen können.

Außengruppenvergleich: Methode der Phylogenetischen Systematik, die eine Unterscheidung zwischen Apomorphien und Plesiomorphien erlaubt. Dabei soll das Verhältnis zwischen mehreren verwandten Taxa geklärt werden. Mindestens drei monophyletische Taxa (gesicherte Arten bzw. geschlossene Abstammungsgemeinschaften) bilden die sogenannte Innengruppe, die mit einer verwandtschaftlich weiter entfernten Außengruppe verglichen wird. Verglichen wird ein bestimmtes Merkmal, das in der Innengruppe in verschiedenen Varianten auftritt und von dem eine Variante auch in der Außengruppe vorhanden ist. In diesem einfachsten Fall sollen diejenigen zwei Taxa ermittelt werden, die in einem Schwesterverhältnis untereinander, dem dritten Taxon in einem Schwesterverhältnis gegenüberstehen.

Australide: (Australische Ureinwohner) Die Australiden gelten als die ursprünglichste Rasse des Jetztmenschen.

Australopithecinen: Irrtümlich als „Südaffe" (*Australopithecus*) bezeichnete Hominidengruppe, zu der die direkten Vorfahren der Art *Homo* gehören. Sie sind für den Zeitraum von vor ca. 5 Mio Jahren bis vor ca. 700.000 Jahren belegt.

Australopithecus afarensis: Ca. 3 Mio Jahre alter Hominide, der erstmals 1974 in Äthiopien entdeckt wurde und vermutlich in die direkte menschliche Entwicklungslinie einzuordnen ist. Die jüngsten Funde sind ca. 1,5 Mio Jahre alt.

Australopithecus africanus: Zum A-Typus (*Australopithecus*-Typus) gehörender direkter Vorfahre der Linie *Homo*.

Australopithecus boisei: Zum P-Typus (*Paranthropus*-Typus) gehörender Hominide, der nicht zu den direkten Vorfahren der Art *Homo* gerechnet wird und der als spezialisierter Waldbewohner gilt. Die ältesten Funde sind ca. 2,2 Mio, die jüngsten Funde ca. 1 Mio Jahre alt.

Australopithecus robustus: Zum P-Typus gehörender Hominide, der nicht zu den direkten Vorfahren von *Homo* zählt. Die ältesten Funde weisen ein ungefähres Alter von 3 Mio Jahren auf, die jüngsten Fossilien sind auf ca. 700.000 Jahre datiert.

Autapomorphie: Abgeleitetes Merkmal (Apomorphie), das nur in einem einzigen Taxon vorkommt und innerhalb dieses Taxons auch entwickelt wurde (evolutive Neuheit). Ob eine Apomorphie als Autapomorphie oder als Synapomorphie gewertet werden kann, ist vom jeweiligen Vergleichspartner abhängig.

autochthon: Bodenständig, an Ort und Stelle entstanden und weiterentwickelt.

Beta-Globin: Spezieller Eiweißkörper im roten Blutfarbstoff Hämoglobin der roten Blutkörperchen (Erythrocyten).

Biogenese: Die Entstehung des Lebendigen. Hierbei sind vor ca. 4 Mrd Jahren aus anorganischen Vorstufen Biomoleküle entstanden, die sich in der weiteren Entwicklung zusammenlagerten und die Vorstufen für zelluläre Strukturen bildeten.

Biogenetische Grundregel: Die von E. HAECKEL im Jahre 1866 aufgegriffene und neuformulierte Feststellung, daß Embryonen in ihrer Entwicklung u.U. stammesgeschichtlich ältere Organe rekapitulieren. „Die Entwicklung des Einzelwesens (Ontogenie) ist die kurze Wiederholung (Rekapitulation) seiner Stammesgeschichte (Phylogenie)." Hierbei ist jedoch zu beachten, daß es sich dabei nicht um ein generelles Phänomen handelt und daß lediglich Organanlagen in der Embryonalentwicklung eines Individuums und diese auch nur für kurze Zeit entstehen. Ein Beispiel ist etwa die auch vom menschlichen Embryo kurzzeitig ausgebildete Kiemenanlage. Im Rahmen der Diskussion zu Sprachursprung und kindlichem Spracherwerb kann die Biogenetische Grundregel keine fundierten Anhaltspunkte liefern.

Biotop: Lebensraum von Tieren und Pflanzen, der durch das Vorkommen von charakteristischen Arten gekennzeichnet ist.

Brachycephalisation: Entwicklungstendenz zu einer relativen Kurzköpfigkeit.

Catarrhina: Schmalnasen bzw. Altweltaffen, die heute nur in den Tropen und Subtropen der Alten Welt vorkommen. Zu ihnen gehören z.B. die Menschenaffen, die Makaken, die Meerkatzen und die Paviane.

Cerebralisationsgrad: Relative Angabe zum Entwicklungsstand des Gehirns.

^{14}C-Datierung: Technik zur Altersbestimmung von Geweben, die von der Gegenwart an bis etwa 50.000 Jahre alt sein können.

Chancelade-Typus: Form des *Homo sapiens sapiens*, die neben dem Cro-Magnon-Typus den europäischen Raum besiedelte und vor etwa 50.000 Jahren entstanden ist. Charakteristisch ist die höhere Körpergröße sowie ein langer und eher schmaler Gesichtsschädel.

chopping-tool: Einfaches Steinwerkzeug. Gerölle, die durch einseitiges Abschlagen kleiner Stücke eine einfache Arbeitskante erhalten.

Codon: Gruppe aus drei Nukleotiden (Triplett), die jeweils eine Aminosäure im Protein kodiert.

Corpus callosum: Die auch Balken genannte Verbindung zwischen den beiden Hemisphären des Großhirns. Diese im Inneren des Gehirns liegende Faserverbindung (Kommissur) stellt mit ca. 200 Mio Nervenfasern die massivste Verbindung zwischen den beiden Großhirnhälften dar.

Cro-Magnon-Typus: Form des *Homo sapiens sapiens*, die neben dem Chancelade-Typus den europäischen Raum besiedelte und vor etwa 50.000 Jahren entstanden ist. Charakteristisch ist die geringere Körpergröße sowie ein kürzerer und eher breiterer Gesichtsschädel.

Dendrogramm: Graphische Darstellung der Verwandtschaftsverhältnisse von Lebewesen (Taxa) in Form eines Stammbaumes, die ihre phylogenetische Entwicklung darstellen soll.

Desoxyribonukleinsäure: DNS (bzw. englisch DNA). Zumeist im Zellkern lokalisierter Träger der Erbinformation. Die DNS besteht aus vier verschiedenen Nukleotiden, die sich durch die vier Basen Adenin, Guanin, Adenosin und Cytosin voneinander unterscheiden. Die Reihenfolge dieser unterschiedlichen Nukleotide in einem Strang der DNS bestimmt die Erbinformation.

Deszendenztheorie: Siehe Evolutionstheorie.

Divergenzalter: Die Zeit, die sich durch Hochrechnen der jeweiligen Entwicklungszeiten für molekularbiologisch erfaßbare Verschiedenartigkeiten zwischen verwandten Arten ergibt. Sie erlaubt z.B. Rückschlüsse auf den Trennungszeitpunkt von Schwesterarten.

DNA: Desoxyribonucleinacid, siehe Desoxyribonukleinsäure.

Dolichokranisation: Entwicklungstendenz zur Ausbildung eines eher länglichen und schmalen Schädels mit einem Längen-Breiten-Index größer als 75,9.

Dryopithecinen-Kreis: Ein durch mehrere hundert Fossilien belegter Stadienkreis, der viele mehr oder weniger pongide Arten umfaßt und sich an der Basis der Entwicklungslinien der Menschenaffen und des Menschen befindet.

endokrines Gewebe: Drüsen, die Substanzen (Sekrete) in das Körperinnere, z.B. in die Blutbahn abgeben.

Enzym: Hochmolekulares Protein, das eine katalysierende Wirkung bei Stoffwechselvorgängen besitzt.

Erythrocyten: Die roten Blutkörperchen, die im Blut den Transport der Blutgase (Sauerstoff, Kohlendioxid) übernehmen.

Europide: Neben den Mongoliden und Negriden einer der menschlichen Rassenkreise, zu dem beispielsweise die Osteuropiden, Dinariden, Indiden, Orientaliden, Polynesiden und Mediterraniden gehören.

Evolutionstheorie: (Deszendenztheorie, Abstammungslehre) Die zusammenfassende Abstraktion der biologischen Erkenntnisse zur Entstehung, der Veränderung und des ökologischen Wechselwirkens von Individuen und Arten über die Zeit. Die wichtigste Erkenntnis der Evolutionstheorie ist die Feststellung, daß alle rezenten und ausgestorbenen Arten auf jeweils einfachere Vorläuferarten zurückzuführen sind und in einem natürlichen Verwandtschaftsverhältnis zueinander stehen.

Familie: Klassifikatorische Kategorie der Systematik, unterhalb der Kategorie Ordnung und oberhalb der Kategorie Gattung.

Fossilien: Versteinerte Teile oder Lebensspuren von Organismen. Die organische Substanz ist zumeist vollständig abgebaut, es werden lediglich harte Bestandteile in das Sediment eingelagert und fossilisiert.

Fossilien, »lebende«: Gegenwärtig existierende Lebewesen unterschiedlicher Entwicklungshöhe, die seit langer Zeit in ihrer Entwicklung stagnieren und fossil für viele Mio Jahre in quasi unveränderter (ursprünglicher) Form nachzuweisen sind. Eine Ursache für die unveränderte Beibehaltung der Entwicklungshöhe ist in den unveränderten Entwicklungsbedingungen und in den gleichbleibenden Anforderungen eines unveränderten Lebensraumes zu sehen.

Gattung: Klassifikatorische Kategorie der Systematik, die eine einzige oder mehrere monophyletische Arten umfaßt und sich unterhalb der Kategorie Familie befindet.

Gen: Kleinste Funktionseinheit der DNS, die aus einer bestimmten Anzahl von Nukleotiden besteht und die Teilinformationen für ein

Merkmal, einen Merkmalskomplex oder einen Steuerungsprozeß verkörpert.

Gendrift: Die durch Zufallsfaktoren bestimmte Verschiebung von Allelhäufigkeiten im Genpool einer Population (Sewall-Wright-Effekt). Beispielsweise die sich zufällig ergebende Allelhäufigkeit in einer Gründerpopulation.

Genealogie: Die genetischen Wechselwirkungen zwischen Individuen und Populationen einer Art über die Zeit.

Genom: Bezeichnung für die Gesamtheit der Gene einer Zelle.

Genpool: Die Gesamtheit aller Gene einer im Genaustausch stehenden Population oder Art (Fortpflanzungsgemeinschaft) zu einem bestimmten Zeitpunkt.

Genus: Siehe Gattung.

Geschlechtsdimorphismus: Siehe Sexualdimorphismus.

Gründerpopulation: Eine geographisch abgetrennte Gruppe einer Population, welche u.U. aus nur einem einzigen tragenden Weibchen oder aus nur einem Samenkorn bestehen kann, die fortan von der restlichen Population separiert ist und nun eine eigene, unabhängige evolutive Entwicklung erleben kann.

Habitus: Das körperliche Erscheinungsbild eines Organismus.

Hominidae: Menschen, Familie zu der die Australopithecinen (u.U. bereits die Ramapithecinen) sowie alle späteren und auch die rezenten Menschen gehören.

Homininae: Unterfamilie der Hominidae, zu der *Homo habilis*, *Homo erectus* und *Homo sapiens* gehört.

Hominisation: Der Prozeß der entwicklungsgeschichtlichen Menschwerdung im engeren Sinne.

Hominoidea: Überfamilie, die die Menschenaffenartigen (Pongidae) und Menschen (Hominidae) umfaßt.

Homo: Gattungsbezeichnung der Menschen. Es ist jedoch zu beachten, daß nach neuesten Überlegungen alle Hominiden zu einer einzigen Art gehören, die sich lediglich in der Zeit verändert hat (Arttransformtion).

Homo erectus erectus: Ein auf Java gefundenes Fossil mit einem Alter von ca. 800.000 Jahren.

Homo erectus modjokertensis: Der 1939 auf Java gefundene älteste Vertreter des *Homo erectus* mit einem Alter von etwa 1,5 bis 2,0 Mio Jahren.

Homo erectus rhodesiensis: 1921 in Südafrika gefundene *Erectus-*Form, die in einem Refugialgebiet eine relativ isolierte Entwicklung erlebte und erst vor ca. 40.000 Jahren ausgestorben ist.

Homo habilis: Ausgestorbener Hominide, dessen erster Fund 1961 in Afrika entdeckt wurde und dessen Alter gegenwärtig mit maximal 2 Mio Jahre angegeben wird. Die Zugehörigkeit dieser Form zu den Australopithecinen wird ebenfalls diskutiert.

Homo sapiens: Zu *Homo sapiens* gehören die Präsapienten, die Präneandertaler, die Sapienten, die Neandertaler sowie alle Jetztmenschen.

Homo sapiens neanderthalensis: Die Form des «klassischen« Neandertalers, die für den Zeitraum von vor 70.000 bis vor 35.000 Jahren nachzuweisen ist.

Homo sapiens praesapiens: Die älteste Form des *Homo sapiens* mit einem Alter von maximal 250.000 Jahren.

Homo sapiens sapiens: Die vor ca. 50.000 Jahren entstandene Form des Jetztmenschen.

Homoiothermie: Die Fähigkeit, die Körpertemperatur innerhalb gewisser Grenzen gleichwarm zu halten (Warmblütigkeit), wie sie etwa bei den Säugern oder den Vögeln vorhanden ist.

Homologie: Die prinzipielle Gleichsetzung von u.U. sehr unterschiedlich aussehenden Organen oder verschiedenartigen Merkmalen, die entwicklungsgeschichtlich einen identischen Ursprung haben, im Gegensatz zur Konvergenz.

Hormone: Botenstoffe, die jeweils bestimmte Stoffwechselvorgänge regulieren und koordinieren. Sie bewirken in kleinsten Mengen umfangreiche Wirkungen und üben diese relativ weit von ihrem Entstehungsort aus, werden also transportiert. Sie verfügen über eine gewisse universelle Wirkung, da sie funktionsspezifisch, nicht aber artspezifisch wirken.

Hylobatidae: Die zur Überfamilie der Hominoidea gehörende Familie der Gibbons. Sie umfaßt mehrere Arten, die alle in Südostasien beheimatet sind.

Infraordnung: Klassifikatorische Kategorie der Systematik unterhalb der Kategorie Ordnung (Unterordnung).

Insectivora: Ordnung der höheren Säugetiere (Eutheria), die als älteste und in vielen Merkmalen ursprünglichste Gruppe der Eutheria angesehen wird und in vieler Hinsicht der gemeinsamen Basis aller Eutheria noch sehr nahe steht.

Kladogramm: An der Phylogenetischen Systematik orientiertes Stammbaumschema der Verwandtschaftsverhältnisse von Arten und Artengruppen.

Kognition: Die Wahrnehmung, Verwertung und Speicherung von ontogenetisch erworbenen Sinneseindrücken durch Nervenzellen.

Konditionierung: Die systematische Kopplung einer Verhaltensweise oder eines Reflexes und mindestens eines Reizes durch einen Lernvorgang.

konsequent Phylogenetische Systematik: Von W. HENNIG entwickelte Vorgehensweise, die natürliche Ordnung der Natur anhand der Aufdeckung von phylogenetischen Beziehungen zwischen Arten und Artengruppen zu beschreiben. Lediglich der gemeinsame Besitz abgeleiteter Merkmale (Synapomorphien) zeigt die monophyletische Entwicklung einer Gruppe an, nicht jedoch der gemeinsame Besitz von ursprünglichen Merkmalen (Symplesiomorphien).

Konvergenz: Die allmähliche Angleichung von ursprünglich unterschiedlichen Strukturen, Verhaltensweisen oder Merkmalen mit unterschiedlicher entwicklungsgeschichtlicher Herkunft, aufgrund identischer Umweltanforderungen bzw. Selektionsdrücke (Gegensatz: Homologie).

Lucy: Bezeichnung für den umfangreichen Skelettfund eines weiblichen, ca. 19-jährigen *Australopithecus afarensis*, der 1974 in Äthiopien gemacht wurde.

Makrosmaten: Wirbeltiere mit einem sehr guten Geruchssinn, wie z.B. Insektenfresser (Insectivora), Nagetiere (Rodentia) oder Raubtiere (Carnivora).

Mammalia: Säugetiere, Klasse innerhalb des Unterstammes der Wirbeltiere (Vertebrata), die ca. 6.000 Arten umfaßt, von denen ca. 90 in Mitteleuropa beheimatet sind.

Marsupialia: (Beuteltiere) Ordnung der Säugetiere, die ihre bei der Geburt nur wenig entwickelten Jungen in einem Brutbeutel weiter austragen (z.B. Känguruhs und Beutelratten). Sie sind heute nur noch in Australien und Südamerika beheimatet.

Menschenaffen: Siehe Pongidae.

Merkmal: Morphologische Struktur, Verhaltensweise oder physiologische Eigenschaft, das zwei Individuen, Arten oder monophyletische Artengruppen verbindet oder unterscheidet.

Merkmalskopplung: Die Ausprägung von zwei verschiedenen Merkmalen, die auf einer gemeinsamen genetischen Basis beruhen. Wenn zwei verschiedene Merkmale genetisch gekoppelt sind und sich eines der Merkmale als vorteilhaft auswirkt, so wird durch die Kopplung die Verbreitung des indifferenten Merkmals ebenfalls in der Population begünstigt.

Metamorphose: Gestaltwandel im Verlauf der Individualentwicklung von Lebewesen, wie sie etwa bei Amphibien oder Insekten anzutreffen sind.

Metazoa: Vielzeller, Unterreich zu dem alle Organismen gehören, die aus zahlreichen Zellen aufgebaut sind, welche wiederum in Körper- und Fortpflanzungszellen unterschieden werden können.

Migration: Wanderung, in diesem Fall der durch einzelne Individuen verursachte Genfluß zwischen Populationen.

Mikrosmaten: Wirbeltiere mit einem relativ schlechten Geruchssinn, wie beispielsweise Primaten.

Mitochondrien: Bestandteile der Zelle (Zellorganelle), in denen durch oxydativen Stoffwechsel Energie erzeugt wird.

Mollusca: Weichtiere, Stamm zu dem z.B. die Schnecken (Gastropoda), Muscheln (Bivalvia) und Kopffüßer (Cephalopoda) gehören.

Mongolide: Neben den Europiden und Negriden einer der Rassenkreise des Menschen, zu dem beispielsweise die Sibiriden, Eskimiden, Brasiliden, Andiden und Pazifiden gehören.

monophyletisches Taxon: Siehe Monophylum.

Monophylum: Das supraspezifische Taxon der Phylogenetischen Systematik. Entspricht einer realen Einheit der organismischen Natur im Sinne einer geschlossenen Abstammungsgemeinschaft, d.h. von Arten, die sämtlich Nachfahren eines letzten nur noch ihnen gemeinsamen Vorfahren sind.

Monophyodontie: Nur einmal Zähne bildend, ohne Zahnwechsel nach einem Milchgebiß.

Monotremata: (Kloakentiere) Säugetiere, Ordnung eierlegender Arten, die zu den ursprünglichsten Säugetieren gehören (z.B. Schnabeltier und Ameisenigel).

Morphologie: Lehre von der Beschreibung und funktionellen Deutung des Baues und der Gestalt von Organismen und deren Organen.

Mutation: Eine spontane oder von außen induzierte strukturelle Änderung des genetischen Materials (Informationsveränderung). Diese kann qualitative oder quantitative Veränderung morphologischer Strukturen, physiologischer Prozesse oder Veränderungen im Bereich des Verhaltens zur Folge haben.

Neandertaler: Siehe *Homo sapiens neanderthalensis.*

Negride: Neben Mongoliden und Europiden einer der Rassenkreise des Menschen, zu dem beispielsweise die Sudaniden, Nilotiden Äthiopiden und Bambutiden gehören.

Neocortex: Hirnrinde, die stammesgeschichtlich jüngste Entwicklung des Großhirns.

Neuweltaffen: Siehe Platyrrhina.

olfaktorischer Sinn: Geruchssinn, die Wahrnehmung von gasförmigen oder in Wasser gelösten Stoffen durch Sinneszellen.

Ontogenese: Die Individualentwicklung eines Lebewesens von der Keimesentwicklung bis zur Geschlechtsreife bzw. Tod.

Ordnung: (Ordo) Klassifikatorische Kategorie der Systematik unterhalb der Kategorie Klasse und oberhalb der Kategorie Familie.

Orthogenese: Geradlinige, vermeintlich zielgerichtete Entwicklung.

osteodontokeratische Kultur: (Knochen-Zahn-Horn-Kultur) Menschliche Kulturstufe, die sich vor allem durch die Herstellung und Verwendung von Werkzeugen aus tierischem Material auszeichnet. Beispielsweise können zahnbesetzte Kiefer als Schaber oder Tierkrallen als Messer benutzt werden.

Paläontologie: Lehre von den fossilen, ausgestorbenen Organismen.

Pan paniscus: Zwergschimpanse

Panmixie: Theoretische und nur vom Zufall abhängige vollständige genetische Vermischung einer Population ohne äußere oder verhaltensspezifische Einflüsse.

parapatrisch: Benachbart, in zwei unmittelbar angrenzenden Gebieten lebend.

paraphyletische Gruppe: Siehe Paraphylum.

Paraphylum: Im traditionellen System der Organismen weitverbreiteter Typus des supraspezifischen Taxons, der im Phylogenetischen System nicht gestattet ist, da er (im Gegensatz zum Monophylum) keiner realen Einheit der organismischen Natur entspricht. Paraphyla gliedern in geschlossenen Abstammungsgemeinschaften die stärker apomorphen Angehörigen wegen ihrer deutlich abgewandelten Gestalt (etc.) aus. Es handelt sich somit um einen Zusammenschluß aufgrund plesiomorpher Merkmale.

Phage: Virus, der entweder ausschließlich Bakterien (Bakteriophage) oder Blaualgen (Cyanophage) befällt.

Phenylketonurie: Erbliche Stoffwechselstörung aufgrund eines Enzymdefektes (Phenylhydroxylase) infolge einer Mutation. Die Störung verhindert die Umwandlung von Phenylalanin zu Tyrosin in der Leber und bewirkt letztlich völligen Schwachsinn und vorzeitigen Tod.

Pheromone: Ektohormone, die als Botenstoffe Signalwirkung zwischen den Individuen einer Art auslösen. Sie können zur Biokommunikation und über Soziohormone zur Integration der Einzelindividuen einer Art dienen.

Phylogenese: Die stammesgeschichtliche Entwicklung der Organismen oder von Organismengruppen.

Phylogenetische Systematik: Siehe konsequent Phylogenetische Systematik.

Placentalia: Unterklasse der Säugetiere, die, abgesehen von den Kloakentieren und Beuteltieren, alle rezenten Säugetiere umfaßt.

Platyrrhina: Neuweltaffen bzw. Breitnasen, die nur auf dem amerikanischen Kontinent beheimatet sind (z.B. Kapuzineraffen und Krallenaffen).

Plesiomorphie: Ursprüngliches Merkmal, im Gegensatz zur Apomorphie.

Pongidae: Menschenaffen, Familie die Gorilla, Orang Utan, Schimpanse und Zwergschimpanse umfaßt.

Population: Gruppe von Individuen einer Art, die von anderen Gruppen isoliert ist und ein jeweils eigenes Gebiet bewohnt.

Prädisposition: Bereits ausgebildetes Merkmal, das in einer neuartigen Umweltsituation plötzlich einen hohen Anpassungsvorteil bewirkt und in der weiteren Entwicklung nun unter neuen Selektionsbedingungen optimiert wird. Beispielsweise die Entwicklung von Lungen von noch im Wasser lebenden Fischen. Beim späteren Wechsel vom Wasser- zum Landleben erhält diese Herausbildung den Charakter einer Prädisposition.

Primates: (Herrentiere) Ordnung der Säugetiere, die die Unterordnungen Affen (Simiae) und Halbaffen (Prosimiae) umfaßt.

Prosimiae: Siehe Primates.

Radiation: Die Bildung einer durch ihre Stammart zugänglich gewordenen neuen ökologischen Zone in der Nachkommenschaft dieser

Stammart unter mehr oder weniger starker Artaufspaltung, wobei die Folgearten sich in die vielfältigen Gegebenheiten der neuen ökologischen Zone in jeweils eigener Weise einnischen.

Ramapithecus: Gruppenbezeichnung für ca. 12 bis 7 Mio Jahre alte Formen, die möglicherweise an der Basis der Hominidenlinie stehen.

Rasse: Gruppe von Individuen einer Art, die sich durch den gemeinsamen Besitz von Varianten bestimmter Merkmale von anderen Gruppen unterscheidet.

Rekombination: Strukturelle Umverteilung von Allelen und homologen Chromosomenabschnitten im Genom (z.B. bei der sexuellen Vermehrung), die nicht nur eine Freilegung, sondern auch die Neuschaffung von Merkmalen ermöglicht. Die Rekombination ist ein wesentlicher Evolutionsfaktor.

Ressourcen: Die jeweilige Gesamtheit der für ein Lebewesen notwendigen Stoffe und Umweltbedingungen.

rezent: In der Gegenwart lebend, im Gegensatz zu ausgestorben bzw. fossil.

Ribonukleinsäure: RNS (englisch RNA). Im Unterschied zur DNS enthält die RNS nicht Desoxyribose, sondern Ribose und im Basenteil nicht Thymin, sondern Uracil. Die RNS ist vor allem an der Proteinsynthese beteiligt.

RNA: Ribonucleinacid, siehe Ribonukleinsäure.

Rot-Grün-Blindheit: Gestörte Farbwahrnehmung, aufgrund eines Defektes in Geschlechtschromosomen.

rudimentäre Organe: Organe bei Tieren, die, in bezug auf ihre Funktion bei Vorläuferarten dieser Tiere, zurückgebildet wurden und ihre ursprüngliche Funktion nicht mehr erfüllen. Beispielsweise die zurückgebildeten Hinterextremitäten bei Walen oder Riesenschlangen.

Säugetiere: Siehe Mammalia.

Sauropsida: Monophyletisches Taxon, das die Kriechtiere und Vögel umfaßt.

Selektion: Auslese bestimmter Phänotypen in der jeweiligen Art unter bestimmten Umweltbedingungen. Da nicht alle Individuen über den gleichen Phänotyp verfügen und sich demnach in ihrer spezifischen Umwelteignung unterscheiden, ist die Fortpflanzungswahrscheinlichkeit nicht für alle Individuen gleich.

Sexualdimorphismus: Unterschiede zwischen männlichen und weiblichen Angehörigen einer Art in Form sekundärer Geschlechtsmerkmale.

Sichelzellenanämie: Hämolytische Anämie, die durch eine Sauerstoffversorgungsstörung aufgrund einer Gefäßverstopfung durch deformierte rote Blutkörperchen (Erythrocyten) entsteht und sehr früh zum Tode führt. Die Deformation ist auf eine Punktmutation zurückzuführen, die ein Strukturproteindefekt verursacht. Anstatt Glutaminsäure wird fälschlicherweise Valin in die Beta-Kette des Hämoglobins eingebaut, das dadurch eine veränderte Löslichkeit aufweist, die letztlich zur sichelzellenförmigen Deformation der Blutkörperchen führt.

Simiae: Unterordnung der Echten Affen innerhalb der Ordnung Primates.

Sivapithecus: Sammelbezeichnung für einige, zu den rezenten Pongiden führende Formen.

Species: Siehe Art.

Speziation: Der Prozeß der Artbildung.

Stamm: (Phylum) Nomenklatorische Kategorie der Systematik, unterhalb der Kategorie Abteilung (Divisio) und oberhalb der Kategorie Klasse (Classis).

Stammart: Die Vorläuferart zweier Folgearten oder der letzte gemeinsame Vorfahre einer geschlossenen Abstammungsgemeinschaft.

supraspezifisches Taxon: Taxon oberhalb der Kategorie Art.

Symbiose: Spezielle Form der beiderseitig nützlichen Vergesellschaftung zweier Organismen, wie sie beispielsweise zwischen blütenbesuchenden Insekten (Nahrung) und Blütenpflanzen (Bestäubung) besteht.

Sympatrie: Das gleichzeitige Auftreten zweier oder mehrerer Arten im gleichen Gebiet bzw. Lebensraum.

Synapomorphie: Abgeleitetes Merkmal (Apomorphie), das, im Gegensatz zur unabhängigen Parallelentwicklung (Konvergenz), eine monophyletische Verwandtschaft belegt.

Systematik: Die Lehre von der Rekonstruktion der Ordnung der organismischen Natur.

taktiler Sinn: Tastsinn, Wahrnehmung von Berührungsreizen über Sinneszellen.

Tarsioidea: Unterordnung der Primaten, zu der beispielsweise die Koboldmakis gehören.

Taxon: Einheit der Systematik, die sich auf eine einzelne Art oder eine monophyletische Gruppe von Arten bezieht.

Taxonomie: Siehe Systematik.

Therapsida: Ordnung hochentwickelter »Kriechtiere«, die an die Basis der Säugetierlinie gesetzt werden.

Theria: Unterklasse der Säugetiere, die alle lebendgebärenden Säuger umfaßt.

Tradierung: Ontogenetische Weitergabe von Kulturtechniken bzw. Verhaltensweisen in einer Population über Lernvorgänge.

Transformation: (Arttransformation) Die Veränderung einer Art in der Zeit, ohne daß es zu einer Artspaltung kommt.

Unterart: Geographische Rasse. Kommt eine Art in einem großen Verbreitungsgebiet oder gar weltweit vor, so bilden sich u.U. Unterarten heraus. Diese kommen zustande, weil es aufgrund der räumlichen Entfernung zwischen weit entfernt liegenden Populationen zu keinem Genaustausch kommt. Die Bildung von Unterarten kann die Artspaltung einleiten.

ursprüngliche Merkmale: Siehe Plesiomorphie.

Varietät: Nicht quantifizierbare Beschreibung von Gruppen einer Art aufgrund spezieller Merkmale.

Vielzeller: Siehe Metazoa.

visueller Sinn: Ermöglicht die Wahrnehmung von Lichtreizen durch Sinneszellen und deren Auswertung (Sehen).

Viviparie: Das sogenannte Lebendgebären von Nachkommen, im Gegensatz zum Eierlegen (Oviparie).

Weichtiere: Siehe Mollusca.

3. Literaturverzeichnis

Altmann, G. (1976) Homologiekriterien in der Linguistik und der Biologie. In: W. Schäfer (Hrsg.) *Evoluierende Systeme I und II*, 184 – 191, Kramer, Frankfurt.

Altmann, G. & Lehfeldt, W. (1976) Betrachtungen zum Verhältnis zwischen Biologie und Linguistik. In: W. Schäfer (Hrsg.) *Evoluierende Systeme I und II*, 147 – 154, Kramer, Frankfurt.

Ament, H. (1986) Die Ethnogenese der Germanen aus der Sicht der Vor- und Frühgeschichte. In: Bernhard & Kandler-Pálsson, 247 – 256.

Ax, P. (1984) Das Phylogenetische System: Systematisierung der lebenden Natur aufgrund ihrer Phylogenese. Fischer, Stuttgart.

Ax, P. (1988) Systematik in der Biologie: Darstellung der stammesgeschichtlichen Ordnung in der lebenden Natur. Fischer, Stuttgart.

Bach, A. (1970) Geschichte der deutschen Sprache. 9. Aufl. Quelle und Meyer, Heidelberg.

Bach, H. (1985) Die Rolle Luthers für die deutsche Sprachgeschichte. In: Besch, Reichmann & Sonderegger, 1440 – 1447.

Bammesberger, A. (1984) Die urgermanischen Aoristpräsentien und ihre indogermanischen Grundlagen. In: J. Untermann & B. Brogyanyi (Hrsg.) Das Germanische und die Rekonstruktion der indogermanischen Grundsprache, 1 – 24. Benjamins, Amsterdam.

Beeh, V. (1981) Sprache und Spracherlernung: Unter mathematisch-biologischer Perspektive. de Gruyter, Berlin.

Beinhauer, K. W. (1986) Die „Ethnogenese„ der „Italiker" aus der Sicht der Vor- und Frühgeschichte. In: Bernhard & Kandler-Pálsson, 137 – 145.

Bernhard, W. (1986a) Die Ethnogenese der Thraker und Daker aus der Sicht der Anthropologie. In: Bernhard & Kandler-Pálsson, 103 – 136.

Bernhard, W. (1986b) Die Ethnogenese der Germanen aus der Sicht der Anthropologie. In: Bernhard & Kandler-Pálsson, 257 – 284.

Bernhard, W. & Kandler-Pálsson, A. (1986, Hrsg.) Ethnogenese europäischer Völker: Aus der Sicht der Anthropologie und Vor- und Frühgeschichte. Fischer, Stuttgart.

Bertalanffy, L. von (1973) General System Theory: Foundations, Development, Applications. 4. Aufl. Braziller, New York.

Besch, W. (1987) Die Entstehung der deutschen Schriftsprache: Bisherige Erklärungsmodelle – neuester Forschungsstand. In: *Vorträge der Rheinisch-Westfälischen Akademie der Wissenschaften: Geisteswissenschaften*, G290. Westdeutscher Verlag, Opladen.

Besch, W., Reichmann, O. & Sonderegger, S. (1984, Hrsg.) Sprachgeschichte: Ein Handbuch zur Geschichte der deutschen Sprache und ihrer Erforschung, Band 2.1. de Gruyter, Berlin.

Besch, W., Reichmann, O. & Sonderegger, S. (1985, Hrsg.) Sprachgeschichte: Ein Handbuch zur Geschichte der deutschen Sprache und ihrer Erforschung, Band 2.2. de Gruyter, Berlin.

Bickerton, D. (1981) Roots of Language. Karoma, Ann Arbor.

Bluhme, H. (1980) Über die Ursachen des Lautwandels. In: Lüdtke (1980a, Hrsg.), 131 – 138.

Bonner, J. T. (1983) Kultur-Evolution bei Tieren. Parey, Berlin.

Brain, C. K. & Sillen, A. (1988) Evidence from the Swartkrans cave for the earliest use of fire. In: *Nature* 336, 464 – 466.

Bramann, K.-W. (1987) Der Weg zur heutigen Rechtschreibnorm: Abbau orthographischer und lexikalischer doppelformen im 19. und 20. jahrhundert. Lang, Frankfurt.

Braune W. & Eggers, H. (1987) Althochdeutsche Grammatik. 14. Aufl. Niemeyer, Tübingen.

Bruderer, H. (1979) groß oder klein? In: P. Braun (Hrsg.) *Deutsche Gegenwartssprache: Entwicklungen – Entwürfe – Diskussionen*, 398 – 418. Fink, München.

Burkhardt, A. (1987) Schon als Thier, hat der Mensch Sprache. *Muttersprache* 97, 1 – 15.

Campbell, B. G. (1979) Entwicklung zum Menschen: Seine physischen wie seine Verhaltensanpassungen. 2. Aufl. Fischer, Stuttgart.

Cherubim, D. & Mattheier, K. J. (1989, Hrsg.) Voraussetzungen und Grundlagen der Gegenwartssprache: Sprach- und sozialgeschichtliche Untersuchungen zum 19. Jahrhundert. de Gruyter, Berlin.

Chomsky, N. (1978) On the biological basis of language capacities. In: G.A. Miller & E. Lenneberg (Hrsg.) *Psychology and biology of language and thought*, 199 – 220. Academic Press, New York.

Claudi, U. (1985) Zur Entstehung von Genussystemen: Überlegungen zu einigen theoretischen Aspekten, verbunden mit einer Fallstudie des Zande. Buske, Hamburg.

Ciochon, R. L. & Corruccini, R. S. (1983, Hrsg.) New Interpretations of Ape and Human Ancestry. Plenum, New York.

Ćović, B. (1986) Die Ethnogenese der Illyrer aus der Sicht der Vor- und Frühgeschichte. In: Bernhard & Kandler-Pálsson, 55–74.

Czihak, G., Langer, H. & Ziegler, H. (1984) Biologie: Ein Lehrbuch. 3. Aufl. Springer, Berlin.

Delson, E. (1985, Hrsg.) Ancestors: The Hard Evidence. Liss, New York.

Eckert, R. (1986) Tierphysiologie. Thieme, Stuttgart.

Eggers, H. (1970, Hrsg.) Der Volksname Deutsch. Wissenschaftliche Buchgesellschaft, Darmstadt.

Eggers, H. (1985) Soziokulturelle Voraussetzungen und Sprachraum des Frühneuhochdeutschen. In: Besch, Reichmann & Sonderegger, 1295–1305.

Eggers, H. (1986a) Deutsche Sprachgeschichte. Bd. 1: Das Althochdeutsche und das Mittelhochdeutsche. Rowohlt, Reinbeck.

Eggers, H. (1986b) Deutsche Sprachgeschichte. Bd. 2: Das Frühneuhochdeutsche und das Mittelhochdeutsche. Rowohlt, Reinbeck.

Eiserling, F. A. (1983) Structure of the T4 Virion. In: Mathews et al., 11–24.

Fanselow, G. & Felix, S. W. (1987) Sprachtheorie: Eine Einführung in die Generative Grammatik. Bd. 1: Grundlagen und Zielsetzungen. Francke, Tübingen.

Feldbusch, E. (1985) Geschriebene Sprache: Untersuchungen zu ihrer Herausbildung und Grundlegung ihrer Theorie. de Gruyter, Berlin.

Feustel, R. (1986) Abstammungsgeschichte des Menschen. 5. Aufl. Aula, Wiesbaden.

Finke, P. (1979) Grundlagen einer linguistischen Theorie: Empirie und Begründung in der Sprachwissenschaft. Vieweg, Braunschweig.

Finke, P. (1983) Politizität. Zum Verhältnis von theoretischer Härte und praktischer Relevanz. In: P. Finke (Hrsg.) *Sprache im politischen Kontext: Ergebnisse aus Bielefelder Forschungsprojekten zur Anwendung linguistischer Theorien*, 15–75. Niemeyer, Tübingen.

Fischer, F. (1986) Die Ethnogenese der Kelten aus der Sicht der Vor- und Frühgeschichte. In: Bernhard & Kandler-Pálsson, 209–224.

Fraenkel-Conrat, H. (1974) Chemie und Biologie der Viren. Fischer, Stuttgart.

Franzen, J. L. (1986) Die Entstehung des Menschen: I. Die ersten Menschen. *Natur und Museum* **116**, 197 – 214.

Freund, G. (1982) Evolution der Kulturen. In: Siewing, 413 – 426.

Gans, E. (1981) The Origin of Language: A Formal Theory of Representation. University of California Press, Berkeley.

Geibel, K. (1987) Chemische Evolution. In: Siewing, 51 – 81.

Gesenhoff, M. & Reck, M. (1985) Die mittelniederdeutsche Kanzleisprache und die Rolle des Buchdruckes in der mittelniederdeutschen Sprachgeschichte. In: Besch, Reichmann & Sonderegger, 1279 – 1289.

Gessinger, J. & Rahden, W. v. (1989a, Hrsg.) Theorien vom Ursprung der Sprache. Bd. 1. de Gruyter, Berlin.

Gessinger, J. & Rahden, W. v. (1989b, Hrsg.) Theorien vom Ursprung der Sprache. Bd. 2. de Gruyter, Berlin.

Gessinger, J. & Rahden, W. v. (1989c) Theorien vom Ursprung der Sprache. In: Gessinger & v. Rahden (1989a, Hrsg.), 1 – 41.

Gewalt, W. (1981) Einige Bemerkungen zur „Sprache" der Delphine. *Nova Acta Leopoldina N.F.* **54**, 481 – 485.

Giesecke, M. (1990) Der Buchdruck in der frühen Neuzeit: Eine historische Fallstudie über die Durchsetzung neuer Informations- und Kommunikationstechnologien. Suhrkamp, Frankfurt. (in Vorbereitung)

Gipper, H. (1987) Das Sprachapriori: Sprache als Voraussetzung menschlichen Denkens und Erkennens. frommann-holzboog, Stuttgart.

Gimbutas, M. (1986) Remarks on the Ethnogenesis of the Indo-Europeans in Europe. In: Bernhard & Kandler-Pálsson, 5 – 20.

Greuenich, D. (1985) Soziokulturelle Voraussetzungen, Sprachraum und Diagliederung des Althochdeutschen. In: Besch, Reichmann & Sonderegger, 982 – 993.

Grolier, E. de (1983, Hrsg.) Glossogenetics: The Origin and Evolution of Language. Harwood, Chur.

Grotsch, K. (1989) Das Sanskrit und die Ursprache: Zur Rolle des Sanskrit in der Konstitutionsphase der historisch-vergleichenden Sprachwissenschaft. In: Gessinger & van Raden (1989b, Hrsg.) 85 – 121.

Guidon, N. & Delibrias, G. (1986) Carbon-14 dates point to man in the Americas 32,000 years ago. *Nature* 321, 769 – 771.

Guttman, B. & Kutter, E. M. (1983) Overview. In: Mathews et al., 8 – 10.

Hadorn, E. & Wehner, R. (1986) Allgemeine Zoologie. 21. Aufl. Thieme, Stuttgart.

Händler, W. (1987) Evolution im Bereich der Technik. In: Siewing, 561 – 590.

Haken, H. (1988a) Entwicklungslinien der Synergetik, I. *Naturwissenschaften* 75, 163 – 172.

Haken, H. (1988b) Entwicklungslinien der Synergetik, II. *Naturwissenschaften* 75, 225 – 234.

Haseloff, O. W. (1972) Kommunikation, Transformation und Interaktion. In: H.-G. Gadamer & P. Vogler (Hrsg.) *Neue Anthropologie.* Bd. 5: *Psychologische Anthropologie,* 94 – 140. Thieme, Stuttgart.

Heberer, G. (1974, Hrsg.) Die Evolution der Organismen: Ergebnisse und Probleme der Abstammungslehre. Bd. III: Phylogenie der Hominiden. 3. Aufl. Fischer, Stuttgart.

Hediger, H. (1980) Do You Speak Yerkish? The Newest Colloquial Language with Chimpanzees. In: Sebeok & Umiker-Sebeok, 441 – 447.

Henke, W. (1981) Zum Ursprung der Hominidae. *Naturwissenschaften* 68, 407 – 417.

Henke, W. & Rothe, H. (1980) Der Ursprung des Menschen: Unser gegenwärtiger Wissensstand. 5. Aufl. Fischer, Stuttgart.

Hennig, W. (1950) Grundzüge einer Theorie der phylogenetischen Systematik. Deutscher Zentralverlag, Berlin.

Hennig, W. (1982) Phylogenetische Systematik. Parey, Berlin.

Hennig, W. (1984) Aufgaben und Probleme stammesgeschichtlicher Forschung. Parey, Berlin.

Herman, L. M., Richards, D. G. & Wolz, J. P. (1984) Comprehension of sentences by bottlenosed dolphins. *Cognition* 16, 129 – 219.

Hildebrand-Nilshon, M. (1980) Die Entwicklung der Sprache: Phylogenese und Ontogenese. Campus, Frankfurt.

Hildebrand-Nilshon, M. (1989) Intersubjektivität und die Semantisierung des Motivsystems: Psychologische Überlegungen zur Sprachevolution. In: Gessinger & van Raden (1989b, Hrsg.) 249 – 319.

Hiller, S. (1986) Die Ethnogenese der Griechen aus der Sicht der Vor- und Frühgeschichte. In: Bernhard & Kandler-Pálsson, 21 – 37.

Hockett, C. F. (1973) Der Ursprung der Sprache. In: Schwidetzky, 135 – 150.

Höfler, O. (1955a) Stammbaumtheorie, Wellentheorie, Entfaltungstheorie: Teil I. *Beiträge zur Geschichte der deutschen Sprache und Literatur 77*, 30 – 66.

Höfler, O. (1955b) Stammbaumtheorie, Wellentheorie, Entfaltungstheorie: Teil II. *Beiträge zur Geschichte der deutschen Sprache und Literatur 77*, 424 – 476.

Höfler, O. (1956) Stammbaumtheorie, Wellentheorie, Entfaltungstheorie: Teil III. *Beiträge zur Geschichte der deutschen Sprache und Literatur 78*, 1 – 44.

Höfler, O. (1958) Die zweite Lautverschiebung bei Ostgermanen und Westgermanen. Niemeyer, Tübingen.

Hölldobler, B. (1984) Evolution of Insect Communication. In: Lewis, 349 – 377.

Hofer, H. & Altner, G. (1972) Die Sonderstellung des Menschen. Fischer, Stuttgart.

Hoffmann, A. (1986) Anglizismen im Gebrauch der deutschen Gegenwartssprache in der DDR. In: Stiller, 108 – 111.

Holloway, R. L. (1985) The Poor Brain of *Homo sapiens neanderthalensis*: See What You Please... In: Delson, 319 – 324.

Illies, J. (1979) Schöpfung oder Evolution: Ein Naturwissenschaftler zur Menschwerdung. Interfromm, Zürich.

Janda, A. M. (1978) The linguistic analysis of the Honey Bee's dance language. Dissertation, City University of New York, New York.

Jerne, N. K. (1985) The Generative Grammar of the Immune System. *Science 229*, 1057 – 1059.

Jones, J. S. & Rouhani, S. (1986) Human evolution: How small was the bottleneck ? *Nature 319*, 449 – 450.

Jonker, A. (1987) The Origin of the Human Mind: A Speculation on the Emergence of Language and Human Consciousness. *Acta Biotheoretica 36*, 129 – 177.

Junker, R. & Scherer, S. (1988) Entstehung und Geschichte der Lebewesen: Daten und Deutungen für den Biologieunterricht. 2. Aufl. Weyel, Gießen.

Kämpfe, L. (1985) Evolution und Stammesgeschichte der Organismen. 2. Aufl. Fischer, Stuttgart.

Kaestner, A. (1980) Lehrbuch der Speziellen Zoologie. Bd. I: Wirbellose Tiere, 1. Teil: Einführung, Protozoa, Placozoa, Porifera. 4. Aufl. Fischer, Stuttgart.

Katz, J. J. (1976) A Hypothesis About the Uniqueness of Natural Language. *Annals of the New York Academy of Sciences* 280, 33 – 41.

Keller, R. E. (1986) Die deutsche Sprache und ihre historische Entwicklung. Buske, Hamburg.

Kimura, M. (1987) Die Neutralitätstheorie der molekularen Evolution. Parey, Berlin.

Kirchner, W. H. & Lindauer, M. & Michelsen, A. (1988) Honeybee Dance Communication: Acoustical Indication of Direction in Round Dances. *Naturwissenschaften* 75, 629 – 630.

Kirkness, A. (1984) Das Phänomen des Purismus in der Geschichte des Deutschen. In: Besch, Reichmann & Sonderegger, 290 – 299.

Klose, A. (1987) Sprachen der Welt: Ein weltweiter Index der Sprachfamilien, Einzelsprachen und Dialekte, mit Angabe der Synonyma und fremdsprachigen Äquivalente. Saur, München.

Klug, S. (1986) Die Ethnogenese der Kelten aus der Sicht der Anthropologie. In: Bernhard & Kandler-Pálsson, 225 – 246.

Knußmann, R. (1980) Vergleichende Biologie des Menschen: Lehrbuch der Anthropologie und Humangenetik. Fischer, Stuttgart.

Koch, W. A. (1982a, Hrsg.) Semiogenesis: Essays on the Analysis of the Genesis of Language, Art, and Literature. Lang, Frankfurt.

Koch, W. A. (1982b) Semiogenesis: Some Perspectives for Its Analysis. In: Koch (1982a, Hrsg.), 15 – 104.

Koenig, O. (1975) Biologie der Uniform. In: H. von Ditfurth (Hrsg.) *Evolution: Ein Querschnitt durch die Forschung.* 175 – 211. Hoffmann und Campe, Hamburg.

König, W. (1985) dtv-Atlas zur deutschen Sprache. 6. Aufl. Deutscher Taschenbuch Verlag, München.

Koerner, E. F. K. (1981) Schleichers Einfluß auf Haeckel: Schlaglichter auf die wechselseitige Abhängigkeit zwischen linguistischen und biologischen Theorien im 19. Jahrhundert. *Nova Acta Leopoldina* N. F. 54, 731 – 745.

Koerner, K. (1983) The Schleicherian Paradigm in Linguistics. In: Schleicher (1983), XXIII-LXXI.

Krafft, B. (1982) The Significance and Complexity of Communication in Spiders. In: Witt & Rovner, 15 – 66.

Krahe, H. (1954) Sprache und Vorzeit: Europäische Vorgeschichte nach dem Zeugnis der Sprache. Quelle und Meyer, Göttingen.

Krahe, H. (1970) Einleitung in das vergleichende Sprachstudium. In: W. Meid (Hrsg.), *Innsbrucker Beiträge zur Sprachwissenschaft*. Bd. 1, Innsbruck.

Krahe, H. (1985) Indogermanische Sprachwissenschaft. 6. Aufl. de Gruyter, Berlin.

Krahe, H. & Meid, W. (1969) Germanische Sprachwissenschaft. Bd. 1: Einleitung und Lautlehre. 7. Aufl. de Gruyter, Berlin.

Krause, W. (1970) Runen. de Gruyter, Berlin.

Kull, U. (1977) Evolution. Metzler, Stuttgart.

Kull, U. (1979) Evolution des Menschen: Biologische, soziale und kulturelle Evolution. Metzler, Stuttgart.

Labov, W. (1975) Zum Mechanismus des Sprachwandels. In: D. Cherubim (Hrsg.) *Sprachwandel: Reader zur diachronischen Sprachwissenschaft*, 305 – 334. de Gruyter, Berlin.

Lamendella, J. T. (1976) Relations Between the Ontogeny and Phylogeny of Language: A Neorecapitulist View. *Annals of the New York Academy of Sciences* 280, 396 – 412.

Landsberg, M. E. (1988, Hrsg.) The Genesis of Language: A Different Judgement of Evidence. Mouton de Gruyter, Berlin.

Lefèvre, W. (1984) Die Entstehung der biologischen Evolutionstheorie. Ullstein, Frankfurt.

Lehnert, M. (1986) Der angloamerikanische Einfluß auf die Sprache in der DDR. In: Stiller, 8 – 88.

Lenneberg, E. H. (1977) Biologische Grundlagen der Sprache. Suhrkamp, Frankfurt.

Leroi-Gourhan, A. (1988) Hand und Wort: Die Evolution von Technik, Sprache und Kunst. Suhrkamp, Frankfurt.

Lethmate, J. (1977) Problemlöseverhalten von Orang-Utans (Pongo pygmaeus). Parey, Berlin.

Lewis, T. (1984, Hrsg.) Insect Communication. Academic Press, London.

Lieberman, P. (1975) On the Origins of Language: An Introduction to the Evolution of Human Speech. Macmillan, New York.

Lieberman, P. (1983) On the Nature and Evolution of the Biological Bases of Language. In: Grolier, 91 – 114.

Lieberman, P. (1984) The biology and evolution of Language. Harvard University, Cambridge.

Lindauer, M. (1975) Verständigung im Bienenstaat. Fischer, Stuttgart.

Lindauer, M. (1986) Vergesellschaftung und Verständigung im Tierreich – Fragen an die Soziobiologie. In: T. Eisner, B. Hölldobler & M. Lindauer (Hrsg.) *Chemische Ökologie, Territorialität, Gegenseitige Verständigung*, 71 – 91. Fischer, Stuttgart.

Lockwood, W. B. (1979) Überblick über die indogermanischen Sprachen. Narr, Tübingen.

Lönnig, W.-E. (1988) Artbegriff, Evolution und Schöpfung: Dokumentation und Diskussion der verschiedenen Auffassungen. 3. Aufl. Naturwissenschaftlicher Verlag, Köln.

Lorenz, K. & Wuketits, F. M. (1983) Die Evolution des Denkens. Piper, München.

Luce, J. de & Wilder, H. T. (1983, Hrsg.) Language in Primates: Perspectives and Implications. Springer, New York.

Lüdtke, H. (1980a, Hrsg.) Kommunikationstheoretische Grundlagen des Sprachwandels. de Gruyter, Berlin.

Lüdtke, H. (1980b) Sprachwandel als universales Phänomen. In: Lüdtke (1980a, Hrsg.), 1 – 19.

Lüdtke, H. (1984) Ansätze zu einer Theorie des Sprachwandels auf syntaktisch-morphologischer Ebene. In: Besch, Reichmann & Sonderegger, 753 – 761.

Marquardt, B. (1984) Die Sprache des Menschen und ihre biologischen Voraussetzungen. Narr, Tübingen.

Marx, O. (1977) Die Geschichte der Ansichten über die biologische Grundlage der Sprache. In: Lenneberg, 541 – 574.

Mathews, C. K., Kutter, E. M., Mosig, G. & Berget, P. B. (1983) Bacteriophage T4. American Society for Microbiology, Washington.

Mattheier, K. J. (1984) Allgemeine Aspekte einer Theorie des Sprachwandels. In: Besch, Reichmann & Sonderegger, 720 – 730.

Mayr, E. (1984) Die Entwicklung der biologischen Gedankenwelt: Vielfalt, Evolution und Vererbung. Springer, Berlin.

Mikić, Z. M. (1986) Die Ethnogenese der Südslawen unter Berücksichtigung von West- und Ostslawen aus der Sicht der Anthropologie. In: Bernhard & Kandler-Pálsson, 331–340.

Mohr, H. (1981) Biologische Erkenntnis: Ihre Entstehung und Bedeutung. Teubner, Stuttgart.

Mohr, H. (1983) Evolutionäre Erkenntnistheorie. In: *Sitzungsberichte der Heidelberger Akademie der Wissenschaften: Mathematisch – naturwissenschaftliche Klasse*, 221–232. Springer, Berlin.

Morgan, E. D. (1984) Chemical Words and Phrases in the Language of Pheromones for Foraging and Recruitment. In: Lewis, 169–194.

Moser, H. (1985) Die Kanzleisprachen. In: Besch, Reichmann & Sonderegger, 1398–1408.

Moulton, W. G. (1986) Die Vennemannsche Lautverschiebungstheorie. *Beiträge zur Geschichte der deutschen Sprache und Literatur* **108**, 1–15.

Mühlhäusler, P. (1986) Pidgin & Creole Linguistics. Blackwell, Oxford.

Müller, H. M. (1987) Evolution, Kognition und Sprache: Die Evolution des Menschen und die biologischen Voraussetzungen der Sprachfähigkeit. Parey, Berlin.

Müller, H. M. (1988) Hominidenevolution und Sprachursprung. *Verhandlungen der Deutschen Zoologischen Gesellschaft* **81**, 280–281.

Nikolaus, K. (1980) Zum Problem der phylogenetischen Sprachentstehung. In: G. Tschauder & E. Weigand (Hrsg.) *Perspektive. textintern*, 213–222. Niemeyer, Tübingen.

Oeser, E. (1985) Informationsverdichtung als universelles Ökonomieprinzip der Evolution. In: J. A. Ott, G. P. Wagner & F. M. Wuketits (1985, Hrsg.) *Evolution, Ordnung und Erkenntnis*, 112–125. Parey, Berlin.

Oeser, E. (1987) Psychozoikum: Evolution und Mechanismus der menschlichen Erkenntnisfähigkeit. Parey, Berlin.

Osche, G. (1987) Die Sonderstellung des Menschen in biologischer Sicht: Biologische und kulturelle Evolution. In: Siewing, 499–523.

Ouweneel W. J. (1984) Evolution in der Zeitenwende: Biologie und Evolutionslehre – Die Folgen des Evolutionismus. Hänssler, Neuhausen.

Ozols, J. (1986) Die Ethnogenese der Balten aus der Sicht der Vor- und Frühgeschichte. In: Bernhard & Kandler-Pálsson, 341–348.

Pilbeam, D. (1985) Patterns of Hominoid Evolution. In: Delson, 51 – 59.

Penzl, H. (1986) Zu den Methoden einer neuen germanischen Stammbaumtheorie. *Beiträge zur Geschichte der deutschen Sprache und Literatur* **108**, 16 – 29.

Peters, R. (1985) Soziokulturelle Voraussetzungen und Sprachraum des Mittelniederdeutschen. In: Besch, Reichmann & Sonderegger, 1211 – 1220.

Peters, R. (1987) Das Mittelniederdeutsche als Sprache der Hanse. In: Ureland, 65 – 88.

Polenz, P. von (1978) Geschichte der deutschen Sprache. 9. Aufl. de Gruyter, Berlin.

Porzig, W. (1974) Die Gliederung des indogermanischen Sprachgebiets. 2. Aufl. Winter, Heidelberg.

Posner, R. (1989) What is Culture? Toward a Semiotic Explication of Anthropological Concepts. In: Walter A. Koch (Hrsg.) *The Nature of Culture*, 1 – 56. Brockmeyer, Bochum.

Preer, J. R., Preer, L. B., Rudman, B. M. & Barnett, A. J. (1985) Deviation from the universal code shown by the gene for surface protein 51A in *Paramecium*. *Nature* **314**, 188 – 190.

Prescott, J. H. (1981) Clever Hans: Training the Trainers, or the Potential for Misinterpreting the Results of Dolphin Research. *Annals of the New York Academy of Sciences* **364**, 130 – 136.

Rahmann, H. (1987) Präbiologische Evolution. In: Siewing, 109 – 132.

Ramat, P. (1981) Einführung in das Germanische. Niemeyer, Tübingen.

Remane, A. (1971) Sozialleben der Tiere. 2. Aufl. Fischer, Stuttgart.

Remane, A., Storch, V. & Welsch, U. (1976) Evolution: Tatsachen und Probleme der Abstammungslehre. 3. Aufl. Deutscher Taschenbuch Verlag, München.

Rensch, B. (1973) Gedächtnis, Begriffsbildung und Planhandlungen bei Tieren. Parey, Berlin.

Rensch, B. (1988) Probleme genereller Determiniertheit allen Geschehens. Parey, Berlin.

Riedl, R. (1980) Biologie der Erkenntnis: Die stammesgeschichtlichen Grundlagen der Vernunft. 2. Aufl. Parey, Berlin.

Riedl, R. & Wuketits, F. M. (1987, Hrsg.) Die Evolutionäre Erkenntnistheorie: Bedingungen – Lösungen – Kontroversen. Parey, Berlin.

Ruder, H. (1987) Evolution des Kosmos. In: Siewing, 1 – 25.

Ruhlen, M. (1987) A Guide to the World's Languages. Vol.1: Classification. Arnold, London.

Rumbaugh, D. M. (1977, Hrsg.) Language Learning by a Chimpanzee: The Lana Project. Academic Press, New York.

Sager, S. F. (1988) Reflexionen zu einer linguistischen Ethologie. Edition Akademion, Hamburg.

Sauer, K. P. (1987) DARWINS Konzept von der Selektion: Eine Erwiderung zur sogenannten Theorie der kybernetischen Evolution. Vortrag auf dem Symposium *Neodarwinistische oder kybernetische Evolution* vom 15. bis 17. Juli 1987 an der Universität Heidelberg.

Sauer, K. P. & Müller, J. K. (1987) Evolution der Pflanzen- und Tierwelt. Bd. 2: Ursachen und Mechanismen der Evolution. Deutsches Institut für Fernstudien, Tübingen.

Scharf, J.-H. (1975) Bemerkenswertes zur Geschichte der Biolinguistik und des sogenannten Sprach-DARWINismus als Einführung in das Thema »Aspekte der Evolution menschlicher Kultur«. In: *Nova Acta Leopoldina N. F.* 42, 323 – 341.

Schildt, J. (1984) Abriß der Geschichte der deutschen Sprache: Zum Verhältnis von Gesellschafts- und Sprachgeschichte. 3. Aufl. Akademie-Verlag, Berlin.

Schleicher, A. (1873) Die Darwinsche Theorie und die Sprachwissenschaft: Offenes Sendschreiben an Herrn Dr. Ernst Häckel, o. Professor der Zoologie und Director des zoologischen Museums an der Universität Jena. 2. Aufl. Böhlau, Weimar.

Schleicher, A. (1983) Die Sprachen Europas in systematischer Übersicht: Linguistische Untersuchungen (Original 1850). In: K. Koerner (Hrsg.) *Amsterdam studies in the theory and history of linguistic science*, Vol.4. Benjamins, Amsterdam.

Schmid, W. P. (1978) Indogermanistische Modelle und osteuropäische Frühgeschichte. In: *Abhandlungen der Akademie der Wissenschaften und der Literatur Mainz, Geistes- und Sozialwissenschaftliche Klasse*, Nr. 1, 3 – 24. Steiner, Wiesbaden.

Schmidt, F. (1985) Grundlagen der kybernetischen Evolution: Eine neue Evolutionstheorie. Goecke und Evers, Krefeld.

Schmidt, W. (1984) Geschichte der deutschen Sprache. 5. Aufl. Volk und Wissen, Berlin.

Schrodt, R. (1976) Die germanische Lautverschiebung und ihre Stellung im Kreise der indogermanischen Sprachen. 2. Aufl. Halosar, Wien.

Schurig, V. (1975a) Naturgeschichte des Psychischen. Bd. 1: Psychogenese und elementare Formen der Tierkommunikation. Campus, Frankfurt.

Schurig, V. (1975b) Naturgeschichte des Psychischen. Bd. 2: Lernen und Abstraktionsleistungen bei Tieren. Campus, Frankfurt.

Schurig, V. (1976) Die Entstehung des Bewußtseins. Campus, Frankfurt.

Schusterman, R. J., Thomas J. A. & Wood, F. G. (1986, Hrsg.) Dolphin Cognition and Behavior: Comparative Approach. Erlbaum, Hillsdale.

Schwidetzky, I. (1973, Hrsg.) Über die Evolution der Sprache: Anatomie — Verhaltensforschung — Sprachwissenschaft — Anthropologie. Fischer, Frankfurt.

Sebeok, T. A. (1979) Theorie und Geschichte der Semiotik. Rowohlt, Reinbek.

Sebeok, T. A. & Umiker-Sebeok, J. (1980, Hrsg.) Speaking of Apes: A Critical Anthology of Two-Way Communication with Man. Plenum, New York.

Sebeok, T. A. & Rosenthal, R. (1981, Hrsg.) The Clever Hans Phenomenon: Communication with Horses, Whales, Apes, and People. *Annals of the New York Academy of Sciences* **364**.

Sebeok, T. A. (1986) The Problem of the Origin of Language in an Evolutionary Frame. *Language Sciences* 8, 169 – 176.

Seebold, E. (1981) Etymologie: Eine Einführung am Beispiel der deutschen Sprache. Beck, München.

Seel, H. (1988) Lexikologische Studien zum Pennsylvaniadeutschen: Wortbildung des Pennsylvaniadeutschen — Sprachkontakterscheinungen im Wortschatz des Pennsylvaniadeutschen. Steiner, Stuttgart.

Seidenberg, M. S. (1983) Aping language. *Semiotica* **44**, 177 – 194.

Siegl, E. A. (1989) Duden Ost — Duden West: Zur Sprache in Deutschland seit 1945. Schwann, Düsseldorf.

Siewing, R. (1982, Hrsg.) Evolution: Bedingungen — Resultate — Konsequenzen. 2. Aufl. Fischer, Stuttgart.

Siewing, R. (1987, Hrsg.) Evolution: Bedingungen — Resultate — Konsequenzen. 3. Aufl. Fischer, Stuttgart.

Sodmann, T. (1987) Buchdruck, Buchhandel und Sprachkontakt im hansischen Raum. In: Ureland, 89 – 105.

Sonderegger, S. (1979) Grundzüge deutscher Sprachgeschichte: Diachronie des Sprachsystems. Bd. I: Einführung – Genealogie – Konstanten. de Gruyter, Berlin.

Sonderegger, S. (1987) Althochdeutsche Sprache und Literatur: Eine Einführung in das älteste Deutsch. 2. Aufl. de Gruyter, Berlin.

Solecki, R. S. (1975) Shanidar IV, a Neanderthal Flower Burial in Northern Iraq. *Science* 190, 880–881.

Sperlich, D. (1987) Populationsgenetische Aspekte der Evolution. In: Siewing, 371–392.

Sperlich, D. (1988) Populationsgenetik: Grundlagen und experimentelle Ergebnisse. 2. Aufl. Fischer, Stuttgart.

Spicer, E. K. & Konigsberg, W. K. (1983) Organization and Structure of Four T4 Genes Coding for DNA Replication Proteins. In: Mathews et al., 291–301.

Spieth, H. (1987) Evolution der Pflanzen- und Tierwelt. Bd. 1: Homologie und phylogenetische Rekonstruktion. Deutsches Institut für Fernstudien, Tübingen.

Spindler, K. (1987) Evolution der Hochkulturen. In: Siewing, 525–559.

Stam, J. H. (1976) Inquiries into the Origin of Language: The Fate of a Question. Harper & Row, New York.

Steitz, E. (1979) Die Evolution des Menschen. 2. Aufl. Chemie, Weinheim.

Stiller, H. (1986, Hrsg.) Der angloamerikanische Einfluß auf die deutsche Sprache der Gegenwart in der DDR. In: *Sitzungsberichte der Akademie der Wissenschaften der DDR, Gesellschaftswissenschaften.* Akademie-Verlag, Berlin.

Stloukal, M. (1986) Die Ethnogenese der Westslawen aus der Sicht der Anthropologie. In: Bernhard & Kandler-Pálsson, 323–330.

Stokoe, W. C. (1983) Apes Who Sign and Critics Who Don't. In: de Luce & Wilder, 147–158.

Struve, K. W. (1986) Die Ethnogenese der Slawen aus der Sicht der Vor- und Frühgeschichte. In: Bernhard & Kandler-Pálsson, 297–321.

Swadesh, M. (1972) The Origin and Diversification of Language. Routledge & Kegan Paul, London.

Tattersall, I., Delson, E. & Van Couvering, J. (1988, Hrsg.) Encyclopedia of Human Evolution and Prehistory. Garland, New York.

Tembrock, G. (1964) Verhaltensforschung: Eine Einführung in die Tier-Ethologie. 2. Aufl. Fischer, Jena.

Tembrock, G. (1973) Grundriß der Verhaltenswissenschaften. 2. Aufl. Fischer, Stuttgart.

Tembrock, G. (1987) Verhaltensbiologie. Harri Deutsch, Thun.

Terrace, H. S. (1980) Is Problem-Solving Language? In: Sebeok & Umiker-Sebeok, 385 – 405.

Terrace, H. S. (1981) A Report to an Academy, 1980. *Annals of the New York Academy of Sciences* **364**, 94 – 114.

Terrace, H. S. (1983) Apes Who „Talk": Language or Projection of Language by Their Teachers? In: Luce & Wilder, 19 – 42.

Tobias, P. V. (1985, Hrsg.) Hominid Evolution: Past, Present and Future. Liss, New York.

Todt, D., Goedeking, P. & Symmes, D. (1988, Hrsg.) Primate Vocal Communication. Springer, Berlin.

Trinkaus, E. & Smith, F. H. (1985) The Fate of the Neandertals. In: Delson, 325 – 333.

Tschirch, F. (1983) Geschichte der deutschen Sprache. Erster Teil: Die Entfaltung der deutschen Sprachgestalt in der Vor- und Frühzeit. 3. Aufl. Schmidt, Berlin.

Uetz, G. W. & Stratton, G. E. (1982) Acoustic Communication and Reproductive Isolation in Spiders. In: Witt & Rovner, 123 – 159.

Umiker-Sebeok, J. & Sebeok, T. A. (1981) Clever Hans and Smart Simians: The Self-Fulfilling Prophecy and Kindred Methodological Pitfalls. *Anthropos* **76**, 89 – 165.

Ureland, P. S. (1987, Hrsg.) Sprachkontakt in der Hanse: Aspekte des Sprachausgleichs im Ostsee- und Nordseeraum. Niemeyer, Tübingen.

Van Raad, A. A. & Voorwinden, N. T. J. (1973) Die historische Entwicklung des Deutschen. Bd. 1: Einführung und Phonologie. Stam/ Robijns, Culemborg-Köln.

Vennemann, T. (1984) Hochgermanisch und Niedergermanisch. Die Verzweigungstheorie der germanisch-deutschen Lautverschiebungen. *Beiträge zur Geschichte der deutschen Sprache und Literatur* **106**, 1 – 45.

Vogel, C. (1987) Die Evolution des Menschen. In: Siewing, 415 – 452.

Vollmer, G. (1987a) Evolutionäre Erkenntnistheorie: Angeborene Erkenntnisstrukturen im Kontext von Biologie, Psychologie, Linguistik, Philosophie und Wissenschaftstheorie. 4. Aufl. Hirzel, Stuttgart.

Vollmer, G. (1987b) Wissenschaft mit Steinzeitgehirnen. *Mannheimer Forum* **86/87**, 9 – 61. Boehringer, Mannheim.

Wainscoat, J. S., Hill, A. V. S., Boyce, A. L., Flint, J., Hernandez, M., Thein, S. L., Old, J. M., Lynch, J. R., Falusi, A. G., Weatherall, D. J. & Clegg, J. B. (1986) Evolutionary relationships of human populations from an analysis of nuclear DNA polymorphisms. *Nature* **319**, 491 – 493.

Wegstein, W. (1985) Die sprachgeographische Gliederung des Deutschen in historischer Sicht. In: Besch, Reichmann & Sonderegger, 1751 – 1766.

Weiss, A. (1981) Replikation und Evolution in anorganischen Systemen. *Angewandte Chemie* **93**, 843 – 936.

Wendt, H. F. (1987) Sprachen. Fischer, Frankfurt.

Wenskus, R. (1977) Stammesbildung und Verfassung: Das Werden der frühmittelalterlichen gentes. 2. Aufl. Böhlau, Wien.

Willmann, R. (1985) Die Art in Raum und Zeit: Das Artkonzept in der Biologie und Paläontologie. Parey, Berlin.

Witt, P. N. & Rovner, J. S. (1982, Hrsg.) Spider Communication: Mechanisms and Ecological Significance. Princeton University Press, Princeton.

Wreschner, E. E. (1985) Evidence and interpretation of red ochre in the early prehistoric sequences. In: Tobias, 387 – 394.

Wolff, G. (1986) Deutsche Sprachgeschichte: Ein Studienbuch. Athenäum, Frankfurt.

Wuketits, F. M. (1988) Evolutionstheorien: Historische Voraussetzungen, Positionen, Kritik. Wissenschaftliche Buchgesellschaft, Darmstadt.

Xirotiris, N. I. (1986) Die Ethnogenese der Griechen aus der Sicht der Anthropologie. In: Bernhard & Kandler-Pálsson, 39 – 53.

Zimmermann, W. (1967) Methoden der Evolutionswissenschaft. In: G. Heberer (Hrsg.) *Die Evolution der Organismen: Ergebnisse und Probleme der Abstammungslehre*. Bd. I, 61 – 160. Fischer, Stuttgart.

4. Personenverzeichnis

5. Sachverzeichnis

GRUNDLAGEN DER KOMMUNIKATION UND KOGNITION
FOUNDATIONS OF COMMUNICATION AND COGNITION

Herausgegeben von Roland Posner und Heinz Meggle

Perspektiven auf Sprache
Interdisziplinäre Beiträge
zum Gedenken an Hans Hörmann

Herausgegeben von Hans-Georg Bosshardt
Groß-Oktav. XVI, 336 Seiten. 1986. Ganzleinen DM 134,—
ISBN 3 11 010068 1 Bibliotheksausgabe

Eine Sammlung von Aufsätzen, die anläßlich einer Vorlesungsreihe zum
Gedenken an Hans Hörmann, den verstorbenen Ordinarius für Psychologie,
entstanden sind. Führende Wissenschaftler aus Philosophie, Psychologie und
Linguistik stellen solche Ausschnitte aus ihren Forschungsgebieten dar, die
für die psychologische Untersuchung von Sprache und Sprachgebrauch
besonders relevant sind.

Inhalt: Vorwort des Herausgebers — Ansprachen zur akademischen Ge-
denkfeier für Hans Hörmann — Hans-Joachim Kornadt (Präsident der
Deutschen Gesellschaft für Psychologie) — Peter Schönbach (Psychologi-
sches Institut der Ruhr-Universität Bochum) — Hans-Georg Bosshradt:
Einleitung.

I. Historische Interpretationen — II. Beziehungen zwischen Wissenschafts-
und Alltagssprache — III. Mentale Repräsentation, Verwendung und Erwerb
von Wissen — IV. Sprachliche und außersprachliche Strukturen — V.
Formen des Zeichengebrauchs.

Preisänderungen vorbehalten

Walter de Gruyter **Berlin · New York**